整体建构与办学特色

——叶圣陶教育思想在苏州一中的传承与践行

周祖华 项春雷 著

苏州大学出版社

图书在版编目(CIP)数据

整体建构与办学特色:叶圣陶教育思想在苏州一中的传承与践行/周祖华,项春雷著.—苏州:苏州大学出版社,2015.11
ISBN 978-7-5672-1562-7

Ⅰ.①整… Ⅱ.①周… Ⅲ.①中学教育－教育研究－苏州市 Ⅳ.①G632.0

中国版本图书馆 CIP 数据核字(2015)第 258542 号

书　　名:	整体建构与办学特色
	——叶圣陶教育思想在苏州一中的传承与践行
作　　者:	周祖华　项春雷
责任编辑:	王　娅
装帧设计:	吴　钰
出版发行:	苏州大学出版社(Soochow University Press)
社　　址:	苏州市十梓街1号　邮编:215006
印　　装:	苏州工业园区美柯乐制版印务有限责任公司
网　　址:	www.sudapress.com
邮购热线:	0512-67480030
销售热线:	0512-65225020
开　　本:	700mm×1000mm　1/16　印张:14　字数:259千
版　　次:	2015年11月第1版
印　　次:	2015年11月第1次印刷
书　　号:	ISBN 978-7-5672-1562-7
定　　价:	38.00元

凡购本社图书发现印装错误,请与本社联系调换。服务热线:0512-65225020

叶圣陶,这位世纪老人、学界泰斗、教育专家,以其毕生的奋斗创立了适合中国国情的教育思想体系——叶圣陶教育思想。它是叶圣陶身后的丰碑,更是我们中华民族教育史上的一块瑰宝。2011年以来,苏州一中开展的"以叶圣陶教育思想为核心的学校办学特色整体建构研究",正是突显了叶圣陶教育思想的巨大现实意义。

序言

2007年8月,我调到苏州市第一中学工作,开始真正走近了叶圣陶。每天见到校园里叶老慈祥而庄严的雕像,我不由自主地想去揭开他神秘的面纱。叶老将其思想用通俗的、口语化的文字表达出来,生动直接,他驱散了我内心的迷雾,使我坚定了信心、明确了方向。

我从内心深处敬佩叶圣陶先生。我信奉其"教是为了达到不需要教""教育就是为了培养习惯""学校教育应当使受教育者一辈子受用"的教育思想,将《叶圣陶教育文集》放在手边,品读再三。同时也在砥砺自己,像叶圣陶那样做老师,认真钻研,积累经验,从中认识并把握学校领导之"道",提升办学之"技"。

在担任校长的四年期间,我一直在用教育者的情怀做校长,用研究者的眼光做教育,努力用叶圣陶思想办学校,从未停止过对学校领导和教育规律的探索,做一位专业化的校长是我的人生追求。

我也常常揣摩用叶圣陶教育思想办学校之"道"到底是什么,做了多年校长,并主持了江苏省"十二五"重点资助课题"以叶圣陶教育思想为核心的学校办学特色整体建构研究",不敢说有了顿悟,但我还是体悟到了几分真味。

一是人文性。人文性的核心是人本性,学校教育的对象是人,领导与管理的对象是人,这就决定着学校领导必须秉持"人本第一"的理念。教育类似于农业,学生是种子,"人本第一",就是要把学生和教师的幸福与发展作为学校领导的价值取向,基于此,尊重、关爱、民主、公正等价值观就应该成为学校文化的主要元素。人文性还在于学校必须充满人文精神,用人文精神涵养人性,用人文精神引领学生的成长并为人类的发展导航。一个没有人文精神的学校,也就失去了灵魂。人性的温度和文化的厚度构成了人文性的基本内涵。

二是教育性。学校组织的主要功能在于培养人才,教育性是学校领导工作的本质特征。"学校无小事,事事皆教育""环境育人、服务育人、管理育人"是对教育性特征最为通俗的诠释。教育是一种浸润,学校的建筑布局、环境文化、制度建设、教学设备等,都要以育人为价值取向,都要充分发挥育人的功能。学校管理离开了教育性,就偏离了方向,就是冗余的管理,甚至是失败的管理。

三是开放性。开放性不是做教育、办学校的独有特征,但现代教育和办学都不能封闭,必须走向开放,而且比其他行业和单位开放度更要深。人才的成长离不开广阔的社会实践,学校教育也只是教育三位一体中的一部分,学校必须主动协调好与家庭、社会之间的关系,齐抓共管,才能办出好的教育。学校是社会大系统中的一个小小的组织单位,必须借助于各级领导、专家的智慧,整合社会、家长、教师、学生等一切可以利用的资源,为培养人才服务,为学校发展服务。学校还要把独特的文化通过学生、家长、媒体等向社会辐射,共筑社会文明。

四是实践性。学校管理是以校长为核心的全体教职工对学校工作的探索创新活动,不同的学校、不同的教育对象、不同的发展时期都有不同的管理要求,没有一成不变的套路,只有合适的才是最好的。这些年,大家都在学洋思中学、杜郎口中学和北京十一学校,但全国没有出现第二个"洋思""杜郎口""十一学校";很多人在学魏书生、李希贵,也没有发现第二个"魏书生""李希贵"。由此,我们知道,校长要想在学校的领导与管理方面有所成就,唯有同学校的发展实际相吻合,切切不可成为某些成功经验的"二道贩子"。

五是审美性。学校最大的审美特质就是人性美。教育就是要让学生与人类的崇高精神对话,把人类最美好的事物呈献给学生,让生生、师生在互动与交流中焕发人性的光辉。做教育、办学校的过程本身就是按照美的特征和要求去构建的,学校的组织结构简洁与流畅、管理流程的有序与和谐、校园文化的深邃与灵动、师生之间思想的碰撞与交流,都涌动着无限的生机与活力,勃发着强大的审美魅力。一个百年传承下来的校训、一段师生创造的传奇、一幢历史悠久的建筑、一棵饱经沧桑的大树,无不彰显着校园文化之大美。校长、教师与学生都在学校发展的过程中创造美、享受美,这才是学校应该追求的境界。

序言

任职苏州一中校长并主持江苏省"十二五"重点资助课题"以叶圣陶教育思想为核心的学校办学特色整体建构研究"已有四年，构建过程不是满足于仅仅在学科、专业、活动等层面形成单项优长，而是致力于办学思想、教学理念、管理机制、培养目标等关涉学校办学内涵和办学风格的整体构建。在这期间，我这几年的办学经历和朴素的想法，逐渐由混沌变得清晰，凝结成一些办学的策略和方法。这些策略和方法的背后，或多或少地隐含着"人文性""教育性""开放性""实践性""审美性"等办学思想。

在此基础上形成了大家现在看到的这本拙作。如果我的只言片语，能够给我的同行一点点的触动，那是一件多么荣幸的事。

我将全书分成叶圣陶教育思想研究综述、坚定办学特色化道路、整体建构、德育创新、教学改革、教师发展、课程开发、文化立校八章。第一章内容是对叶圣陶教育思想进行体系梳理，第二、三章是运用叶圣陶教育思想对学校整体建构办学特色进行的有益探索；后五章则是针对以叶圣陶教育思想为核心的学校办学特色整体建构研究的具体内容，采取的策略和方法，这是苏州市第一中学区别于其他学校的鲜明特色，是为社会广泛认可的、成效显著的内在气质和品位。如果说"人文性""教育性""开放性""实践性""审美性"是办学之"道"的话，那么这五个方面的策略则是做教育、办学校之"技"。本书以宏观着眼、微观着手的方式，试图从五个方面厘清学校在整体构建办学特色的实践中，各种关系之间的脉络，总结出某些可供借鉴、能够进入操作层面的关键性策略。

这种系统分类，也是对我校开展以叶圣陶教育思想为核心的学校办学特色整体建构研究以来的办学经验和教育成果的全面总结，这些经验和成果不仅是我个人思考与探索的结果，更是全体教职工智慧和汗水的结晶，是对前任校长工作的继承与发展，这一点，我将终身铭记并深深感激！

2015 年 7 月 22 日

目 录

第一章　叶圣陶教育思想研究综述　/ 1
- 第一节　素质教育观——教育为人生　/ 1
- 第二节　教育本质论——教育就是要养成习惯　/ 5
- 第三节　教育哲学观——教是为了达到不需要教　/ 10
- 第四节　教师素养论——教育工作者的全部工作就是为人师表　/ 16
- 第五节　语文性质观——语文是思想、交际和生活的工具　/ 21

第二章　特色化道路——学校可持续发展的关键　/ 27
- 第一节　基于叶圣陶教育思想的民族性和科学性　/ 28
- 第二节　基于对现代教育的反省和回归本色教育的呼唤　/ 37
- 第三节　基于普通高中对教育事业的责任担当　/ 41

第三章　整体建构——学校走向卓越的基石　/ 51
- 第一节　整体建构的理论基础　/ 51
- 第二节　有关学校整体建构的研究现状分析　/ 57
- 第三节　以叶圣陶教育思想为核心的学校整体建构建设　/ 65

第四章　德育创新——学校可持续发展的强大驱动　/ 72
- 第一节　构建开放式德育模式　/ 72
- 第二节　发挥养成教育的积极功效　/ 79
- 第三节　勾勒出学生的美好未来　/ 86

第五章　教学改革——学校长盛不衰的保证　/ 95
- 第一节　校长要有自己的教学领导风格　/ 95
- 第二节　构建美妙课堂：让教育回归真善美　/ 101

第三节　提高课堂教学效益的策略艺术　/ 106

第四节　让学校体育激扬生命的活力　/ 117

第六章　教师发展——学校发展的活水源头　/ 124

第一节　树立教师职业道德　/ 124

第二节　助推教师专业成长　/ 131

第三节　追求教师职业幸福　/ 138

第四节　建设"叶圣陶教师团队"　/151

第七章　课程开发——让成功多一份可能　/ 156

第一节　把握课程开发的几大着力点　/ 156

第二节　开发利用好传统吴文化资源　/ 166

第三节　学生社团助推课程开发　/ 176

第四节　国际理解课程　/ 183

第八章　文化立校——水乳交融的浸润伟力　/ 189

第一节　百年传统建校文化　/ 189

第二节　文化整合,培育自己的办学特色　/ 193

第三节　文化建设的结晶——叶圣陶教育思想研究所　/ 203

参考文献　/ 210

后记　/ 211

第一章 叶圣陶教育思想研究综述

叶圣陶一生从事教育、研究教育,后来又领导教育,直到晚年还一直密切关注着教育。说他是教育专家,是再恰当不过的了。作为教师,他教过小学、中学、大学。成了作家以后,还长期担任兼职教师。叶圣陶的步履走过了教育的全过程,他的心血和汗水也洒遍了教育的全过程。新中国成立后,他担任教育部副部长,更加潜心于人民的教育事业。从青年时代起,他在从教的实践中,勇于探索,善于总结,写出了大量有真知灼见的教育教学论文,并且具有很高的理论建树,构建成叶圣陶教育思想体系。

叶圣陶教育思想博大精深,以下将通过条分缕析弄清其理论框架。

第一节 素质教育观——教育为人生

"教育为人生",中小学教育的价值在于为孩子的一生发展奠基。教育要着眼于学生的人生,着眼于学生的成长和终身发展。这一思想是叶圣陶教育思想的一根主线,是他整个教育思想的核心。

什么是教育?叶圣陶认为教育是将学校作为工具,把已有的知识系统地传授给继起的青年,使他们养成一种适合于既成社会的人格,以维持和发展这个社会。所以教育是人类获得生存资料和经营生活的一种工具。教育本身并非目的,而是工具。这种工具,大而言之,可以挽救国家和社会;小而言之,可以指导个人,改造个人的错误,实现个人的本能,它的作用是很大的。

什么是人生?叶圣陶认为所谓"人生",包括人类的物质生活和精神生活。各人对于人生的见解,就是所谓的"人生观"。有人认为人生是快乐的,有人认为人生是应该献身于国家与社会的。各人所处的环境不同,着眼点各异,因而各人的人生观亦不一致。学校教育的目的就在于使学生养成正确的人生观。这就要求学校教育要以现代人生观的养成为总目标和总出发点。

叶圣陶的"教育为人生"的观点从以下两个方面重笔着墨。

1. 以生活为本位

叶圣陶认为新旧教育的对立根本上是传统与现代两种教育精神的对立,即"官本位"的"科举精神"与"平民本位"的"民主精神"的对立。早在1919年8月发表的《敬告创办义务学校诸君》和同年底写就的《小学教育的改造》两篇文章中,他便批评一些从事小学教育事业的人将书本知识的授予和德行的修炼作为小学教育的全部任务。同时,现代学校教育制度下教师职务的条块分割、课程分科导致知识的支离,以及诸如用书制度与教室制度等,更使当时的小学教育远离儿童的生活和实际的事物,迷失于单纯的书本教育之中。

到了20世纪三四十年代,叶圣陶仍然信守这种生活本位的观念,并认为存在"科举精神"和"民主精神"两种教育精神的对立。科举精神是在科举制度下产生的传统教育精神,科举制度是"取仕"的途径,其目的是"替皇帝选拔一批驯良的帮手",但也是少数受教育者跨入"仕途"取得"利禄"的途径,因此,利禄主义便成为科举精神的精髓;教育的民主精神是民主政治与以平民为本位的国民教育制度的产物,国民教育是全体国民"获得生存资料和经营生活的一种工具",目的不再是为少数人获取"利禄",而是使老百姓普遍"受用",即获得处理社会生活所必需的知识、能力和习惯。两种教育精神的对立反映在观念上便是以知识为本位的传统教育观念与以生活为本位的现代教育观念的对立。前者以书本知识为本位,视教育为以应试为目的,以了解记诵教科书为目标的文字教育与记诵之学;后者以生活为本位,视教育为以培养适合于维持与发展现代社会的健全人格为目的,以养成生活所必需的知识、能力和习惯为目标的"人类获得生存资料和经营生活的一种工具"。前者以传授知识为教育的职能,通过知识传授达到应试的目标,后者则以培养健全人格为教育的职能,"养成一种适合于既成社会的人格,以维持和发展这个社会"。

叶圣陶在反对传统的教育方法即以知识为本位的教育方法时说:"教育不以生活为本位,而以知识为本位,是一个大毛病,由于不以生活为本位,所以不讲当前受用,读了植物学,可以不辨菽麦,读了生理卫生可以绝无卫生习惯,由于不以生活为本位,所以受教育成了一件奢侈的事情……"叶圣陶在《读教科书不是最后目的》里也有相关论述。在这篇文章中,叶圣陶用了一个城市孩子到乡村不懂得各种植物的名称,而农家孩子却不会出现这样的情况为例,指出了学生们所学的更确切地说是一种生活经验。生活经验不是嘴上说的,而是融化在我们每个人的生命里,在每天的行动中。

叶圣陶摒弃以知识为本位的传统教育观,弘扬以生活为本位的现代教育观。他以生活为本位的教育观认为:"知识是指生活经验,它既包括作为书本知识的前人和别人的经验,又包括受教育者从生活实践中直接获得的自己的经验;通过读书从书本上了解和记住别人的生活经验,不是教育的全部内容和唯一途径,教育的全部内容是通过读书与'实做'相结合的途径全面地获取生活经验,并将别人的经验转化为自己的经验,即'通过文字与事物的实际打交道',把记住的书本知识'化为身体上的血肉,生活上的习惯'从而'获得真知识,真经验,养成真能力,真才干'"。

叶圣陶主张教育以生活为本位,特别强调学校教育与儿童生活在时空关联上的连续性、一致性和广阔性。叶圣陶说:"儿童在进学校之前,自有他们的生活,进了学校,自然是继续他们的生活,所以两者必须顺着一个方向,不过在质的方面有所不同,便是学校生活比以前的生活合理而有系统。"这其实意味着学校与儿童生活本身便是沟通的,它是全部生活的一部分,二者在目标上是一致的,只是由于学校机构的特殊性而使其获得的生活经验更加合理和系统罢了,故不可将学校办成与社会生活隔绝的封闭式象牙塔。可见,学校教育既不是生活的起点,也不是生活的终点,它只是人生生活的一段驿站,而判别学校教育是否取得其应有效果的标准,则完全取决于在学校里所获得的知识经验能否真正成为学生走出校门后应付一切社会生活的基础。

叶圣陶认为,教育以生活为本位,并不是一句停留于理念的空洞口号,而应成为学校教育中诸门学科教学的指导思想。以国文科教学为例,有部分所谓的教育专家抱怨中学生国文程度低,证据之一是许多中学生写不出通顺的文言文。对此,叶圣陶深不以为然。在他看来,国文科的教学目的主要是养成阅读能力和养成写作能力两项。而要养成写作能力,第一宜着眼于生活和表达的一致。说明白一点儿,就是表达的必须是自己的意思或情感(言为心声),同时又恰好是这意思或情感(毫无歧义)。换言之,学习学科书本知识乃至整个教育只是手段或工具,融入生活之中方是其目的。基于学校是生活的一部分,学校教育应以生活为本位,学校的课程教学亦应以是否为生活带来真实有用为取舍标准。不过,这里"有用"的含义,并不是指那些暂时的、眼前的有用,当然更不是指对获取文凭、获得职业地位的有用,而是指受教育者一辈子的受用。

2. 造就健全的公民

无论是年轻时代担任教师,还是后来从事编辑、出版工作,以及担任教育界领导职务,叶圣陶都大声疾呼要端正我们的教育目标,要着眼于学生的人生,着眼于学生的成长和终身发展。正是这一着眼于人、人生和人的发展的思想,使叶圣陶教育思想根本区别于传统教育观念,具有鲜明的时代意义和价值。

叶圣陶在《假如我当老师》一文中说:"各种功课有个总目标,那就是'教育'——造就健全的公民。"学生"受教育的目的和意义是做人,做社会的够格成员,做国家的够格公民"。概括而言,"千言万语谈教育,无非要改造社会,使社会向完美的途径发展;无非要养成个人,使个人作为社会的健全细胞,所以教育的注目点应该是社会,而教育的着力点应该是个人"。他进一步认为,要达到上述教育目标,"教育应与生产劳动相结合,受教育的人就既能懂政治,又有文化;既能从事脑力劳动,又能从事体力劳动。这样全新的人是我们这个时代所需要的"。

20世纪50年代,叶圣陶说:"我如果当中学教师,绝不将我的职业叫做'教书',犹如我决不将学生入学校的事情叫做'读书'一样。书中积累的古人和今人的经验,固然是学生所需要的;但是,就学生方面说,重要的在于消化那些经验成为自身的经验。说成'读书',便把这个意思抹杀了,好象入学校只须做一些书本上的功夫。因此,说成'教书',也便把我当教师的意义抹杀了。好象我与从前书房里的老先生并没有什么区别。我与从前书房里的老先生其实是大有区别的:他们只须教学生把书读通,能够去应考试,取功名,此外没他们的事儿;而我呢?却要使学生能做人,能做事,成为健全的公民。"这就是他"为人生"的现代教育思想明白无误的宣示。他说:"教育的目的是教人怎样做人。"用今天的话来说,就是注重德育、注重人的全面发展。

在具体的培养目标上,叶圣陶依据个体成长和心理发展的规律,在学生身心发展的不同阶段有侧重地提出了相应的目标,从而使公民教育具有更强的操作性,也更加符合个体身心发展的规律。在儿童成长的早期,叶圣陶先生非常重视家庭教育的作用,强调观念的养成,在《儿童观念之养成》一文中,他认为,"儿童一切观念皆以先入为主"。对八九岁的儿童而言,所接触的"非学校即家庭耳,则亦无所谓先入后入也。然一日三分计之,学校得其一分,家庭得其二分"。在小学阶段,他认为:"小学教育的价值就在于打定小学生一辈子有真实明确的人生观的根基。"在《小学教育的改造》一文中,他说:"小学教育的意义,概括的来说,便是使儿童在行为上得到新的人生观。""要达到这个目的,须承认人生是必须自觉的、自动的、发展的、创造的、社会的,而以教育手段使学生养成这种品德和习惯。"叶圣陶尤其强调通过养成小学生良好的习惯来实现培养他们正确人生观的目的。对中学教育而言,叶圣陶认为:"中学教育的目标不外乎给与学生处理生活的一般知识,养成学生处理生活的一般能力,使他们能做一个健全的公民。"在《如果我当教师》一文中,他说:"无论担任哪一门功课,自然要认清那门功课的目标——同时不忘记各种功课的总目标,即造成健全公民。"在谈到有关中学生升学问题时,他一再强调:"受教育的目的不是为了应付考试,是为了做社会的合格成员,国家合格的公民。"他说:"学生受教育,为的是得到真实受用的知识,把自己培养成人,独立不倚的人,有益于国家,有益于人民的人。"并且"考取大学不是唯一目的,能做一个合格的中国人才是所有学生的共同目的"。如果说"普通教育的目标是养成一般人当公民的好习惯,高等教育的目标则是养成一些人做专门人才的好习惯"。所谓做专门人才的好习惯是强调大学生应为社会做出更大的贡献,"在研究之中锻炼他们的辨别力和判断力",成为建设国家的优秀公民。

对于教育教学工作者来说,观念就是资源。有了新思想、新观念,才会有新举措、有创造性。叶圣陶认为:"教师要使儿童在行为上得到新的人生观,自己先要具备现代人生观。"实施新的教学模式,首先要求教师有一种正确的"学生观",对学生有一个全新的认识,把学生作为一个个具有独立人格、个性,又能平等相助,能够自觉主动地学习、发展、创造,谋求社会进步和个人幸福的生命主体来培养。把学生真正放在主体地位,真正体现了当前教育要为学生终身负责的素质教育观。

第二节 教育本质论——教育就是要养成习惯

叶圣陶把培养学生的良好习惯看成是整个教育的本质。叶圣陶多次反复强调"教育就是要养成良好习惯",早在1919年的《小学教育的改造》一文中谈及兴趣培养时他就说过:"今后的教育要着力于扩充儿童兴趣所及的范围,并使他们养成终身的习惯。"而在《改善生活方式》一文中,叶圣陶指出:"原来'教育'这个词儿,如果解释得繁复,几本书未必说得完;简单的解释,一句话就可以说尽,就是'养成好习惯'。"直到晚年,叶圣陶仍然强调:"教育是什么?往简单方面说,只须一句话,就是要养成良好的习惯。德育方面,要养成待人接物和对待工作的良好习惯;智育方面,要养成寻求知识和熟习技能的良好习惯;体育方面,要养成保护健康和促进健康的良好习惯。"①

所谓"良好习惯",是指体现优良传统与时代精神且个体发展需要的、相对

---

① 刘国正主编:《叶圣陶教育文集》第2卷,北京:人民教育出版社,1994,第478页。

稳定的行为方式。养成良好习惯,就是要通过引导学生自觉地、持之以恒地学习和实践,将这些蕴涵人类文化精华和核心价值的行为方式内化为自己的自觉行动,并终身持之以恒。叶圣陶在一些文章和讲话里,多次强调培养学生良好习惯的重要性和必要性,"养成了好习惯,不仅是个人的益处,对于社会生活和各项工作也大有益处。假如不养成好习惯,那就反过来,对个人、社会、工作总有或大或小的害处"①。

1. 学生应具备的良好习惯

什么是好习惯呢?叶圣陶认为,"能使才性充分发展的是好习惯,能把事情做得妥善的是好习惯,能使公众得到福利的是好习惯。"对学生来讲,需要养成的习惯主要有政治思想和道德品质方面的习惯、生活习惯与学习习惯。

(1) 良好的生活习惯

学生的日常生活习惯主要有:饮食,包括吃饭和饮水等;睡眠,包括休息和入睡等;洗刷,包括衣物、被褥、餐具和用品等;卫生,包括个人和集体卫生;活动,包括自由活动、班级活动、学校集体活动和社会活动;社交,包括与同学、老师或职工等人的交往活动;仪表,包括礼仪和衣着等习惯。要养成良好的日常生活习惯,适应学校的生活节奏、学习节奏,叶圣陶认为这不是只限于学校里的事情,而要随时随地加以注意,躬行实践,成为习惯,才能收到良好的效果。比如对进出屋子如何开门、关门这件小事,叶圣陶在三篇文章中都提到过。他说:"要是'砰'的一声推开,又'砰'的一声关上,那就在短时间内发出两回讨厌的声音,给屋内屋外的人两回刺激。人家在那儿做事用心思,听见'砰'的一声多少受些妨碍,就是不在那里做什么,也会感到怪不舒服的。所以咱们要教学生从小要养成习惯,轻轻地开门,轻轻地关门。"如果在开门、关门这件事上能够做到不妨碍别人,那么在其他事情上也就能够做到不妨碍别人。叶圣陶就是这样从身边小事中发掘出了深刻的哲理,发人深省。

(2) 随时阅读的习惯

在学生时代,青少年应养成随时阅读的习惯,即养成不待别人的指定,能随时阅读自己所需要的书籍的习惯。在《略谈学习国文》一文中,叶圣陶说:"从国文科,咱们将得到什么知识,养成什么习惯呢?简单地说,只有两项,一项是阅读,又一项是写作。"

---

① 刘国正主编:《叶圣陶教育文集》第3卷,北京:人民教育出版社,1994,第521页。

怎样的阅读习惯才算是好的习惯呢?叶圣陶说:"所谓阅读的习惯并不是什么难能的事,只是能够按照读物的性质作适当的处理而已。需要翻查的,能够翻查;需要参考的,能够参考;应当条分缕析的,能够条分缕析;应当综观大意的,能够综观大意;等等。到此地步,阅读书籍的习惯也就差不多了。"

"读过一节停一停,回转去想一下这一节说的什么。这是个好办法。读过两节三节,又把两节三节连起来回想一下。""回想的时候,最好自己多多设问。""读一遍未必够,而且大多是不够的,于是读第二遍、第三遍。读过几遍之后,若还有若干地方不明白,不了解,就得做翻查参考的工夫。""阅读当然越快越好,可以经济时间,但是得以了解为先决条件。""出声读须运动口腔喉舌,总比默读仅用'目治'来得慢些。为阅读多数书籍报刊的便利起见,多读多练习'目治'。另外阅读之后作笔记。"由此可见,良好的阅读习惯指有明确的目的和计划的习惯、查阅工具书和参考书的习惯、读目录和序文的习惯、做读书笔记的习惯、边读边思考的习惯。

(3) 主动自学的习惯

叶圣陶认为,早在进小学前,儿童就已初步具有了自我意识和自学能力的萌芽。到了小学阶段,学校教育应该逐步培养小学生的自学习惯。因为知识的学习是永无止境的,每个人都应该活到老学到老。在学校里学习有老师的指导,但人的一生在学校里度过的时间只占一小部分。走上工作岗位之后,主要应靠自学。自学的好习惯不应该等到离开学校之后才去培养,必须在学校期间就养成,而且越早越好。叶圣陶在一篇文章里呼吁:"同学们一定要学会自学的本领,养成自学的习惯。只知道捧着课本死记硬背是没有用处的,至多只能应付考试。学会了自学的本领,养成了自学习惯,将来离开了学校,才能在工作和生活中不断地自我充实,自我修养,成为有益于人民的、有益于社会的人。""假如在校时候常被引导向自学方面前进,学生有福了,他们一辈子得到无限好的受用。而且,不但他们自己,社会和国家也得到无限大的利益。……一辈子坚持自学的人也就是一辈子坚持自强不息的人。不难想像,这样的人不断增多,社会和国家将达到何等繁荣昌盛的境界。"叶圣陶常常说:"教师或旁人无论如何胜任,无论如何热心,总之不过在先作个引导,从旁作个帮助;脚踏实地地一步一步学习上去,全靠诸君自己。"

叶圣陶认为,养成自学的习惯,重要的是要养成思考的习惯。要积极思考,掌握学习的方法,提高学习的效果。方法掌握之后,学习也就不再毫无头绪了。不过方法是多种多样的,不同的人所适合的方法也不一样。关键还在于学生自己积极开动脑筋,创造出适合于各类学习的方法。这样才能形成良好的自学习惯。另一方面,教师也要注重引导学生自学的习惯。叶圣陶说:"咱们当教师的要引导他们,使得他们能够自己学,自己学一辈子,一直学到老。"

(4) 认真写字的习惯

叶圣陶认为,中小学生写字,"先要求写得端正,成为习惯,在端正的基础上再要求写得快,成为习惯。这样就又端正又快,双方兼备。要是求快而不端正的习惯已经养成,把它扭转过来当然要多费些工夫。但是为了长久的方便,多费些工夫也在所不惜,还得回到开始教写字的阶段上去,先要求端正再要求快。"1972年9月,叶圣陶在给一位语文老师的信中说,我们更应该把改变字风、写好汉字作为一项内容。目前,我们高兴地看到,已有不少中小学生能写一手好字。但字写得潦草以及写错常用字的学生(包括大学生和研究生)仍占一定的比例。应通过教师和学生本人的共同努力,加强训练,让学生逐步形成写字端正清楚、既好又快的好习惯。

(5) 平时积累的习惯

叶圣陶说:"写一篇东西乃至一部大著作虽然是一段时间的事,但是大部分是平时积累的表现。平时的积累怎样,写作时候的努力怎样,两项相加,决定写成的东西怎样。"在一定意义上说,语文学习的过程就是一个积累的过程。他还认为:"要在语言知识方面都有相当把握,显然不是一朝一夕的事,非日积月累不可。积累的多了,写东西才能运用自如。""写东西靠平时的积累,不但著作家、文学家是这样,练习作文的小学生也是这样。小学生今天作某一篇文章,其实就是综合地表现他今天以前的知识、思想、语言等方面的积累。"

2. 培养良好习惯的途径

良好的习惯既然如此重要,那么如何培养良好的习惯呢?关于怎样养成良好的习惯,叶圣陶有其独到的见解。

(1) 反复训练

习惯是一点一点养成的,这就要求有一个长期反复的操练过程。叶圣陶说:"要养成一种习惯,必须经过反复的历练,历练到成了习惯,才算有了这种能力。"在学校教育中,教师培养学生习惯的最重要的方法是训练法,只有反复训练才能形成自然的、一贯的、稳定的动力定型,这是由人的生理机制决定的。在一定意义上说,没有训练就没有习惯。叶圣陶在《说话训练决不能忽视》一文中指出:"就老师的方面来说,采用种种有效的方法,循序渐进地教导学生练,固然极为重要,而督促学生认真来练,经常练,尤其是奏功收效的关键。"这里从教师的角度入手,强调了教师引导学生多练,以使学生形成良好的学习习惯。谈到写作与多练的关系时,叶圣陶又说:"写作的历练在于多作,应用从阅读得到的写作知识,认真地作。写作和阅读比较起来,尤其偏于技术方面。凡是技术的,没有不需要反复历练的。"写作和阅读一样,要形成良好的习惯,同样离不开多练。在练习中获得习惯,在练习中提高能力。

训练很重要,但训练必须科学,必须持之以恒,良好习惯的形成并不是一日之功,好习惯只有在长期反复的训练中才能养成。必须一竿子插到底,切不可"前紧后松""一曝十寒",要有耐性,要不怕反复。这样日积月累地练,练到非常纯熟,再也丢不了了,才算是真正有了这项能力。

(2) 躬行实践

人的习惯是一种经过教育与学习而获得的巩固的行为方式。经常的、反复的、长时的实践是至关重要的。没有这一条,大脑的条件反射就建立不起来。在讲明必要的正确道理、提高学生认识的同时,必须着重花大力气引导、督促学生去自觉地实践,让他们在实践中把社会的行为规范和道德标准等化为自身的东西。叶圣陶以游泳为例,说明习惯的培养需要实践。他说:"比方游泳,先看看游泳的书,什么蛙式、自由式,都知道了。可是光看书不下水不行,得下水。初下水的时候很勉强,一次勉强,两次勉强,勉强浮起来了,一个不当心又沉了下去,要等勉强阶段过去了,不用再想手该怎样,脚该怎样,自然而然就能浮在水面上了,能向前游了,这才叫养成了游泳的习惯。"

习惯并不是一朝一夕就能养成的,实践也要有一个逐步发展的过程。叶圣陶说:"习惯是从实践里养成的,知道一点做一点,知道几点做几点,积累起来,各方面都养成习惯,而且全是好习惯,就差不多了。"可以说,好的习惯是在一点一点地积累过程中逐步养成的。

(3) 避免养成坏习惯

好的习惯多多益善,不嫌其多。但是有两种习惯却养成不得,这两种习惯就是"不养成什么习惯的习惯"和"妨害他人的习惯"。所谓"不养成什么习惯的习惯"就是在生活中三心二意,心浮气躁,没有耐心和毅力,凡事勉勉强强做一做,没有形成固定的习惯。

叶圣陶举例说明了"不养成什么习惯的习惯"。"坐要端正,站要挺直,每天洗脸漱口,每事要有头有尾,这些都是一个人的起码习惯。有了这些习惯,身体和精神就能保持起码的健康,但这些习惯不是短时间内就能形成的,要逐渐养成。在没有养成的时候,多少需要一些强制工夫,自己随时警觉,直到'习惯成自然',就成为终身受益的习惯。"可是如果现在没有强制与警觉,"今天东,明天西,今天这样,明天那样,那就什么习惯也养不成。而这今天东,明天西,今天这样,明天那样,倒反成为一种习惯,牢牢的在身上生根了。"久而久之,这种不良习惯会影响到其他好的习惯,因而叶圣陶认为这种习惯不应该养成。

那什么又是妨害他人的习惯呢?叶圣陶举例说道:"走进一间屋子,'砰'的一声把门推开,喉间一口痰上来了,'扑'的一声吐在地上,这些好像是无关紧要的事。但这既影响他人学习和工作,又可能传播疾病,一旦习以为常,就成为一种妨害他人的习惯。"

如果说第一种不良习惯影响了自己,第二种习惯则是害人害己。这两种坏习惯的道理看似浅显,却包含了叶圣陶对我国教育的热切关注和对青少年一代健康成长的殷切期望。

第三节　教育哲学观——教是为了达到不需要教

叶圣陶认为理想的教育应该是"开源的",只要"源头"一通,知识的河水便流得顺畅了。而传统的教育是"传授的",教师画样给学生看,学生照样子去学,而种种情势的变化,教师却不能预先教给学生。因此要从根本上着手,培养学生应付情势变化的能力。早在1922年,他就提出"目的在使其自生需要,不待教师授与"的观点,在这之后又多次提出类似的看法。新中国成立后,他在不同的场合又反复强调这一观点。1962年,他又指出:"我近来常以一语语人,凡为教,目的在达到不需要教。"1977年12月给《中学语文》杂志的题词中他写道:"我想,教任何功课,最终目的都在于达到不需要教。假如学生进入这样一种境界:能够自己去探索,自己去辨析,自己去历练,从而获得正确的知识和熟练的技能,岂不是就不需要教了吗?"叶圣陶很好地阐述了教与学这一辩证关系中"教"的作用。教是为了达到不需要教,这里的"教"是手段,是途径,"不需要教"是目的。从"教"到"不教"有一个渐进的过程。要达到"不需要教"首先必须要"教",而且要"教"好,只有这样最终才能达到"不教"的目标。叶圣陶强调"老师对学生是极有帮助的。所谓帮助,主要不在于传授知识,而在于引导学生自己去求得知识,也就是引导学生自己去发现问题,自己去解决问题"。他认为教师要善于教学,才能最终达到"不教"。那么到底如何教才能有实效和长效呢?

1. 不拘囿于教材,关注生活

叶圣陶对旧式教育进行了严厉的抨击,他说,"旧式教育可以养成记诵很广博的'活书橱',可以养成学舌很巧妙的'人形鹦鹉',可以养成或大或小的官吏,以及靠教读为生的'儒学生员',但是不能养成合格的能应付生活的普通公民"。因此他主张"教育要为社会而设计,要为训练成对社会做点事的人而设计;教育绝不能为挑选少数选手而设计"。教师要"教"给学生的知识,说白了,就是实际生活经验。生活经验的获得并不是随便听听就可以完成的,而在于发展学生的知能。这个知能就是学生的整个生活,也可以说是整个生活里的思想和行为。因此,叶圣陶认为评价一个学生在学校里是否优秀,不在于他的成绩好不好,而在于他的知能发展的程度怎么样,以及他的知能是否能应付得了实际生活。哪怕这个学生对教本的内容背得滚瓜烂熟,考的成绩非常优秀,但如果无法应付实际生活,也不算是一个好学生。

教师要教得好,不在于教本的详尽与否,而在于是否善于运用。这就联系到教师讲课时运用的各科教材的教法。同一种教材,同一种教法,因为教的人不同,收到的效果也就不同,所以不能轻易否定某种教法,也不能盲目模仿某种教法。教师在教的时候,要灵活运用教材,也就是说,要用教材教,但不要死教教材。

叶圣陶还认为许多功课其实不一定要用课本,也就是说,除了文字课本以外还有很多非文字的课本。这些非文字的课本就在我们的实际生活里,就在我们周围,而且取之不尽,用之不竭。他说:"教功课必须用课本,但是讲明了课本,让学生记住了课本,决不能就算了事(不讲明课本当然就更不能算了事,那不必说了)。文字课本只不过是某一学科的提要,只能当工具看,当手段看,不是终极目的。通过这些工具和手段,使包含在里头的种种东西在学生的思想、意识、行动、工作方面起积极的作用,这才是目的。……总之,教学不能不从课本入手,可是决不能限于课本里的语言文字,课本里的语言文字原是实际的反映,必须通过它而触及实际的本身,要是学生头脑里有这么一种印象,课本是一回事,实际又是一回事,彼此连不到一块儿,那就是教学上的大失败。"

2. 要改变"空瓶子的观点"

"空瓶子观点"是叶圣陶对华君武的一幅漫画所做的一个比方。这幅漫画刊登在1956年《中国青年》第十五期上,题目叫作《教而不"养"》。漫画里画的是一个学生的脑盖像瓶盖一样被揭开,一位教师把一张张印有字体的纸张装进学生的头脑里去。这里学生就好比一个个空瓶子,里面是空的,是死的,没有一点儿灵动性。教学工作就是各科教师把各式各样的知识装进去。至于装的是什么,装完后会怎么样,教师根本不会去想。他一再批评那种把学生看作"瓶子",看作一无所知的"木头"的观点,而主张把学生看作"生活体",是具有生机的"种子"。他说:"学生决非一无所知、一无所能的木头,不管哪种知识,必得经老师讲解才能明白,不管哪种技能,必得经老师传授才能掌握。所以善于启发的老师都把学生看成有生机的种子,本身具有萌发生长的机能,只要给予适宜的培育和护理,就能自然而然地长成佳谷美蔬好树好花。何况知识和技能是教不尽的。各个学生将各自需用哪些知识和技能也没法预料。""受教育者不是像张开的一个空袋子,等人家把东西倒进来,装满它。受教育者还有个重要的意义,就是学习。……改变教育,本来要在受教育的学习方面改变过来之后,才算收效。"

叶圣陶认为知识是不可授予的,不能用简单的、被动的"装"充当教育的过程,只能学生自己去求得。因为"知识是求知者主观的欲望和兴趣的结晶体,离开了求知者的主观(主动自觉的探索)便无所谓知识"。他认为教师装"空瓶子"的行为只是把教师自己的真知识全盘给了学生,这些知识对教师来说是真的,但对学生来说就不一定是真的。因为这种知识的获得缺少了关键的一环即学生的亲身实践。因而,善于启发的老师并不追求尽可能多地教授知识和技能,而注重发展学生本身的能力,使学生能够用未经老师传授的知识自己解决种种问题。

他认为学生并非"空瓶子",学生的学习并非都是从零开始,提倡学生自学,希望教师为学生的自学提供方便,从而使学生达到"疑难能自决,是非能自辨,斗争能自奋,高精能自探"的境界。他反对教师一味地讲、学生一味地听的"填鸭式""满堂灌"等教学方法,认为这些方法是"滑稽"的,也是"残酷"的,同时他也反对那种以教师为中心的"满堂问"的方法,因为这种方法表面上似乎是启发式,实质上仍是"灌输式"。这种方法"像牧人拿着长竿子赶羊群似的,务必驱使学生走上老师自己预期的路线,说出老师自己预期的答案来"[①]。

3. 要了解学生,有的放矢

叶圣陶认为,如果教师不了解学生现在的性情,就不明白学生将来的希望,那么学生到底会有怎样的发展可能性,学生想要学到、需要学到的究竟是什么,

---

[①] 叶圣陶:《叶圣陶序跋集》,北京:生活·读书·新知三联书店,1983年,第244页。

他们都不知道。他们只会用学校里一般的形式来决定一切。至于管理学生的办法,有一个统一的名词叫"严格"。他们认为平时学校里一向通行的教育办法就是最好的办法,正如一个雕刻得精致无瑕的模型,学生好比一块块泥土,只要把泥土按进模型里,出来的便是最好的制造品。学生将来是要面向社会的,学校培养的是各种各样的人才,而不是统一型号的"制造品"。因此,叶圣陶主张运用心理学的知识,好好研究学生的性情,给予他们正确的指导。

叶圣陶虽然不是最先提出要认识学生、了解学生的差异性的观点的,但却完善和发展了这一理论。一个合格的教师不在于他的知识有多么渊博,手段有多么高明,而在于是否能真正认识到学生需要的是什么。做教师的应该以当下正教着的学生为基准,对于那些规矩和教条,包括那些"古人云",如果认为是对的,就拿来做借鉴;如果认为是错的,就不要人云亦云,这是对学生有用的教法,是对学生负责任的表现。

4. 教师主导,学生主体

要实现"教是为了达到不需要教",就必须确定学生的主体地位,学生只有拥有了学习的自主性,并内化成一种积极的、正确的自我教育的能力,才能为实现自我的终身教育提供保障。这一思想要求教育工作者在教学过程中尊重学生,始终站在学生的角度考虑问题,设身处地为学生着想,做到一切为了学生,为了学生的一切。叶圣陶在1919年1月发表的文章《对于小学作文教授之意见》中,提出了"学生为本位"的概念。文章说道:"作文命题及读物选择,须认定作之者读之者为学生,即以学生为本位也。"

叶圣陶认为,一个受过教育的人必须具备足够的自学能力,能够随时随地进行自我教育,否则算不上是受过教育的。他认为,在现代社会要做个"够格"的现代人,应该掌握的知识太多,各种教育机构只能取其重要的、基本的,作为例子教给学生,其他的更多东西,必须由学生学会举一反三,自己去学习,去研究,去掌握,去扩充。人类的知识财富,其积累主要不是机械相加,而是发展演进。因此,受教育者对于现代的知识,绝不可"光知守而不知变",一定要在接受前人经验的基础上,通过自己的独立思考,有所发现、有所改革、有所创新。这种发现、改革、创新,是别人不能代替的,必须在自学过程中逐步到达这样的境地。基于这一出发点,叶圣陶主张要教会学生自己学习的本领,让他们自己学习一辈子,一辈子受用不尽。不应该把教育仅仅看成是积累知识,在现代信息社会,教育首先是发展学生的分析能力和批判思维,应学会学习,善于学习,与时俱进。

除此之外，教师还必须在"导"字上下功夫。叶圣陶说："教师之为教，不在全盘授与，而在相机诱导。必令学生运其才智，勤其练习，领悟之源广开，纯熟之功弥深，乃为善教者也。"他又在其《语文教育书简》中指出："教师当然须教，而尤宜致力于'导'。导者，多方设法，使学生能逐渐自求得之，卒底于不待教师教授之谓也。"

怎么导呢？他说："所谓教师之主导作用，盖在善于引导启迪，俾学生自奋其力，自致其知，非谓教师滔滔讲说，学生默默聆受。"他说："凡为教者必期于达到不需教。教师所务惟在启发引导，俾学生逐步增益其知能，展卷而自能通解，执笔而自能合度。"他认为，教学要随时注意"减轻学生之依赖性"。学生如果总是依赖教师，养成了种种依赖的习惯，这就是教育的失败。所以，无论是学校教育还是家庭教育，他都竭力主张，教育工作"如扶孩子走路，虽小心扶持，而时时不忘放手也"。这个过程应该是从扶到放。他在1977年给《人民教育》编辑部题的诗写道："学步导幼儿，人人有经验。或则扶其肩，或则携其腕，惟令自举足，不虞颠仆患。既而去扶携，犹恐足未健，则复翼护之，不离其身畔。继之更有进，步步能稳践，翼护亦无须，独行颇利便。他日行千里，始基于焉奠。似此寻常事，为教倘可鉴。"

5. 教学过程中把握好"预习—讨论—历练"三个环节

其中"预习"在课前完成，"讨论"要课内外结合，"历练"则以课外为主。

（1）课前预习

心理学告诉我们，有目的地去预习，使学生学有目标，就能激起他们强烈的学习动机，推动和促进他们的学习活动。叶圣陶十分注重预习，他认为，"学生在预习的阶段，固然不能弄得完全头头是道；可是教他们预习的初意本来不要求弄得完全头头是道，最要紧的还在让他们自己动天君。他们动了天君，得到理解，当讨论的时候，见到自己的理解与讨论结果正相吻合，便有独创成功的快感；或者见到自己的理解与讨论结果不甚相合，就作比量短长的思索；并且预习的时候决不会没有困惑，困惑而没法解决，到讨论的时候就集中了追求解决的注意力。这种快感、思索与注意力，足以鼓动阅读的兴趣，增进阅读的效果，都有很高的价值"。

预习的根本意图，不在于让学生彻底领悟所要学习的东西，而在于唤起学生的学习意向，以探索者的姿态来面对文本，消除疏离感，从而为课堂教学完成铺垫。叶圣陶的意思很明确，就是要把翻查、分析……这些本该由学生做的事情仍然还给他们自己去做,老师不要越俎代庖。

那么,如何指导学生进行切实的预习活动呢?叶圣陶有过十分详尽的说明。他以语文学科为例,将完整的预习过程分为三个步骤:第一,通读全文,主要是掌握分段和标点;第二,通过翻检工具书,摘抄释义,认识生字生语;第三,解答教师所提出的问题,掌握文章的内容和作法。当出现疑难时,就要他们动脑筋、查字典或请教他人,所有这些,都要靠学生亲自动手、动口、动脑筋才能做到。"学生应该知道而未必能自行解答的,却不妨预先提出,让他们去动一动天君,查一查可能查到的参考书。他们经过了自己的一番摸索,或者是略有解悟,或者是不得要领,或者是全盘错误,这当儿再来听教师的指导,印入与理解的程度一定比较深切。""这一项预习的成绩,自然也得写成笔记,以便上课讨论有所依据,往后更可以覆按、查考。"只有这样才有利于学生创造思维的开拓,从而达到"教是为了不教"的目的。

(2) 课堂讨论

学生经过预习,往往会产生如下几种情况:一是肤浅,即对定向的问题只理解了个大概,其实不甚了了;二是片面,即片面地抓住一鳞半爪,自以为很全面了;三是在预习中发现了新的问题或疑点。学生预习以后共同的心理是:都迫不及待想发表自己的见解,这时教师就应该因势利导,引导学生讨论。叶圣陶认为,讨论具有重要的教育心理学意义:它是进一步发动学生独立思考、独立阅读所不可缺少的重要一步;是师生之间思维成果进行网络式交流的形式。在课堂教学上,通过课堂讨论,才能使知识技能化为自己的血肉,才能完成精神客体向主体的转化。这样既促使学生积极思维,提高了思维能力,又培养了学生口述能力及提出问题、分析问题、解决问题的能力。叶圣陶主张"在学生是报告讨论,在教师是指导订正"的课堂讨论方式。他说:"预习得对不对,充分不充分,由学生与学生讨论,学生与教师讨论,求得解决。……教师犹如集会中的主席……只要待学生预习之后,给他们纠正,补充,阐发。"倘若我们的语文教学不提倡学生课前预习,不采取课堂讨论的形式,而是上课铃响了,学生坐定在位子上,听到教师说今天讲某一篇之后,才翻开课本或选文来,听教师逐句逐段地讲,直到讲完,别无其他工作,学生根本不用动脑,无法经历到学习上很有价值的几种心理过程,比如,独创成功的快感,比量短长的思索,追求解决的注意力等。与此同时,只让学生坐在教室听老师讲,他们还会渐渐养成懒得去仔细咀嚼的坏习惯,那就只有一切依靠老师;这样的学生一旦离开了老师,如同学步时从未离开过大人的孩子,只能磕磕碰碰,频频跌跤了。

(3) 课外历练

在《精读指导举隅》一书的前言中,叶圣陶对练习做了详细说明,在"课内指导之后,为求涵咀得深,研讨得熟,不能就此过去,还得有几项事情要做,把学生应做的练习工作分项说明如下:1. 诵;2. 读相关的文章;3. 对教师的考问"。

叶圣陶认为,所谓能力不是一会儿就能从无到有的,须经常反复地历练。"练"能强化学生对知识的理解和巩固,更有利于学生智力的开发和能力的提高。应该说整个教学过程都包含着"练",但这里所说的"练"是指检测教学效果的口问与笔答。"练"分为实质训练和形式训练两类。实质训练一般指课文的内容和知识;形式训练一般指心智技能即能力的训练。我们必须明确掌握知识的目的是为了发展智力,培养能力,并正确处理两者关系,努力使其合二为一,并把重点放在对听说读写语感能力的培养上。

"教是为了达到不需要教"的论断,把尊重和激发学生主体自主发展作为教育教学的出发点和立足点,深刻反映了现代社会和人的发展对教育教学的要求,揭示了教师讲授与学生自学、知识教学与主体发展、课程教学与课外学习之间对立统一相互转化的辩证关系,阐明了现代教学的本质、目的和规律,是对现代教育过程及其本质做出的科学而又通俗的精辟概括。

第四节 教师素养论——教育工作者的全部工作就是为人师表

叶圣陶一直对教师问题非常关注,满怀深情地寄教育改革、发展乃至社会进步、民族振兴的希望于广大教师。在《教师问题》一文中,他更明确提出,教师问题是教育问题的关键,"没有教师,教育无从实施;没有教师,受教育者无从向人去受教育",而教育工作者的全部工作就是为人师表。

"师表"一词,出自《史记·太史公自序》,意思与"师范"相同,是指学习的榜样。而如何提高教师素养,成为师表风范,他在《教师的修养》《如果教育工作者发表〈精神独立宣言〉》《给教师的信》《教师怎样尽责任》《教师必须以身作则》和《教育工作者的全部工作就是为人师表》等文章中做了详尽具体的阐述。叶圣陶的师表风范思想,既继承了中国传统文化中师德规范的精华,同时又把现代教育语境中教师的师表风范作用提到了一个崭新的高度。

1. 胸怀梦想、肩负使命

理想是前进的方向,是心中的目标。托尔斯泰曾说过:"理想是指路明灯,没有理想,就没有坚定的方向;没有方向,就没有生活。"人生发展的目标是通过职业理想来确立,并最终通过职业理想来实现。教师的职业理想是在对教育事业的伟大意义的深刻理解基础上产生的从事教育事业的志向、抱负和追求。具体而言,它指的是教师对自己未来职业的选择和向往,也指教师在职业活动中追求的事业成就或奋斗目标。它是教师献身于教育工作的根本动力。叶圣陶认为,做教师的人,要有一点理想主义的情怀。他说:"教育事业是培养'人'的——'人'应该培养成什么样子?'人'应该怎样培养?这非有理想不可。"这里的"理想"指的是教育工作者对教育事业的热情。教育工作者对教育工作有"嗜好",有兴趣,肯研究,且把教育事业作为终身事业才行。

所谓使命感,即人对一定社会、一定时代里国家赋予的使命的一种感知和认同,在使命感的指导下,完成自己的使命,实现人生的价值。现代教师对教育事业的高度负责,是基于对国家、民族和社会未来的一种深沉的使命感,而又具体落实到对每一个学生(个人)的负责。现代教师的敬业奉献,是与这种高度自觉的责任心相联系的。叶圣陶说:"无论当小学、中学或大学的教师,我要时时记着,在我面前的学生都是准备参加建国事业的人","因此,当一班学生毕业的时候,我要逐个逐个的审量一下,甲够格吗?乙够格吗?丙够格吗?……如果答案全是肯定的,我才对自己感到满意。因为我帮助学生总算没有错儿,我对于建国事业也贡献了我的心力。"他还认为,这种高度负责,敬业奉献的态度,固然需要有对教育事业价值、意义理性认识的支撑,也要有外在的规范和保障,而更主要的还得靠教师能够在自己的艰苦工作中深切地体验到这份事业的乐趣。

2. 爱生如子,平等相待

叶圣陶明确指出要对学生怀着一颗真诚的爱心。叶圣陶认为,"学生是教师的服务对象"。教师首先要"胸中有学生",无论遇到什么事情都坚持"学生第一";"老师们应该是同情学生,爱护学生,帮助学生,指导学生的"。在小说《倪焕之》里,叶圣陶描写了两种典型的对待学生犯错的老师。一种是和学生们一起欢笑、用"慈和"的眼光面对犯错的学生,当学生悔悟时,还会流着感激的泪痕的老师。另一种是拖着学生像抓住一只小鸡,用"呵斥仇敌"和"狠毒"的眼光面对学生,认为坏学生总得骂的老师。叶圣陶将这两种态度做对比,提出了"爱的教育"的主张。"爱"在教育上是一种促进教师和学生关系和谐的力量,叶圣陶认为"爱的教育"对小学生而言尤其重要。在实施爱的教育的过程中,教师首先要明白教育的真正价值,要有一定的修养功夫,然后主动去认识儿童,要用诚意感化学生。叶圣陶认为,诚意感化是要有一定方法的,不能盲目地"感化"。他认为"诚意感化"不是一味地迁就学生犯错,而是真心认他们做朋友,"真心"不是仅仅浮在嘴边的,要像对自己的家人一样对待他们,当他们犯错的时候,仔细找出他们犯错的缘由,然后"对症治疗"。还要尊重他们,像尊重自己的家人一样。

现代教师对学生的热爱,不仅表现为对学生负责,严格要求,而且要对每一个学生平等相待、真心热爱;教师要尊重学生的主体地位,充分了解和信任学生。叶圣陶认为,"教师和学生是朋友,在经验和知识上,彼此都有深浅广狭的差别,在精神上都是亲密体贴的朋友。当休闲的时候也要与他们接触,诚心而谈,决无矜饰,像会见一位知心的老朋友一样"。在《如果我当教师》一文中,他说,如果他当小学教师,一定不会把儿童当作讨厌的小家伙、烦心的小魔王,无论他们是聪明的还是愚蠢的,干净的还是肮脏的,他都要称他们为"小朋友"。他还说,如果他当中学教师,他就会努力使学生能做人,能做事,成为健全的公民。他不会把忠孝仁爱等抽象的德目往学生的头脑里死灌,不会叫学生做有名无实的事。他说,如果他当大学教师,他不会照本宣科,不会用"禁遏的办法"对待学生,而是尽可能把自己的心得与学生分享,尽可能做学生的朋友。"无论怎样不行的材质,总得不放手地加工夫上去。"这是一种充满了平等观念的爱,也才是真正的"诲人不倦""有教无类"。现代教师对学生的至诚至爱和平等态度,尤其体现在对受教育主体的充分尊重、信任上。"独断式的教训",任意以"不许主义"压制,只会造成与学生的对立,是根本违背现代教师的道德准则的。教师还要做到"教学相长",虚心向自己的教育对象学习,"只有做学生的学生,才能做学生的先生"。他曾经强调,在现代社会,"德行须从民主来修养"。建立民主、平等、友爱、互助的师生关系,是现代教师人格修养的重要现实基础和内容,并对学生的现代人人格形成具有深远影响。

3. 夯实基础,全面提升

(1) 扎实的专业知识和教学基本功

叶圣陶认为,现代教师除了一般的科学文化素质要达到较高水平外,在业务上必须有扎实的专业基础知识和基本技能。关于前者,他提出过这些要求:其一,要熟习所教的学科,"所谓熟习,意思是不仅记住那些学科的内容,而要把那些内容消化了,随时随处都能拿出来运用";其二,"还必须懂得该学科与其他学科的关联,还必须懂得该学科与思想品德教育的关联";其三,"开一门课程,对于那门课程的整个系统或研究方法,至少要有一点儿是我自己的东西,依通常说法就是所谓'心得'"。此外,他提出,现代教师还应当练就过硬的专业基本技能或基本功。他曾对语文教师多次指出:"教师增加本钱,最为切要。所谓本钱,一为善读,二为善写。""唯有老师善读善写,乃能导引学生渐进于善读善写。"

(2)教育科研能力

随着时代的发展,传统的教师角色已经不能满足教育工作的需要。中小学教师的科研能力越来越受到重视,如何提高中小学教师的科研能力,尽快使中小学教师从"教书匠"向"研究型教师""学者型教师"转变,这已成为一个亟须探讨的问题,以有利教育科研的发展和教育质量的提高。而叶圣陶早就对此问题予以关注。他指出,教师要在与现代社会人的发展和教育问题有关的各门科学上下一番切实的研究功夫,从而才可能得到正确的现代教育观念和方法。"希望所有的教育工作者都把教育看作一门科学,群策群力,密切协作,能尽早说明和解决教育方面的许多重要问题。"现代教师的教育科研能力,充分体现在其理论与实践的结合上,"注重探索和试验,注重实践和成效"。教育科研能力,是现代教师自觉掌握客观规律,改革教育教学,提高教育质量,更好地发挥自己作用的一种重要的素质条件,也是成为"现代教育专家"的一个突出标志。

(3)自我"充电"的能力

教育家苏霍姆林斯基说过:"教师所知道的东西应当比他在课堂上要讲的东西多十倍、二十倍。"只有这样,教师在课堂上才能高屋建瓴,深入浅出。自我进修能力,也是现代教师开发自我、发展和完善自我的一种本领,是构成和体现现代教师主体人格的一个重要因素,对其整体素质的提高起到决定性的推动作用,并会对学生自学本领和主体人格的培养产生积极影响。教师如果安于现状,墨守成规,不思进取,其拥有的知识就会因陈旧而跟不上时代需要。叶圣陶认为,现代教师要履行好职责,最根本的一点还要具有自我进修的能力。他指出,当了教师,"在不断'付出'的岁月里,同时要源源不断地谋求'收入'——就是说要努力进修"。叶圣陶指出:"教师对儿童自然要担负帮助和指导的责任,但是教师自身也随时长进经验,随时有所创作,有所进步。"现代教师的素质是在其培养现代人的社会实践中发展和提高的。教师在帮助和指导儿童形成现代人人格的同时,也在不断实现着现代教育人格的自塑。

4. 以身作则,言传身教

教师为人师表的基本内涵是,教师在生活、教学和社会实践中,所表现出来的素质与行为都可以成为他人的表率。言传和身教是教师产生教育影响的最基本的形式与方法。我国古代就有"言传"和"身教","身教"胜于"言传"的说法。言,是人的思想、观念、知识、智慧等的载体;传,是基本的、特定的交流与教育方式。身教的优势是以身垂范,直观性强,感召力大,特点在于感化。叶圣陶一贯强调这一思想,并随着时代的变迁,他又进一步深化研究这个问题,并提出了一些具有创新性的见解。他认为中小学教师的"言传"和"身教"是统一的、密不可分的,也就是说,教育者的一言一行都要足以成为受教育者的楷模,必须以身作则。同时认为身教重于言传。"身教"就是以身作则,教育者自己做出榜样来,让受教育者自动仿效,收到的效果当然比光凭口说显著得多。榜样的力量是无穷的,就是这个道理。"身教"之所以重于"言传",是因为教师生活在学生中间,他的言语、行动无时无刻不在影响着学生。一般情况下,"身教"的机会一定比"言传"多。如果教师言行不一,那么他的话在学生心目中的价值无疑就打了折扣。他强调要使学生有一种真实明确的人生观,教师"自己就不可不先有一种真实明确的人生观"。要帮助学生养成各种良好习惯,教师"自己就得继续不断地养成这些良好习惯"。"凡希望学生去实践的,我自己一定实践;凡劝戒学生不要做的,我自己一定不做。这无非实做两句老话,叫做'有诸己而后求诸人,无诸己而后非诸人'。"一个教师无论教什么课程,"他的行为如果不正当的话,其给与学生的影响虽是无形的,却是深刻的,深刻程度还不可估计"。当然,"言传"还是有用的,还是需要的,胜于只是表明比较而已。

现当代的青年不以你是教师或长辈而尊重你,而视你的才华学识、言谈举止和道德品行决定对你尊重与否,这是"隐性教育论"在实际生活中的体现。所以,叶圣陶主张教师不仅要继承优良传统,多持善行,多施美德,还要努力将自己的知识、道理和现代教育思想付诸实践,在更高、更完整的意义上做到言行如一、品行如一。教师要做到这一点,就要在做到"教诲不倦,所以治人"的同时,更要做到"学问不倦,所以治己"。教师要全面提高自身素质,使自己成为学生的表率,社会的榜样,时代的模范。要尽快提高教师的政治、业务素质,要求教师既然从事教育工作,自己必须先受教育,而且要身体力行,才有可能使工作收到预期效果。所谓"先受教育",首先要加强自身修养,这是"身教"和"为人师表"的前提和基础。教育者自己树立了榜样,让受教育者自动仿效,收到的效果当然比光凭口说强得多。用榜样的力量去影响人、教育人,这是最有力的教育法,一切教育教学工作者都应注重这一点。

身教与言传思想是叶圣陶关于教学的一个基本思想。在教学中,教师要以自己的言谈举止影响学生人生观的形成,影响他们作为合格公民的人格,这就要求教师要具有正确的人生观和教育观,提高其教育教学素质,切实认识到自己所从事的事业是培养合格公民,要以自身的渊博知识和人格魅力影响学生,真正做到身教为先。

第五节　语文性质观——语文是思想、交际和生活的工具

语文要怎么教、怎么学?怎样才能收到良好的效果?这是一个极其复杂的问题,绝非几句话就能说得清楚。但是,有一个基本前提:必须首先明确语文学科的性质到底是什么?因为教学目的、任务、教材和教法等,均由性质来决定。叶圣陶先生通过语文教学的长期实践和深入研究,反复强调语文学科的性质:语文是工具!吕叔湘为《叶圣陶语文教育论集》所做的序中这样概括叶圣陶语文教育思想:"通观叶圣陶先生的语文教育思想,最重要的有两点。其一是关于语文学科的性质:语文是工具,是人生日用不可缺少的工具。"

1. 工具论的基本内涵

语文是工具,这个工具具有思维和交际的双重功能。其中,思维是手段,交际才是目的,语文的本质特征是交际工具性。

(1) 语文是思维的工具,又是交际的工具

叶圣陶说:"语言是思想的定型。"任何人说出来的口头语言和写下来的书面语言都是他心里所想的;想的过程就是语言形成的过程。"朦胧的思想是不清不楚的语言,清澈的思想是有条有理的语言。"语言与思维是完全一致的。至于有人心里这样想,说出来或写下来的却是另外一套,即所谓心口不一,又到底是怎么回事呢?这"另外一套"有两种情况,其一是说话或写文章的人在彼时彼地的有意安排,只不过是用另一种语言材料和形式来表达自己的思维罢了,如平时语言实践中的反话、反语等;其二是由作者的口头或书面表达能力太差所致。离开了语言,人们无法思维,所以语言是工具。既然语言是工具,那么由口头语言和书面语言连在一起说的语文当然也是工具,这是一个不争的事实,古代是这样,现代也是这样;中国是这样,外国也是这样。为此,要想使学生掌握好语言,中小学的语文教学一定要十分重视从源头上去开发,即花大力气训练学生的思维,千万不能忽略由不出声的内部语言到出声的外部语言的想的过程。分开来讲,阅读教学要紧紧抓住从听、读到想的过程,从而指导学生由感知

语言文字的表象到理解、把握语言文字的形式和思想内容及其相互联系的实质;作文教学要紧紧抓住由想到说、写的过程,从而指导学生审题,立意,布局,谋篇,成文,修改等。语文教师指导学生进行听说读写训练,就是指导学生把朦胧的思想变为清晰的思想,把不清不楚的语言变为有条有理的语言。

其次,语文又是交际的工具。人是一切社会关系的总和,生活在社会上的每一个人都不可能独立存在,也就是说,人与人之间绝对离不开相互交往,而相互交往过程当中使用最经常、最广泛的就是语言。1953年,叶圣陶在中国文学艺术工作者第二次代表大会上做了一个题为"语言和语言教育"的发言,他结合自己的体会指出,要是一个人的语言杂乱无章,人家绝不会承认这个人的思想有条有理,因为语言杂乱无章就是思想杂乱无章的反映。要是一个人的语言含糊朦胧,人家绝不会承认这个人的思想清楚明确,因为语言含糊朦胧也就是思想含糊朦胧的表现。要是一个人的语言干巴巴的,人家绝不会承认这个人的思想好像刚开的花朵,因为语言干巴巴的就是思想干巴巴的……总之,在思想交流上,关系是这样的:只有拿出来的定型的语言对头,人家才会承认这个人的思维跟认识对头。反过来,拿出来的定型的语言不对头,人家就无从承认这个人的思维跟认识对头。这是一条很明白的规律。所以,从思想交流的实际看,我们完全可以断言,思想交流不靠其他,就靠语言。人们为了充分发挥自身的价值,都希望说的话和写的文章与自己的思想完全不打折扣,取得思想交流的最大效果,进而提高学习、工作、生活的质量和效益。一个人如果听语言、说语言、读语言、写语言的能力未得到很好的培养和训练,那么在人际交往过程中势必遇到很多困难和障碍,所带来的苦恼和麻烦是不言而喻的。

(2) 文道统一的教学方法

在叶圣陶看来,语文学科的教学方法是由课文即作品的性质决定的。他明确指出:"咱们决不能作二元论的想法,一方面内容,一方面形式。咱们只能够作一元论的想法,内容寄托在形式里头,形式怎么样也就是内容怎么样。"他强调,讲一篇文章"不能把两者分开来讲,这一堂课讲思想内容,另一堂课讲语言,只有把两者结合起来,这堂课才算成功"。

语言工具是"文",人文、情感是道。叶圣陶认为,情感的表达与工具的运用是相辅相成的,文道割裂是不能取得良好的教学效果的。他说:"教师预存着划分的观念,于是在教授的时候,只想着我此刻的职务全在于知识的传授,此外如养成良习、陶冶性情,都非所问。在训导的时候只想着我此刻的职务在于诏告善言,免去恶德,此外如事务的经验与技术的修炼,悉非所及。这样做法,前者何异于贩卖的商贾？后者何异于传教的牧师？"

2. 远离对"工具论"认识的误区

然而,叶圣陶的"工具论"也受到一些人的指责,他们把语文教学弊端的形成原因归咎于"工具论"。反对"工具论"的人对其批判主要集中在两个方面,一是所谓人文性的缺失,二是语文教学的"少、慢、差、费"。这就非常有必要正本清源,重读叶圣陶,还"工具论"本来面目。学者张哲英在《清末民国时期语文教育观念考察——以黎锦熙、胡适、叶圣陶为中心》一书中认为,吕叔湘的序对于学习叶圣陶语文教育思想起到了一定的推动作用,但同时,因为这观点源自《叶圣陶语文教育论集》中的文章,难免限制了他的观点;并且,由于《叶圣陶语文教育论集》的编选极大地受到时代的影响,因而要纠正"文革"期间"左"的流毒,恢复语文教育到1963年的"工具论"。应该说,这一评价还是中肯的,也给了笔者一些启示,因此笔者认为研究实践叶圣陶"工具论"的观点时尤其要注意以下几点。

（1）切勿断章取义片面地理解"工具论"

叶圣陶确实从来没有在自己的任何文章中明确提出"人文"这一概念,但是"人文"二字总是渗透在他所有的论著中。他的"工具论"是非常"人文"的,并非像有些人类比的所谓榔头、锄头之类,而是承载文化、思想并运用于社会人生的交际工具。叶圣陶在论及语文课程是一门工具的时候,向来在"工具"之前加上一个包含人文内容的定语,他总是强调:语文是思想的工具,语文是交际的工具,语文是生活的工具。我们不能因为叶圣陶没有明确指明"人文"二字,就无视语文教育思想中丰富的人文内容。

早在1923年,叶圣陶在他拟制的《初级中学国语课程标准》的"目的"中列出了四条:"1)使学生有自由发展思想的能力;2)使学生能看平易的古书;3)使学生能作文法通顺的文字;4)使学生发生研究中国文学的兴趣。"并在本科要旨的说明中,强调既要"充分练习运用文字的能力",又要"涵养文学趣味"。这不是自开始叶圣陶就把语文学科的工具性与人文性相提并论了吗？

20世纪40年代,叶圣陶在《中学语文科课程标准》(草稿)所列的目标,有以下两条:

一是"通过语言文字的学习,从感性的认识出发,在学生的情操和意志方面,培养他们1)对劳动跟劳动人民的热爱,2)对祖国的无限忠诚,3)随时准备去克服困难战胜敌人的决心和勇气,4)服从公共纪律爱护公共财物的集体主义精神"。

二是"顺应学生身心的发育和生活经验的扩展,逐步培养他们凭我国语言文字吸收经验,表达情意的智能"。这里根据当时新中国刚刚成立的情势和需要,对于语文学科的人文内容表述的十分具体,说明了叶圣陶对人文性的高度重视。

叶圣陶在《国文教学》序中说:"教材中的一些文章,偏重于教学的技术方面,精神方面谈到的很少。"叶圣陶在《作文论》中指出,要真正掌握好语文工具,首先要求受教者有充实的生活,即"应是阅历得广,明白得多,有发现的能力,有推断的方法,情性丰厚,兴趣饶富,内外合一,即知即行,等等";为了达到这个目标,语文的教育必须致力于"训练思想"和"培养感情"。语文教育能不能取得成效,关键就要看在"训练思想"和"培养感情"这两个方面有没有着力。他说,语文教育不单是为了使人们获得一种生活上的必要工具,而且是为了使人们的"思想益正确而完善,情感益恳挚而缜密","要使学生能做人,能做事,成为健全的公民"。有人把语文教育的弊端全部归咎于"工具论"。他们说,语文教育过分强调语文的工具性,否定语文内在的人文性,或者用烦琐的分析肢解课文生动感人的整体形象,或者用做题、训练取代学生读写的语文实践,或者用僵化的标准答案限制学生阅读的多元感受,扼制了学生的创造性思维。甚至有人提出:"不搬走叶圣陶这座山,语文教改就没有出路。"如果我们认真读一读叶圣陶,就会发现,这些错误做法非但不是"工具论"所主张的,反而正是叶圣陶"工具论"所反对的。叶圣陶的"工具论"本身就强调工具性与人文性的统一,他指出,"要做一个社会主义时代的公民,吸收精神上的养料比任何时代都重要";"国文教学除了技术的训练之外,更需含有教育的意义"。但是叶圣陶反对把语文当作政治思想的附庸,"把精神训练的一切责任都担在自己肩膀上,实在是不必的"。叶圣陶抓住了语文教育的本质,明确语文教育的基本任务是培养学生的语文能力,提高学生的语文素养;同时提醒不要忽视语文的人文内涵,但不能喧宾夺主。叶圣陶还立场鲜明地反对读书作文只为应付考试的错误做法,号召教师、学生关注社会人生;反对把语文课看成知识课,一再批评那种肢解课文以讲为主的教学方式,指出不应该"喋喋言作法,言技巧";尤其反对那种程式化的"八股精神",他在《语文教学二十韵》中把"立诚为贵"作为语文教育在品性陶冶上的极致,可见他是多么重视学生的主体精神。

当然,叶圣陶也强调训练,这正是为一些批评者所指责的。但我们应该弄清楚他所说的"训练"的内涵。为什么训练?训练什么?怎么训练?简要地说,训练的目的在于使学生养成良好的语文学习习惯。他说:"训练学生写作,必须注重于倾吐他们的积蓄,无非要他们生活上终身受用的意思。这便是'修辞立诚'的基础。"叶圣陶提倡的是反复训练,但是,这种反复训练绝不是现在盛行的"技术主义""题海战术",而是着眼于学生思想成长、心灵发育的增加"底气"的训练,是实实在在"为人生"的训练。这样训练的结果,不仅是学生写作能力大有长进,而且更重要的是学生作为"人"获得了成长,走向了成熟!

没有完整、深入地研究叶圣陶教育思想,简单抽取叶圣陶论著中的只言片语,便以此为目标大肆批判,这真是一叶障目,不见泰山,显然违背了叶圣陶的初衷。

(2) 切勿脱离特定历史背景割裂地看待"工具论"

研究叶圣陶语文学科性质,就必须了解叶圣陶本人全部的生活、思想、实践、著作,也就是了解他个人的发展历史、全部实践经验与理论成果,并放诸社会演进的历史背景之中,方能得出较为客观的结论。如果只是停留在从概念到概念,一味地强调理性思辨,要对叶圣陶语文学科的性质观取得科学的认识是非常困难的。叶圣陶有关语文"工具论"的提出,每次都有其特定内涵,有着强烈的现实针对性,而且是顺应时代要求和历史潮流的。

20世纪40年代叶圣陶提出"语文是应付生活的工具",针对的是旧式教育、古典教育、利禄教育的陈腐教育观,因而,"国文在学校里是基本科目中的一种,在生活上是必要工具的一种"。这显然是在强调语文在教育科目和学生人生中的重要性,是在为语文争得独立地位。

20世纪五六十年代,"全盘学苏""大跃进""人民公社化运动"一浪高过一浪,语文教育受"极左"思潮影响,语文课一度成为宣传政治思想的阵地,语文课姓"政",姓"文",却偏偏丢弃了本姓"语"。为了使语文回归姓"语",叶圣陶提出"语言是思维工具",又是"表达、交际和交流思想的工具",这在当时不仅完全符合语文课程的客观规律,而且对当时政治干预语文有重要的纠偏作用。正是因为有了叶圣陶的这一理论,语文才在政治狂潮中站稳脚跟,保持自己的一席之地,不至于被政治吞没,为新时期语文改革奠定了良好基础。

十年"文革"严重冲击了我国的教育事业,叶圣陶在这十年中被迫缄口。"文革"结束后,十一届三中全会开启了建设中国特色社会主义的新时期,全国高考恢复,教育重新被提上研究议程。这时候针对语文教学领域的荒芜现象,叶圣陶再次提出"语文是工具"的观点。他说:"语文是工具,自然科学方面的天文、地理、生物、数、理、化,社会科学方面的文、史、哲、经,学习、表达和交流都要使用这个工具。要做到个个学生善于使用这个工具(说多数学生善于使用这个工具还不够），语文教学才算对极大地提高整个中华民族的科学文化水平尽了分内的责任，才算对实现四个现代化尽了分内的责任。"这里纠正了对语文功能的片面理解，并且阐述了语文也是学习其他学科的工具、做人的工具。

综上所述，我们可以发现，只要客观、全面、发展地理解叶圣陶，就不难发现叶圣陶从来就不是"纯工具论者"。叶圣陶"语文是工具"理论的提出就当时的时代背景来看是有特殊意义的，这关系到语文还姓不姓"语"的根本问题。将语文从政治的泥淖中解救出来，使语文还能成就语文自身，在这一点上，叶圣陶及其"工具论"可以说功不可没。

第二章 特色化道路——学校可持续发展的关键

学校办学特色是当代教育的发展命题，是学校战略领导的途径和目标，是校长的责任和使命。《国家中长期教育改革和发展纲要（2010—2020）》指出："树立以提高办学质量为核心的教育发展观，注重教育内涵发展，鼓励学校办出特色、办出水平，出名师，育英才。"学校有特色，学生才有个性；学生有个性，将来才会创造、创新。随着国家教育顶层设计对办学特色的高度重视，近年来对办学特色的研究方兴未艾，办学特色实践活动如雨后春笋。普通高中避免同质化发展，形成自己办学特色已经成为业界共识，具有鲜明特色的名校正在逐步形成。但是，总体而言，目前的办学特色研究尚缺少深厚的思想基础、鲜明的理念指引、独特的文化支撑、充满活力的体制机制保障，因此现有的研究大多停留在具体特色项目的浅表层面，有待形成深入肌理的整体内涵和内外圆融的文化风格。办学特色的意义、价值、模式、路径都有待深入探讨，理论研究和实践空间也有待进一步拓展。

笔者认为，学校办学特色的形成和培养，绝非一朝一夕一蹴而就之事，而是一个需要艰辛探索和勇敢实践的漫长过程。在探索和创建办学特色的过程中，首要之事，是要为办学特色寻求一种坚实而丰厚的思想基础。思想乃学校之魂。思想引领乃学校特色建设之精神引擎。只有建立在深厚思想基础之上的办学特色，才会具有蓬勃的生命力和高度的凝聚力，才会对丰富办学内涵、促进学校持续发展产生引领作用。否则，所谓特色就是无源之水、无本之木，往往停留在概念上，成为只能写在纸上、挂在墙上而走不进教育教学内部的口号，创建办学特色的实践也就看似轰轰烈烈而极易流于形式主义，往往校长一换，人走政息。为此，我们在构建学校办学特色时，牢牢植根于百年办学传统，从诸多思想理论资源中精心选择了叶圣陶教育思想作为学校特色建设的思想引擎，并于2010年在苏州一中九届四次教代会表决通过后，在全校范围开展深入持久的学习叶圣陶教育思想活动，把叶圣陶教育思想深度融入学校各项工作中。在叶圣陶思想的指引下，学校总结出"工作目标学生第一、战略发展教师第一、价值取向学校第一"的工作要求。

第一节　基于叶圣陶教育思想的民族性和科学性

1. 古代教育思想——叶圣陶教育思想的源头活水

（1）先秦儒家的教育思想

教育起源于劳动,早在远古时期就出现了教育的萌芽。春秋战国时期,随着奴隶制度向封建制度的转变,教育也由"学在官府"开始"文化下移"。孔子是中国历史上第一个将毕生精力贡献给教育事业的人,他打破了"学在官府"的局限,开辟了"学在四夷"的先河。孔子的教育思想非常丰富,值得我们总结和借鉴的东西很多,下面仅从四个方面加以探讨。

有教无类　子思曰:"仲尼祖述尧舜,宪章文武。"孔子认为最理想的社会是尧舜时代和奴隶制全盛的西周,他希望通过兴办教育来培养坚才,以实现其政治理想。所谓"性相近,习相远",孔子认为人才不是天生的,要靠后天的教育培养出来,所以孔子主张人人都应该受教育,即"有教无类"。在孔子之前,只有贵族子弟才有权接受教育,而孔子积极推广私学,明确提出,无论贵贱,只要有心向学,都可以入学受教。如孔门弟子颜回、子路等均来自平民。更可贵的是孔子三千弟子来自鲁、齐等不同国度,这不仅打破了当时的国界,更打破了夷夏之分,孔子以自己的行动实践着"有教无类"。

因材施教　子路与冉有请教孔子相同的问题——听到正确的主张是否立刻施行,却得到不同的回答。孔子要求子路倾听父兄的建议,三思而行,而要求冉有果断实行。公西华不解,孔子释疑:子路勇而好进,故退之以期处事周全,冉有谦恭犹豫,故进之以期临事果断。这是《论语》中的一段记录,也是孔子最好的"因材施教"的实例。"材"包括学生的道德修养、意志性格、知识水平、接受能力、才能爱好等方面,在这些方面学生不是"空瓶子",有着千差万别,"因材施教"便是要求教育者在教学中因人而异,量体裁衣,发挥学生的长处,弥补学生的不足,激发兴趣,树立信心,促进持续发展。"因材施教"的实质是教育者能知人善教,让受教育者各尽其才。

启发诱导　孔子主张"不愤不启,不悱不发。举一隅不以三隅反,则不复也。"朱熹在《论语集注》里解释道:"愤者,心求通而未得之意;悱者,口欲言而未能之貌。"可见,"愤"与"悱"是学生学习过程中的两种心理状态。朱熹又云:"启谓开其意,发谓达其辞。"可见,"启"与"发"分别是"愤""悱"这两种心理状态在容色言辞上的不同表现。孔子的启发式教育比古希腊苏格拉底的"助产术"早几十年。当时,孔子就能认识到学习是要建立在学生自觉需要的基础上的,只有充分发挥学生的主动性、积极性,学生有了思考的习惯,有了思考的能力,对问题有了切实的领会,才能真正有效地进行学习。

为人师表 孔子认为教学成功的一个重要因素是教师的人格感染力,孔子将师德提到"仁"的高度,要求自己做到博学、诚信、谦逊而不固执。孔子曾接受子路的批评,改变行程;孔子曾因颜回过于顺从而语出不满;孔子曾高兴地承认比自己小44岁的学生子夏对自己在《诗》的理解上有所启发。越是位高学博之人,越难做到谦逊不固守,孔子却做到了,同时也对千年之后的我们提出了更高的为师的要求,"学高为师,身正为范",两者缺一不可。

孟子是继孔子之后儒家的又一代表人物,后人尊其为"亚圣",孟子的教育思想也是继孔子的教育思想发展而来的,以下还是从四个方面来加以探讨。

深造自得 曾子曰:"吾日三省吾身。"孟子也最服膺孔子的内省之法。孟子认为人在与他人发生矛盾时,应先反省自身,是否有"爱人不亲,反其仁;治人不治,反其智;礼人不答,反其敬"的情况,任何"行有不得",皆应"反求诸己"。即自己的任何言行与他人发生冲突,都应该率先反躬扪心自问。学习同样也是如此。任何知识的学习都不是外来的,都必须通过学生自己主动自觉努力钻研,才能心有所得,达到运用自如的地步。所以孟子说:"君子深造之以道,欲其自得之也。自得之,则居之安;居之安,则资之深;资之深,则取之左右逢其原,故君子欲其自得之也。"

专心有恒 孟子主张学习要专心致志,持之以恒。哪怕就是作为"小数"的"弈","不专心致志,则不得也"。弈秋的两个徒弟就是最好的证明。那个专心致志,"惟弈秋之为听"的学生,最终学成而归;那个三心二意,心系援弓射鸿鸟的学生最终一曝十寒,没有能学成老师的精技。可见,心无旁骛在学习之路上有多重要。孟子认为学习所能达到的境界,不完全取决于人的天资高低,其中主体对学习的专心程度起至关重要的作用。这是中国教育史上最早讨论到"注意"问题。孟子已经关注到"有意注意"与"无意注意"的差别,并开始讨论"注意分配"的问题。

循序渐进 宋人揠苗助长,天天勤奋至极,弄得自己疲惫不堪,禾苗却非但没有极速成长,反而尽成枯槁。宋人的错误在于违背了农作物生长的自然规律,一厢情愿地求快求速,结果欲速则不达,反而造成禾苗的死亡。教育也是同样道理。违背学习规律,"揠苗"的教育者,不但于学习者无益,反而有害。孟子反对在教学中急躁冒进、急于求成。他说:"源泉混混,不舍心昼夜,盈科而后进,放于四海。"学习是一个自然发展的过程,一方面要持之以恒,不可间断松懈,所谓"曲不离口,拳不离手";另一方面,也要严格按照教育规律办事,只有脚踏实地,循序渐进,才能在教育的征程上走好走远。

重思存疑　在教学中,孟子与孔子一样也不赞成纯粹的知识灌输,孟子提出"读书存疑",强调"尽信书则不如无书"。有疑才有思,有思才有学,孟子在学习中强调思维的培养,而思维的起点便是存疑。在实际教学过程中,孟子特别擅长以譬喻的方式启发学生进行思考以获得知识。孟子说:"君子引而不发,跃如也。"如果我们把这里的"君子"拟定为教师,那么引而不发的教学法便是启发存疑。教师教学正如射手引弓,弓开满月而不发,这样学生才能达到跃跃欲试的最佳境界,教学中教师只有不断地启发和诱导,才能激发学生无限的学习兴趣与积极性。

荀子是先秦儒家的最后一位大师,"三为祭酒,最为老师",他在齐国的稷下学宫多次担任祭酒,长期执教,并成为当时最博学的资深教师,同时,荀子的思想又有别于儒家的孔、孟二圣。孔子与孟子都赞同"人之初,性本善",认为人性本善,并且认为"内省"是维持人的善的本性的主要方法。荀子却反其道而行之,认为"人之初,性本恶",人要改变"恶"的本性,必靠后天的教育。因此,荀子的"外积"与孔孟的"内省"相比,更注重后天教化的作用。我们还是从四个方面探讨。

学思结合　荀子认为学习离不开思考,学习是思考的基础,思考是学习的深入。孔子认为:"学而不思则罔,思而不学则殆。"即光学习不思考会陷入迷茫,而光思考不学习则终将危殆而一无所成。孔子认为学习与思考是同等重要的,而荀子则说"吾尝终日而思矣,不如须臾之所学也"。因此,在认同思和学的重要性基础上,荀子更注重后天的学习,认为学习是思考的必然前提,没有了学习这个先决条件,思考必定是无本之木,注定行之不远而成空中楼阁。

解蔽救偏　荀子发现人们在认识事物的过程中往往会出现"蔽"与"偏",即只看到事物的一个方面或者只被事物的一个方面支配,从而失去对事物的全面了解,因片面性而妨碍认识事物的全貌就是荀子所提出的"蔽"和"偏","蔽于一曲"则"暗于大理"。要"解蔽救偏",解决认识事物过程中人们极易出现的片面性问题,荀子找到的疗救药方是"兼陈中衡",即将所有事物或者事物的所有方面都陈列开来,加以比较权衡,最终做出评判取舍。

积渐成著　与孔子和孟子相同,荀子也提倡学习的循序渐进,教学应该根据人的认识规律和知识本身的逻辑顺序逐步深入，因此，任何知识的学习都是一个不断积累的过程。"积土成山""积水成渊"，"不积跬步，无以至千里"，"不积小流，无以成江海"，一朝一夕而欲成大儒是从来也不可能实现的事。学习是一个艰苦而长期的任务，没有虚静有恒的意志是难以完成的。正如以刀刻石，"锲而不舍，金石可镂"，虚心求实，埋首经营才是治学正道。

隆师亲友 在教学中，荀子认为教师起着决定性的作用，学生能有教师的引导，循着教师的指引学习，这是学习的最佳途径，因此，学生在学习过程中应当绝对地"隆师"，即主动地亲近教师，尊重敬畏教师。在荀子的心目中，教师的前途命运是与国家的前途命运相关联的，所谓"国将兴，必贵师而重傅"，"国将衰，必贱师而轻傅"。所以在教学中荀子要求学生必须无条件地服从教师，要"言而不称师谓不畔，教而不称师谓之倍"。当然在"隆师"之余还须"亲友"，即治学要有良友相辅。

(2) 宋代胡瑗的"苏湖教学法"

夏朝是中国历史上的第一个朝代，为培养贵族子弟，统治者建立了"庠""序"和"校"，这三种非专门的教育机关就是学校的雏形。至殷商时有了"庠""序""校""瞽宗"四种学校，教师由国家职官担任，学校教育制度建立。到了宋代，为了更多地培养救国淑世的人才以振衰起弊，宋朝帝王亲自下诏兴学，鼓励地方官吏主动兴学，由此形成了较完善的学校教育制度。宋代的中央官学，在国子监下设置了教授经学的国子学和太学，地方上分别建立了府、州、县、社等各级各类学校的建制，并制定了配套的廪养制度、教学制度、考试制度、奖惩制度等。总之，就封建官学而言，宋代学校教育制度无论是中央还是地方，均堪称完备。

胡瑗，字翼之，世称安定先生，是北宋著名的思想家和教育家。胡瑗幼年聪颖异常，却因家境衰微，未受良好教育，直至弱冠才得以有机会至山东泰山栖真观求学深造。十年潜心研习，"食不甘味，宿不安枕"。而立之年，胡瑗去鲁应考，却七试不中。不惑之年的胡瑗放弃科举，返回泰州，于华佗庙旁经武祠建私塾，名安定书院。范仲淹在苏州南园开办郡学，特聘其"爱而敬之"的胡瑗为首任教席，胡瑗到任后，制定了一套严格的校规，南园郡学很快成了各地学府的楷模。湖州太守滕宗谅曾邀请胡瑗至当地州学任主讲教授，一时四方之士云集受业，创立了卓有成效的"湖学"。后范仲淹效法湖州办中央学，又任命胡瑗为国子监直讲，因学识渊博且教学得法，备受学生的欢迎和敬重。晚年胡瑗担任太子的老师，同时在太学协助博士的考教训导与执掌学规，当时太学形成了一种

"沈潜、笃实、醇厚、和易"的学风。胡瑗开创了宋代理学的先河,推广普及教育,严格校规校纪,注重学生的社会实践,创立了高校寄宿制度。他用几十年的教学实践纠正了朝廷取仕时的弊病,被时人视为一代宗师,尊称其为"真先生"。

"苏湖教学法"又名"分斋教学法",是北宋教育家胡瑗在苏州、湖州二地办学时使用的一种新的教学法。北宋初期,教化不兴,当时的科举制度崇尚歌律,以诗赋取士,轻教化而重取士。胡瑗认为,为了培养真正合格的致治之才,必须建立"立学教人"的学校,提倡经世致用的实学,主张"明体达用"。为了贯彻"明体达用"的教育思想,胡瑗在世界教育史上首创了分斋教学的制度,他在学校中设立了"经义"和"治事"二斋,依据学生的才能、兴趣和志向施教。经义斋主要学习六经,属于"明体"之学;治事斋又分为治民、讲武、堰水和历算等科,属于"达用"之学。胡瑗不仅首创了分科教学的制度,还首创了学科的主修和辅修制度,他规定治事斋的学生每人选一个主科的同时加选一个副科。这种教学法既使学生领悟了圣人经典义理,又学到了实际应用的知识,这种教育内容与教学方法的改革非常成功,为朝廷培养了一批学有专长的人才。

(3)明代王阳明的道德修养

明代教育在宋、元基础上有不少创新和发展。元末的战乱给学校教育造成极大的破坏,各级各类学校都在战争中被毁停办。明太祖朱元璋出身平民,少年时目不识丁,后来发愤自学,他认识到教育对治国的重要作用,因此建国后,非常重视学校教育。太祖先后下诏兴办国子监、府学、州学、县学、社学等各级各类学校,给予在校生员优厚的待遇,免食宿,免徭役。在太祖的大力提倡下,明初教育发达,各种制度颇为完备,学校、科举、杂流三途并用,人才升迁机会较多。随着科举制日益受到重视,三途并进仅余科举一途独盛,学校教育成为科举制度的附庸,所谓"科举盛而学校微"。直至王阳明的心学兴起,各地书院纷纷建立,书院教育达到极盛。

王阳明,原名守仁,自号阳明子,明代著名的思想家,文学家,是唯心主义"心学"的集大成者。王阳明自幼在祖父的悉心培养下长大,弱冠后遍读朱熹著作,后因太监刘瑾迫害被廷杖系狱。其人生经历使其思想发生重要转变,于是突破朱熹格物穷理的格物致知说,认为所谓"理"就是人的心理,并在贵州省修文县建立龙冈书院,后贵州提学副使席书聘其主讲贵阳文明书院。赣南农民起义被镇压后,王阳明在赣县修建了濂溪书院。遭贬退隐后在浙江绍兴修建稽山书院,他的弟子则创建了阳明书院。镇压了广西少数民族起义后,王阳明又兴办了南宁书院,建立思田学校,推行儒学。王阳明每到一处都利用从政之余修建书院,讲学授徒,他的办学、讲学实践,对明代书院教育的发展起了极大的推动作用。

王阳明认为道德修养是学校教育工作的首要任务,实现学校道德修养有四法:静处体悟、事上磨炼、省察克治和贵于改过。"静处体悟"是王阳明早年提出的道德修养之法。他认为道德修养的最根本任务就是要除去物欲的昏蔽,发现本心所具有的良知,即"去蔽明心",所以道德修养无须外求,只需静坐澄心,摈除私虑杂念,体认本心即可。"事上磨炼"是王阳明晚年提出的道德修养之法。这时候的王阳明认识到一味地静坐澄心,容易使人喜静厌动,流入枯槁,因此他改而提倡必须事上磨炼。人必须要经历住各种事情的考验、锻炼才能处变不惊,泰然处事。"省察克治"是一种去恶、止恶的修养方法。所谓"省察"就是通过反省检查而发现自己言行中的不良倾向与习惯;所谓"克治"就是在反省检查的基础上,能够克服,治去自己言行中的不良倾向与习惯。王阳明《传习录》云:"省察克治之功……如去盗贼……定要拔去病根,永不复起,方始为快。""贵于改过"则体现了王阳明道德教育中的求实精神和向前看的态度。他认为"人非圣贤,孰能无过","过而能改,善莫大焉"。一个人难以避免地会做一些违背道德规范的错事——"人恒过";过而能改,过而善改便是难能可贵之事。

2. 西方教育思想——叶圣陶教育思想的他山之石

约翰·杜威是美国著名的哲学家、教育家,也是实用主义哲学的创始人之一,是功能心理学的先驱,是美国进步主义教育运动的代表。杜威出生于美国东北部新英格兰地区的佛蒙特州的一个杂货商家庭,大学毕业后,开始了一直想从事的教职工作。起初在美国密歇根大学和明尼苏达大学教授哲学,后任芝加哥大学哲学系主任、心理学系主任和教育学院院长,又到纽约哥伦比亚大学哲学系兼任教授,担任美国大学教授联合会主席,杜威曾与妻子一同创立实验小学,也曾创建一所实验中学作为其教育理论的实验基地。19世纪的美国教育刻板陈旧、缺乏生气,杜威作为当时新教育的拓荒者,不仅在美国影响深远,并且他曾经到中国、印度等许多国家宣讲他的教育思想,使他的教育思想远播海外。五四新文化的倡导者胡适便是杜威的弟子之一,他于20世纪初将杜威的实验主义哲学和教育思想传入中国,对中国现当代教育产生了巨大的影响。

教育即生活 杜威认为"生活就是发展","不断发展,不断生长,就是生活",杜威还说"没有教育即不能生活,所以我们可以说,教育即生活"。因此,在他看来,教育与生活完全可以合二为一,教育就是"从生活中学习",教育就是学生正在经历的生活过程,学校教育就是要给学生提供保证其生长,充分体验生活的条件。教育的意义在于通过传递前人积累的生活经验,来指导今人的现实社会生活,从而把人类的社会生活维系和发展起来。

学校即社会 既然教育是一种社会生活的过程,那么以教育为目的的学校就应该把自己组织成为一个小型的社会,一个雏形的社会,以反映大社会生活的各种类型,让学生在学校里获得尽可能多的社会体验,能够体会到社会的需求和价值趋向,并在与社会的互动中获取生活知识与生活技能。学校必须简化和整理学生发展所需要的各种因素,把现存的社会风俗纯化、理想化,创造一个比原始的社会更广阔、更美好的理想社会的环境,以引导训练学生,使之离开学校之后成为大社会的成员,去营造一个有价值的、可爱的、和谐的大社会。

从做中学 自从杜威发表了其教育思想的核心观点"从做中学"之后,中外教育史上发生了一场"哥白尼式"的革命。杜威所处的时代,传统教育一味强调知识的灌输,要求学生坐在固定的位置上,聆听教师讲解,学生处于消极被动的状态,无从享受学习的乐趣,也被扼杀了创造的活力与智慧。为了纠正传统教育的弊病,杜威提出"从做中学"。杜威认为,学生必须在与环境相互作用的过程中学习和成长,因为只有此种学习和成长才是真正的学习和成长。关在课堂里,单纯灌输书本上的知识,既不是真正的学习,也无法带来真正的成长。所以,所谓的"做"就是行动,就是实践,就是人与环境的相互作用。

儿童中心论 传统的静听教育,重心在儿童以外,重心可以是教师,可以是教科书以及任何其他教学因素,唯独不在儿童。杜威认为在教育中,"儿童是起点,是中心,而且是目的。儿童的发展、儿童的生长,就是理想所在",即"以儿童为中心"。"儿童中心论"体现在教育过程中,要求教师充分考虑儿童的个性特征,使每个儿童都能发展他们的特长,尊重儿童在教育活动中的主体地位。

3. 近现代教育思想——叶圣陶教育思想的一方沃土

(1) 经亨颐的人格教育

经亨颐,字子渊,浙江上虞驿亭人,是我国近代教育家,书画家。留日回国后,参加筹建浙江官立两级师范学堂,辛亥革命后出任浙江第一师范(即原浙江两极师范学堂)校长,兼任浙江省教育会会长。五四运动时期,经亨颐大胆改革教育,曾在上虞创办了著名的春晖中学,并亲自担任首任校长,后来又兼任浙江省立第四中学校长。参加国民革命后,曾任教育行政委员会委员、中山大学副校长。

经亨颐在30多年的教育实践工作中,历任浙一师校长,春晖中学校长与省立四中校长等,其中最能体现其教育思想的当首推兴办春晖中学的教育实践。春晖中学是一所乡村中学,其私立的性质使学校在办学方面不再受制于当时的政府,享有更大的自由。经校长在教育上一贯有主张,有见解,反对旧势力,建立新学风。经亨颐认为学校不是"贩卖知识之商店",兴办教育的目的是发展平民教育,培养有健全人格的国民,即"人格教育","求学何为?学为人而已。"那么什么是人格呢?"人格就是做人的格式。"经亨颐要求学生弘扬古人修身、齐家、治国、平天下的精神,从改造自己做起,以达到改造社会的目的。他为浙江一师制定的校训是:勤、慎、诚、恕。即:学习要勤勉;举止要慎独;为人要诚信;处世要宽恕。在《春晖中学校学则》中,他又指出,学校必须以"实施基础训练,发展个性,增进知能,预备研究高深学问,并适应社会生活为宗旨"。经亨颐以西方的教育思想和教育实践反观中国教育,认为中国的教育是一种"铸型教育"。即教育原则固步不前,教育手段千篇一律,教育方法一成不变,教育对象不分差别,教育目标只顾眼前。针对这些弊端,他倡导学校教育与社会教育相结合,即"以社会教育个人,以个人教育社会"。为了使自己的教育思想在春晖得到实施,经亨颐提倡"自动、自由、自治、自律",尝试推行教员专任,学生自治,教学自主,学制改革,男女同学,还为教师提供了优越的教学环境和优厚的待遇。这一切迥然有别于其他学校的举措,吸引了大批人才汇集。一时之间,经亨颐所创办的春晖中学蜚声海内外,赢得了"北有南开,南有春晖"的美誉。

(2)陶行知的生活教育理论

陶行知是现代著名教育家、思想家,曾任高等师范学校教务主任,中华教育改进社总干事。先后创办晓庄学校、生活教育社、山海工学团、育才学校和社会大学。陶行知的生活教育理论主要包括三大主张,即"生活即教育""社会即学校""教学做合一"。他主张将教育同实际生活相联系,反对死读书,注重培养学生的创造性和独立工作能力。

"生活即教育"是陶行知生活教育理论的核心观点。他认为生活与教育经历同一过程,"生活教育是生活所原有,生活所自营,生活所必须的教育"。自从有了人类的生活,也就有了人类的教育,教育随着人类生活的变化而变化,随人类生活的发展而发展。"过什么样的生活就受什么样的教育:过康健的生活便受康健的教育;过科学的生活便受科学的教育;过劳动的生活便受劳动的教育;过艺术的生活便受艺术的教育;过社会革命生活便受社会革命的教育。""教育不通过生活是没有用的,需要生活的教育,用生活来教育,为生活而教育。为生活需要而办教育,教育与生活是分不开的。"陶行知还指出,"生活教育与生俱来,与生同去。出世便是破蒙,进棺材才算毕业"。

"社会即学校"是陶行知生活教育理论的另一个重要命题。陶行知提出要把社会办成一个大学校,形成包括家庭教育、社会教育在内的大的学校教育体系。他说:"整个的社会是生活的场所,亦即教育之场所。""社会即学校"是以社会为学校,以广阔的生活环境为教育场所,把教育从封闭的围墙中解放出来,实现学校与社会、教育与生活的结合。"社会即学校"要求学校要与社会密切联系,扩大学校对社会的积极影响,把教育推广到全部的社会生活中去,把整个社会当作学校,把实际生活当作教材。"社会即学校"给学校提出了更高的要求,要求学校认真改革,以适应社会需要,推动社会向前发展,即要求人们树立一种大教育观的新思维。

"教学做合一"是陶行知生活教育理论的教学论。陶行知说,"教学做合一是生活现象之说明,即教育现象之说明。在生活里,对事说是做,对己之长进说是学,对人之影响说是教。教学做只是一种生活之三个方面,而不是三个各不相谋的过程"。"教的方法根据学的方法,学的方法根据做的方法。事情怎样做便怎样学,怎样学便怎样教。教而不做,不能算是教;学而不做,不能算是学。教与学都以做为中心。在做上教的是先生,在做上学的是学生"。

叶圣陶教育思想是在特殊的年代,在传统与现代、中国和西方教育思想的影响下形成的。今天,我们所以执着地追随叶圣陶教育思想,是出于对其现实价值的深刻认识。首先,叶圣陶教育思想体现了教育的真谛。从古到今,无论中外,哪种教育不是教书育人呢?这本来就是无须争论的问题,难能可贵的是,叶圣陶教育思想为我们提供了一个适合中国国情的蓝本。其次,改革开放后的中国迫切需要建立具有中国特色的教育体系。最后,目前这愈演愈烈的应试教育已经把中国的教育推到即将崩溃的危险边缘,而叶圣陶教育思想早就为其指明了方向。其实,对叶圣陶的教育思想,赞赏者普遍,反对者没有,践行者了了,大趋势却是背道而驰。为什么?因为横在人们面前的两道坎很难逾越。一是愈演愈烈的应试教育;二是教育行政的条条框框。极少数不顾一切越过这两道坎的,便成为"李希贵"式的教育改革家,就开辟出一片教育新天地。在国际风云诡谲的今天,中国又开始伟大的民族振兴,因此非有一种适合中国国情的教育不可。叶圣陶毕其一生从事教育、研究教育,领导教育,理论与实践相结合,创立了比较适合中国国情的教育思想。现在是认真研究、探索、挖掘其现实价值的时候了。中国必须迅速改变目前的以应试教育为最大驱动的教育现状。改革开放的中国,什么都在变,什么都挣脱了计划经济的羁绊,唯独教育还在旧轨道上打圈圈,还是万马齐喑的局面。这种局面明显呈现两大特点:一是"分数化"培养人;二是"工业化"办教育,"工业化"育人。时不我待,我们不能再失去改革开放的历史机遇,要千方百计让中国教育走在中华民族伟大复兴的排头兵的行列。

第二节 基于对现代教育的反省和回归本色教育的呼唤

1. 当下教育问题的诊断

英国作家狄更斯在《双城记》的开头说:"这是最好的时代,这是最坏的时代;这是智慧的时代,这是愚蠢的时代;这是信仰的时期,这是怀疑的时期;这是光明的季节,这是黑暗的季节;这是希望之春,这是失望之冬;人们面前有着各样事物,人们面前一无所有。"这句名言,或许也可以用来形容我们这个时代的教育。一方面,教育改革已经成为一种共识乃至常识,地区和学校的办学特色日益受到重视,各种各样的教育理念、教育思想名目繁多、层出不穷,许多地区和许多学校都致力于提出更加新颖别致的思想理念,采取一些更加吸引人眼球的教育改革模式。表面上看来,当下的教育改革蓬勃发展、生机无限。但另一方面,在名目繁多的教育理念和教育特色背后,却是应试教育的一统江山,是学生们越来越重的负担、越来越沉的书包、度数越来越高的眼镜。以致现在悄悄地掀起了一股"民国教育"热,其背后就是人们对现行教育的反思,也是对当前教育发展的探究。针对当下的教育问题,笔者做出如下诊断:

教育的杂而无章、繁而失序 当下各种教育思想、教育改革模式遍地开花,莫衷一是,十分繁杂,难辨真假。其中既孕育着生机,也埋藏着陷阱。不仅是大的教育领域,即使是一些具体的学科领域(比如语文),都充满着教育思想的碰撞,既有真知灼见,令人眼前一亮,也有浑水摸鱼之辈制造概念吸引眼球。

教育的多而寡要、高而离本 当下的教育思想和教改模式,虽然繁杂多样,却往往各执一端,难以扣住教育的本色、本原与本位;各种教育理念虽层出不穷,却大多是空中楼阁,缺少扎实、本色的教育实践做支撑。

教育的虚化 教育沦为各种理论与特色的附庸,表面上的新鲜与漂亮日益受到青睐,而踏踏实实、朴实本色的教育实践却常被忽视乃至轻视。

教育的弱化 在泡沫化生产的教育理念与教育思想背后,是真正的本色教育的失落。真正的教育正在被弱化。应试教育不仅没有削弱,反而变得更加的强化与加重。

2. 教育应回归本色

老子曾说:"五色令人目盲,五音令人耳聋。"多而寡要、繁而失序的教育理念和教改模式,没有给中国教育找出一条新的阳光大道,反而让许多人在教育思想的庞杂汇集之中莫知所适,找不到真正的方向。许多教育理念或者是脱离实践的空中楼阁,或者是各执一端、缺少重心的陈言套语。笔者的意见是,教育就是教育,应该简简单单扣住教育的核心来谈教育。叶圣陶也说:"所谓教育即是教学生学会做人、学会求知、学会劳动、学会审美、学会生活。"一言以蔽之,笔者认为教育的目的是让学生学会做人,让学生学会学习,体现生命和灵魂的价值。当然,我们现在的教育目标也是包括这几项的,甚至比这几项还丰富,但众所周知,现行教育的目的最后都简化为一点,即它的智育功能,或者说教育便是让学生学会考试,提高分数。

然而,目前在我国法制环境还没有得到很好的培育、公平公正的用人环境还没有完全形成的情况下,一味针砭考试制度甚至鼓吹废除考试还是不切实际的,因为从目前的情况来看,考试还是最公平的,也是寒门学子改变命运的最好途径。所以在完善考试制度的前提下,还是可以做一些其他事情的,在这样一个背景下,我们觉得不应该再给教育做加法,而是应该紧扣教育的核心与本色,给教育做减法。要减去多而寡要的教育理念。

减去浮而不实的教改模式、教改特色 当教育改革成为一种潮流时,举世滔滔,趋之若鹜。各地区、各学校五花八门的教改模式蓬勃涌现,许多模式在推行过程中,不管地区和学校实际情况的差别,不顾教师和学生的情况,不知区别不同学科的特点,搞一刀切,一声令下,全部改革。这种改革本身就是浮而不实的。

减去盲目乐观的改革期待 许多人将教育改革想得太简单,以为找到一种新的教育理念和教育特色,就可以彻底改变教育现状,就可以套用到一切学科与学校之上,就可以适用于所有的学生和老师,就可以毕其功于一役。这种简单幼稚的思维模式,反而让许多地区和许多学校失去了教育本应有的平淡、沉静与本色。

减去教育的功利、浮躁、狭隘,减去教育管理的僵化、陈旧与保守,减去应试教育的扭曲、沉重与刻板 笔者认为,减去不必要的一切,简简单单办教育,安安静静办教育,就是一种可贵的回归与坚守,就是办原汁原味的真正的教育。

3. 叶圣陶教育思想对当前教育的启示

什么是真正的教育？我们为什么要办教育？要找寻问题的答案，我们不妨老老实实地回到教育的原点，重温教育大师和先贤的教导，寻求前行的方向和路标。

(1)"为人生"与"以人为本"

叶圣陶一贯主张教育应该是为人生，在教育本原问题上，叶圣陶站在了时代的制高点上，划清了封建传统教育和现代公民教育的界限，给人们以极其明确的警示。早在20世纪40年代，他就旗帜鲜明地提出，"传统的教育以圣经贤传为教。且不问圣经贤传是否适于为教，而用圣经贤传作幌子，实际上却把受教育者赶上利禄之途，是传统的教育最不可饶恕之处。如今的什么学科什么课程也是幌子，实际上也在把受教育者赶上利禄之途……教育工作者为了要尽自己的责任，不能不表示不再承袭传统的教育精神"。

叶圣陶"为人生"的教育思想正是对封建传统教育思想的否定，是具有鲜明的科学民主意识的现代教育思想。他多次提到教育要培养学生的"公民意识"，在1983年的一次谈话中，他谆谆教导教育工作者，"严格说起来，进小学中学大学都不是去读书，而是去受教育。受教育的目的不是为了应付考试，是为了做社会的合格成员，国家的合格公民"。这种警示对今天的中国教育仍然有着强烈的现实意义和指导作用。我们社会主义初级阶段的教育，就是要培养社会主义事业的建设者，培养现代化事业的栋梁之材，同时也必须造就现代社会的合格公民。这就是说，教给学生知识是重要的，但光教给学生一些知识，只重视学生的文化学习，这还不是完全的教育。完全的教育，是把学生作为一个完整的人来培养。教育必须关注人，关注人的和谐发展和健康成长。学校的根本任务是育人，人是学校一切工作的出发点和旨归。中小学阶段是人生成长的重要阶段。中小学教育的意义在于为学生的一生奠基，奠定道德、文化、身体、心理等方面的扎实基础，为学生将来成就事业、成功人生作准备。这就是叶圣陶教育思想的核心与本质，现在读来，仍振聋发聩。它体现的正是教育者对生命的尊重，对人的尊重。这既符合国家确定的"立德树人"的教育宗旨，也符合当下教育改革的主流思想。

但在现实中，要真正落实以人为本的素质教育却并不容易。社会大环境的影响，教育制度、人才选拔、考试制度等因素的影响，使得学校、教师、家长对学生的教育或多或少地有违背其发展规律的行为。《国家中长期教育改革和发展纲要(2010—2020)》提出,把"促进学生健康成长作为学校一切工作的出发点和落脚点",这是对人的发展的尊重。教育是一项复杂的系统工程,学校、教师、家长都责无旁贷地承担着这项重任。

(2)"不教书"与"能力为重"

德国教育家第斯多惠说:"一个劣等教师给人奉送真理,一个优等教师则教人发现真理。"叶圣陶在《如果我当老师》一文中写道,如果他当老师,绝不将他的行业叫作"教书",若有人问这叫什么,他的回答将是帮助学生得到做人做事的经验,帮助学生为学。虽然古往今来的教育大师们对教育提出的解释各不相同,但他们都有一个共同点,那就是都关注学生的精神成长、人格养成和能力培育。我们认为,所有的这一切,都体现出对生命本身的关注,对生命气象的追求,因此笔者认为教育的本真就在于"能力为重,涵养生命气象"。

"不教书"有下列三层含义:

重视实践,培养好习惯 叶圣陶说:"使所学的东西融化在学生的思想、感情、行动里……化为自身的东西,能够'躬身实践',成为习惯,这才是名副其实的教育。"所谓一切皆源于实践,终于实践。《国家中长期教育改革和发展纲要(2010—2020)》指出,教育要坚持"能力为重,丰富社会实践,强化能力培养,着力提高学生的学习能力、实践能力、创新能力",让学生"学会知识技能,学会动手动脑,学会生存生活,学会做人做事,促进学生主动适应社会"。

学会"自我教育" 教给学生自己学习的本领,让他们自己学习一辈子。让学生学会进行"自我教育",引导他们知变、求变、尊变,有所改革,有所创新,进行自学。具体到教学方法,即"教他们试读,试讲,试做探讨,试做实习,学会尝试之后,教师再给他们纠正、补充,帮助他们分析、综合"。叶圣陶的这种教学方法正是素质教育所倡导的"自主、合作、探究"的方法,也是国内一些地方正在推广的"尝试教学法",正应和了《国家中长期教育改革和发展纲要(2010—2020)》所倡导的"启发式、探究式、讨论式、参与式教学、帮助学生学会学习"的教学方式。

言传身教,与学生做朋友 叶圣陶在《如果我当老师》一文中写道:"出于忠诚,我要做学生的朋友,要学生做我的朋友,以小朋友的乐为乐,以小朋友的忧为忧,跟学生一起学习,一起生活,一起成长。"这是一种现代的、新型的师生关系,与今天的师生观完全一致。当代学生自主性强、思想活跃、思路开阔,获取信息的渠道广,教师已不再是其唯一的知识来源。脱去了传统的"传道、受业、解惑"者的外衣,教师必须成为学生学习的引导者、教学情境的设计者、排忧解难的帮助者、共同学习的伙伴,做学生的朋友、指路人、榜样……以全新的观念做教师,坚持"能力为重,涵养生命气象",这是时代对教师提出的要求。

(3)"非文字的书本"与现代课程资源意识

叶圣陶认为,"书本是一种工具或凭借,但不是唯一的工具或凭借。文字的书本以外还有非文字的书本罗列在我们周围,随时可以取来利用。公民、社会、自然、劳作,这些非文字的书本,真是取之不尽,用之不竭……"这是一种超前的课程资源意识。

现代课程资源已经突破了传统的学科和教材的限制。内容越来越多,体现出新颖性、灵活性、丰富性。在教育实践中,教师尽可能地把课程、文本还原到真实的生活中,生成真实的意义,用教材而不是教教材。教师开始善于充实和丰富课程内容,构建"自己的课程"。教学过程是一个动态的过程,尽管我们在备课时充分预设了各个环节,但实际操作中往往会出现突发事件,机智处理并合理利用这些事件,让其成为利于学生发展的有用课程,这便是生成课程。

教育资源随时随处都存在,电影、电视、图书、报纸、劳动、游戏、风光、民俗、事件、话题、教师、学生……都可以成为课程资源。但更重要的是教师要有一种敏感的资源意识,同时还要有一颗充满激情的心,有一双善于发现的眼睛,有一股敢于探索和创新的勇气,来开发利用这些"意外之材",用以拓宽学生探究的领域,全方位促进学生的全面发展。

教育追求的效果到底是什么呢?既不是分数的提高,也不是知识的掌握;既不是为了考一个好大学,也不是为了找一份好工作。教育是"为孩子的终身发展与幸福奠基",这就是教育应该遵守的本位。

综上所述,苏州一中提出以叶圣陶教育思想为核心的整体建构办学特色就是办真正的教育,就是简简单单,守住教育最重要、最核心的部分,安安静静办教育。古人云:"大道至简。"但这种简单、简洁不等于简陋,它是在我们坚守教育的本原、本真与本位的基础上体现的。本原,是目标和任务;本真,是规律和途径;本位,是方法和效果。我们期望以此为教育正本清源,使教育回归本色。

第三节 基于普通高中对教育事业的责任担当

2014年7月以来,我国国内有关高考的改革一直在进行。以新高考首先试点的浙江省深化高校考试招生制度综合改革试点方案看:语文、数学、外语(课程)为必考课目;考生根据本人兴趣特长和拟报考学校及专业的要求,从思想政治、历史、地理、物理、化学、生物、技术(含通用技术和信息技术)七门设有加试题的高中所学科目中,选择三门作为高考选考科目。之后国内其他一些地方陆续公布的各个方案大同小异,改革最大的亮点就是把选择权还给了学生。这一轮的新高考方案,无疑将会发挥出很好的指挥棒作用,调整甚至革新我们习以为常的育人模式。

1. "新高考"引领下的高中教育新常态

(1) 教育内容:从专注"层次选拔"走向优化"个性选择"

新高考主张录取模式从"高校+专业"向"专业+高校"转变,这种变化,让高中教育模式不得不从原来的"层次选拔"向现在的"兴趣选择"转型。

高中教育之所以被长期诟病,就是因为高中教育被高校分层选拔和录取的模式所"绑架",不再关心学生的个性与兴趣,甚至不得不压制学生的个性与兴趣,从而让学生在分层选拔的过程中"一心一意"地追求更高层级的大学,而不是去弘扬个性和实现自我。

为了顺应新的录取模式,学校必须坚持:只有学生认识了自己,才可能知道自己需要什么专业和知识;只有学生为自己选择了专业和知识,才可能真正珍惜学习的机会。于是,对学生的教育内容就不再仅仅局限于学科知识,还要教会学生认识自己、认识社会,从而让学生在选择的课程和学科学习中体验到成就感,而不只是在各种各样的选拔考试中追求所谓的"成功"。

(2) 教育方式:从过度关注"育分"走向全面关心"育人"

新高考不再坚持"一考定终身"的模式,而是从"一科两考"起步,逐步探索多次考试的评价模式。在我们看来,一考定终身不只是增加了学生考试的焦虑感,还强化了学校和学生对待高考的投机心态,于是追求短期成绩的"应试教育"手段应运而生,并且用在高考中取得的优异成绩来巩固和消化这些"应试教育"手段。一科两考,甚至是一科多考,远不止是降低了学生在考试中的焦虑感,它大大增强了高考对学生能力的评价功能,削弱了高考中的投机可能性,必将引导高中教育回归素质教育,实现高中教育从"育分"向"育人"转型。为此,学校首先不是要考虑如何重新设置课程,而是要考虑如何重新调整课程结构,在课程层面保证学生学科思维和学习素养的提升。

(3) 教育目的:从注重"学科成绩"走向促进"学生成长"

新高考主张学业水平考试与高考同步进行(比如物理学科,有的学生选为学业水平考试科目,有的选为高考科目,但都参加同一次考试),逐步实现高考模式由"集中应考"向"分散评价"转变,这就要求高中教育从"关注结果性的学科成绩"向"关注过程性的学生成长"转型。由于对学生的评价分散到了每个学期,这意味着要求学生"只要学不死,就往死里学"的那种孤注一掷的教学模式将难以为继。

以前我们总是把三年后的高考视为"假想敌",于是要求学生"为了打倒这个敌人"而不懈努力。现在每个学期都有考试,高考或会考,这意味着每个学期都有了"敌人",所以要战胜"敌人"的最好办法,就是要让学生有战胜"敌人"的能力,要学会战胜过去的自己,这就回到对学生能力和素养的培养上来了。学校将更关心学生的兴趣,关爱学生的生活,从而激活学生的学习动机,让学生在整个高中生活中都保持旺盛的学习动力。由于教育以学生成长为目的,教学更执着于学科成绩,只有看到了自己的长远成长,学生才会在学科学习上变得主动而积极,所以我们主张"教是为了达到不需要教",让教育引领教学,让教学成就教育。

目前,《国家中长期教育改革和发展纲要(2010—2020)》进程过半,距离2020年基本实现教育现代化仅剩五年,学校被社会高度聚焦,敏感的考招改革试点将走完第一年,就目前的变革进程来看,更需要各高中全面理解高考方案对高中教育提出的新要求,从促进学生全面发展而又个性成长的教育目的出发,重构学校的课程体系,重建学校的育人模式,重塑学校的校园文化,从而形成高中教育的"新常态"。

2. 新常态下普通高中的责任担当

应对新高考的过程,也是学校重建的过程,这个过程可能永远都只是"在路上",但如何重新规划学校的育人蓝图,如何重新诠释学校的育人意义,对所有的高中教育工作者来说应该永远都"在心上",我们认为这是我们的责任,也是我们的使命!回望苏州市第一中学的百年办学历程,笔者深刻体会到,要找寻问题的答案,应植根叶圣陶教育思想,汲取民族和国外教育思想精华,立足自己的办学实际,重温我们的教育方针,寻求前行的方向和路标。

(1) 担当起培养公民、广育英才的社会责任

新中国成立之初,教育部明确了新中国教育工作的目的,即"为人民服务,首先为工农服务,为当前的革命斗争与建设服务";后又提出"我们的教育方针,应该使受教育者在德育、智育、体育几方面都得到发展,成为有社会主义觉悟的

有文化的劳动者";直到21世纪初提出了我们现行的教育方针,即"坚持教育为社会主义现代化建设服务,为人民服务,与生产劳动和社会实践相结合,培养德、智、体、美全面发展的社会主义建设者和接班人"。这一最新表述涵盖了教育方向、培养目标和实施途径,明确回答了我国教育在新的历史时期应当为谁服务、培养什么样的人及培养人的途径等问题,从而构成了一个完整的教育方针内涵。

在新的历史条件下,要正确贯彻和落实教育方针,推动我国教育事业健康发展,必须体现和把握以下思想特征和发展趋势。一要把握时代性。新中国成立以来,我国教育方针适应时代要求实现了三次根本性的转变。这三次转变鲜明地反映了时代精神,体现了时代特征,随着历史条件和实际情况的变化,与时俱进,把握时代性。二要尊重教育规律。新中国成立以来,我国教育方针尊重教育规律,充分体现人的全面发展思想,把握教育自身的特性,体现社会发展和人的发展的实际需要。三要体现素质教育。全面推进素质教育已成为新时期全面贯彻教育方针的时代要求,成为保证全面而准确地贯彻党和国家教育方针的重大举措。四要坚持以人为本。面向新世纪教育方针的制定必须以科学发展观为指导,坚持育人为本、德育为先,办好人民满意的教育。

事实证明,中小学时期的教育对一个人的成长至关重要。基础阶段的教育必须顺应时代,着眼未来,从时代和社会对人才的要求出发,富有创新意识和超前眼光,通过卓有成效的教育教学活动,培养德、智、体、美全面发展、身心健康和谐的一代新人。

我们主张以叶圣陶教育思想整体构建办学特色就是把教育的重点转向人本身,在教育过程中把人的全面发展放在中心地位。就是要提升贯彻国家教育方针的自觉性,辩证地处理好工具理性和价值理性的关系,切实做到以人为本,为人的和谐发展而教育,为未来社会培养合格的建设者和现代公民,主动承担起"培养公民,广育英才"的社会责任。正如陶行知所说:"国家把整个的学校交给你,要你用整个的心去做。"面对高考竞争的残酷现实,我们要对学生和家长负责,努力把优秀的学生输送到高一级学校去。同时,心里装着高考,却不能只有高考,教育最终关乎的是一个人的终身发展——尽管置身于一个浮躁、急功近利的阶段,要做到这一点的确很难。因此,我们要从国家兴盛、民族复兴的高度,树立高远的教育理想和坚定的办学信念,提升强烈的社会责任,深怀"办学不计一时功,教育要看十年后"的眼界、胸襟和气魄,认真地而不是敷衍地、全面地而不是片面地贯彻党的教育方针,真心实意地而不是虚情假意地、持之以恒地而不是虎头蛇尾地实施素质教育,也就是要深刻理解教育规律,老老实实按教育规律办事,让教育回归原点、回归本质。

(2) 承担起弘扬传统、传承文化的历史使命

不同的民族有不同的生活方式、文化传统和思维方式,这就决定了其教育方式甚至教育内容也不尽相同。随着东西方的频繁交流,东西方文化包括教育都在不断吸取对方的长处,但绝不应该是全盘照抄,教育现代化绝不等同于教育西方化! 在当前这个关键时期,我们尤其要明白我们的教育从哪里来,要到哪里去。从哪里来,就是追问学校的历史;到哪里去,就是思索学校的发展。

每所学校都有自己的传统,这就是学校文化特定时空的积淀,是学校品牌赖以形成的历史基础。我们要守住我们民族教育的根和魂,努力办好具有中国特色、中国风格、中国气派的民族教育。

作为苏州一中校长,笔者感到非常幸运的就是,我们拥有一位民族传统教育思想的杰出代表人物——叶圣陶! 叶圣陶教育思想是20世纪中国社会变迁和教育改革,尤其是基础教育改革历程中形成的一种具有中国特色的现代教育思想,它内涵丰富,既植根于中国传统文化的深厚土壤,又富有现代教育理念,是"活的教育学",对教育改革和发展具有不可替代的独特作用。一个人要有精神的支撑去成就一番伟大的事业,学校也要靠精神支撑方能成为名校,一所百年历史名校,没有一点自己的精神是不成的。就像杨叔子院士所说的:"一个民族,没有科学技术,一打就垮;没有精神和文化,不打自垮。"我们尝试用叶圣陶教育思想来整体构建办学特色,引导学校文化的意蕴生成,涵养和砥砺苏州一中的每一位学子。

(3) 有革故鼎新、面向未来的创造意识

教育现代化必须珍视民族优秀的教育传统,汲取前辈大师的精神营养,在前人的肩膀上实现新的跨越。但是,教育现代化却绝不会在某天早上悄然到来。它应该是一个痛苦的嬗变过程。因此,转型期的学校教育难办、校长难当。但是,有挑战就有机遇! 唯其矛盾重重,也才为有追求有担当有智慧的教育者留下了大显身手、尽显本色的空间。

回眸百年历史,苏州一中培养出了以叶圣陶、顾颉刚、王伯祥、颜文樑、胡绳、顾廷龙、陆文夫等为代表的一大批文化英杰和23位两院院士。仰望苏州一中校史上那一个个灿若星斗的名字,我们倍感责任重大和使命光荣。十年树木,百年树人。学校以育人为根本,以培养人才为己任。今天从我们身边走出去的学生,若干年后会是怎样的呢? 相对先贤,我们是来者;相对后人,我们又能为校史留下什么? 我们也幸逢一个伟大的时代。现代化浪潮波涛汹涌,教育

从未像今天这样赢得全社会关注,学校从未像今天这样面临巨大机遇和挑战,传统和现代、保守和革新、妥协和冲突,在教育观、教学观、人才观、价值观等学校生活的方方面面都错综复杂地存在着。我们如何不辱使命,续写苏州一中的百年辉煌?

以"生涯规划"为主题开展人生观教育 叶圣陶认为,教育不仅要增加学生的知识学力,同时要引导学生走入正轨,使其了解世界的大势、本国的情状,以及学生所负的使命和个人所处的地位。生涯规划是个新概念,特别是对中学生来说。我们将此引入了德育,强调学生发现自我和人生的意义,通过这些设计、规划来督促自己,激励自己,尽最大的可能达成目标,提升人生的价值。针对不同的年级,我们循序渐进地安排了相应的内容,形成了完整的"三部曲"。高一是"自我发现",让学生充分了解自我,了解不同的学业、职业方向,确定自己努力的目标。高二为"生涯发现",鼓励学生针对自我,不断完善目标、策略,提高信心。高三年级是"学业目标管理"。三步走下来,学生会习惯于思考自我,并调整和完善自我,挖掘自身的潜力,不管是学习还是生活,都变得有目的,不盲从,积极向上,不甘落后,明白自己的未来全靠今天掌控,就在自己的手里和脚下。2012届的学生程航、陈娴琳说:"想想自己是什么,准备成为怎样的人,为了这个'成为',当下必须做些什么,思考这些,其实是非常有意思的。"经过三年规划,他们对自己的认识越来越多,越来越明。前不久,他们还给自己画了幅未来像。2015年,我们面向全校班主任、任课教师分两批进行生涯规划师的系统培训,并对全体高一学生进行了生涯规则课程的网络教学。在我们看来,虽然学校不应该也不可能为学生的人生发展给出一个明确的指引,但学校有义务为学生的专业选择和人生发展提供丰富的路标。

以"每周一个好习惯"为抓手强化习惯培养 叶圣陶说:"我们在学校里受教育,目的在于养成习惯,增强能力。我们离开了学校,仍然要从种种方面受教育,并且要自我教育,目的还是在于养成习惯,增强能力。好习惯养成越多,那个人的能力越强。"好习惯养成小细节,磨出高质量,"培养好习惯"被苏州一中作为德育的重要内容,在新形势下践行。2008年,苏州一中开展了一场好习惯大讨论,最后确定了学生应养成的十大好习惯。关于好习惯养成的方式,苏州一中倡导的是渐进式、递增式。从高一新生进校起,先开展班级特色文化建设,然后以校级习惯为基础,各班再根据班情,经集体讨论,提出待培养的习惯、培养措施等,然后全班同学一起努力,认定养成后上报,由德育处考核。随后班级再新增待养成的好习惯,如此循环,日积月累,推动学生发展。这些习惯都很细小,像不迟到、安静上好自习课、少喝饮料多喝水等。不过细节的力量不可小觑,它往往是多因素合力的结果,比如从"老迟到"到"不迟到",这一变化的背后就藏着许许多多的东西,意志、情绪、情感、效率、人际关系、精神面貌……打磨这些小细节往往就能带来教育质量的提高。

以"圣陶书院"为理念提供广阔发展空间　苏州市第一中学是苏州第一所新式学校,但又和著名的正谊书院有着一脉相承的联系。历史上的正谊书院以倡导西学、注重革新而成为很有影响的著名学府,其第十四任讲席是"中体西用"思想的积极倡导者、被资产阶级改良派奉为先导的冯桂芬。1902年正谊书院改为苏州府中学堂,1912年苏州府中学堂并入苏州一中。为了接续正谊书院的办学传统,用书院文化精神疗救当下浮躁的办学行为,我们创办了旨在滋养师生精神元气的"圣陶书院"。"圣陶书院"分教师部和学生部。教师部着眼教师专业发展,用"名师工作室""名家文化讲堂""读书沙龙"、"课堂研讨"等不断提升教师的职业素养和职业境界;学生部整合苏州一中多年形成的特色项目,着眼学生兴趣爱好和特长,以综合实践活动、选修课程、学生社团、导师制辅导等途径帮助学生在科技、体育、艺术、文学、外语、辩论等多方面实现多元发展与特色发展,在省内外产生了积极而广泛的影响。

以"像叶圣陶那样做老师"为主题开展教师学习活动　叶圣陶认为教育工作分"言传"和"身教",以"身教"为贵。知识学问无止境,品德修养无止境,这是古今中外有见识之人的一致认识。"知也无涯",没有接触过的事物不能知,没有探索过的道理不能知。为帮助教师加深理解师德师风的表率作用,我们开展了"苏州一中教师良好习惯"培养工作,通过全校教职工的广泛讨论,通过了《苏州一中教师应该养成的十大好习惯》。我们每年还从教师中选择师德先进个人,在我校和集团其他学校进行师德巡回演讲。让身边的同事讲师德,用平常的事迹、平常的言行反映他们不平常的精神风貌,收到了良好的效果。大家认识到,师德并不需要多么响亮的口号,教师也并不完全意味着传统意义上的自我牺牲,师德更是一种教育理念,一种精神状态,一种生活态度。研究实践还使我们认识到,师德师风建设是教师专业发展的内在动力。教师只有具备高尚的师德,才会以一颗奉献之心投入工作,热爱学生;教师也只有具备高尚的师德,才会积极主动地去探索教育教学规律,实现自己更高的专业发展目标。在新的时代条件下,我们对叶圣陶"教育工作者的全部工作就是为人师表"这一思想有了新的理解和感受,那就是为人师表不仅体现在教师自律自觉从而对学生产生积极影响上,更体现为教师对职业理想的自觉追求和自由展现。要以师德师风建设促进教师专业发展,以教师专业发展推动师德师风建设不断臻于新的境界。在现代化浪潮汹涌澎湃的今天,"以人为本"应该成为师德师风建设的崭新的时代内涵。师德师风建设不仅要服务于学生的发展,同时也要促进教师的自我发展。这样的师德师风建设,才能如源头活水,充满活力与生命力,从而转化为教师专业发展的强大动力。

一百年前,在苏州一中,叶圣陶完成了他的最高学历,奠定了他从事教育事业的人生理想,当时,这所有着新式办学思想的学堂,成了他教育思想的发源地。一个世纪后的今天,叶圣陶的教育思想在他的母校得到了传承弘扬,成为当今学校发展的推动力。也正是在这样的不断积淀中,苏州市第一中学学习、践行叶圣陶教育思想办学特色不断地彰显。

附:2015年4月28日《光明日报》人才版头条报道:

让学生从瓶子回归种子
——苏州一中实践叶圣陶教育理念培养创新人才纪实

农业式培养人才

"长期以来,在应试教育的思维下,中学教育实践中往往有一种倾向——把知识、理念的灌输当成了第一要务,学生们被当成没有生命的瓶子。"苏州一中校长周祖华说,"这种装瓶子式的教学,枯燥、呆板,必定会引起学生的厌恶。"

早在20世纪50年代,叶圣陶就写下了《"瓶子观点"》这篇文章,敏锐地指出把学生当作瓶子是一种错误倾向。后来他又撰文进一步指出:"受教育的人跟种子一样,全都是有生命的,能自己发育自己成长。""所谓办教育,最主要的就是给受教育者提供充分的合适条件。"

"我们的课堂应是充满活力的课堂,教师走进课堂,主要任务就是要调动学生的情绪,让学生想学、愿学、乐学。"周祖华介绍,2012年起,苏州一中提出"圣陶书院"的办学理念,以服务于每一位学生的发展为中心开展工作,以提高学生的自主学习能力和习惯培养为重点,实施全面素质教育,提高教育质量。

学校立足于学生本位,以培养学生自主与创新精神、研究和实践能力、合作与发展意识为重点,规划了多种满足个性化学习需求的综合性实践活动课程,积极服务于学生的特长发展,实施以个别辅导、个性化教育为特征的培养模式。

为给学生创造发现自我、发展自我、超越自我的舞台,学校支持学生们创办了数十家学生社团,让其锻炼才能、舒展个性。草桥文学社、乐思好辩社、机器人社、商业社、沧海月明古韵社……学生社团的专业性之强、涉猎之广,超出了教师们的想象。在社团的平台上,学生们展现了惊人的创新力和创造性,仅

2014年,他们就夺得了全国中学生生物学联赛一等奖、全国青少年机器人竞赛全国一等奖、江苏省青少年科技创新大赛三等奖、苏州市第二届青少年科技创新大赛市长奖等荣誉。

"如果把学生视为一粒粒有生命、有活力的种子,教育就应该是农业而不是工业,是阳光、是水、是空气、是肥料。"周祖华说,"每一个孩子,与生俱来就带有独一无二的基因和密码。教育就是要激活这个密码,让孩子们轻松立世,畅享人生。而苏州一中'圣陶书院'办学理念的核心,就是要让学生们在积极向上的同时个性飞扬。"

打造"师表风范"教师文化

"一流的教师能够造就一流的人才,也能够成就一流的学校。"苏州一中教育教学副校长范太峰说,"教师乃办学之本,这是我校百年办学历史的深刻启示,也是教育改革新形势的现实要求。"

"叶圣陶认为,'生有涯,而知无涯',教育工作者要坚守'知之为知之,不知为不知'的道德准则,不断探索新知,努力使自己成为终身学习的楷模。"范太峰介绍,近年来苏州一中积极践行叶圣陶教育理念,对教师素质与工作水平提出了挑战,需要教师们具备挥洒自如的气度和丰富深湛的学识。为此,学校把打造"师表风范"教师文化,作为提升教学质量的重要内容,提上了议事日程。

学校成立了专门的教师发展中心,制订了专业的教师培养计划,以"向叶圣陶那样做教师"为方向,着力提高教师整体素质和专业水平。学校建立了全员培训机制,围绕师德修养、教育能力、教学能力、学科能力和人文、科学、艺术素养以及学习、研究、管理、沟通,等等,扎实有效地开展各级各类的系列培训活动,以引导教师专业发展,全面提升教师专业化发展水平。

学校深入开展"向叶圣陶那样做老师""向叶圣陶那样办教育"的阅读活动,用阅读助推教师成长。推荐的书目涵盖专业提高类、理念更新类、生活品质类、历史文学类等方面,强调大家共同阅读,在研读中激励教师养成读书习惯,提升教师的问题意识,用叶圣陶教育思想的话语反观教学实践,内化为自身需求,"集大成,得智慧",培育学校书院气息、教师学科气质。

学校还成立了语文、英语、数学、化学、物理、生物、科技、地理8个学科名师工作室。主持人均由江苏省特级教师甚至是教授级教师担任,由骨干教师组成工作室团队,实现教师间捆绑式发展。各工作室开展自主学习研究、课程研究、命题竞赛、学案试点研究,不定期开展"教学沙龙",定期举办骨干教师讲座,邀请省内外专家到校指导,全面助力教师专业成长。

扎扎实实的教改工作,使苏州一中收获了一支有学科气质的教师队伍:学校现有省特级教师8人，教授级高级教师5人，苏州大市学科带头人16人，近30%的教师拥有硕士研究生学历或学位。师资队伍建设的成就有力保障了学校教育教学质量的持续攀升，同时也赢得了"校风正、教风淳、学风浓、质量高"的美誉。

"教是为了不教"

20世纪60年代，叶圣陶提出教育观点："凡为教，目的在达到不需要教。""教是为了达到不需要教"的论断，是叶圣陶教育思想的核心，把尊重和激发学生主体自主发展作为教育教学的出发点和立足点。

叶圣陶主张，教育过程必须由教师本位转变为学生本位，由传授现成知识道理转变为引导学生自己学习，必须"把依赖性的'受教育'转变为主动性的'自我教育'"。

苏州一中精心培育"自主学习、自主发展"的学生文化，为学生提供个性化、开放式的培养方案，努力"使每一位学生的每一天都有所乐、有所为、有所获"。学校依据学生的身心发展规律，注重激发学生的内在需求，尊重个性的同时倡导学生应养成十大习惯：感恩、诚信、自信、反思、规划、高效、运动、探究、合作、进取。每年5月，学校都会举办校园"好习惯之星"评比，全校性的海选在学生中掀起树榜样、学先进的高潮，让每个学生都意识到好习惯能受益终身。

"我们努力把'追求卓越，止于至善'的种子播进学生的心田，通过促进学生人格、情感、智力、个性的全面和谐发展，培育崇德尚美、乐学善思、素质全面、身心和谐、习惯良好的苏式学子。"苏州一中德育处处长陈亦蕾介绍，学校以叶圣陶教育思想为核心，培育充满关爱和情趣的德育"场"，牢牢把握"立德树人"这一主旨，让学生在良好的学校文化和浓郁的叶圣陶教育思想氛围中受到潜移默化的道德熏陶，提高道德修养，健康成长。

"叶圣陶德育思想最重要的内容，是对教育本质的深刻认识，即'为人生'而教育。"周祖华说，"中学教育的价值在于为孩子的一生发展奠基，必须着眼于学生的人生，着眼于学生的成长和终身发展，努力培养学生的良好习惯，使他们成长为社会的合格成员和国家的合格公民。"

在苏州一中的校园里，学生们阳光、开朗、充满自信，有着一种与众不同的气质与活力。他们说："在我们心中，校园是辽阔的天空，是肥沃的土壤，我们在这里可以尽情生长、绽放个性，自由自在地追求自己的人生梦想。"

(《光明日报》记者罗旭)

第三章 整体建构——学校走向卓越的基石

第一节 整体建构的理论基础

1. 建构主义(constructivism)

"建构主义"的概念最早是由瑞士的心理学家让·皮亚杰(Jean Piaget)提出的。皮亚杰坚持从内因和外因相互作用的角度来研究儿童的认知发展过程，他认为，儿童是在与周围环境相互作用的过程中，逐步建构起关于外部世界的知识，从而使自身认知结构得到发展的。儿童与环境的相互作用有两个基本过程，即同化与顺应。所谓"同化"是指把外部环境中的有关信息吸收进来并结合到儿童已有的认知结构中，即个体把外界刺激所提供的信息整合到自己原有认知结构内的过程；所谓"顺应"是指外部环境发生变化，而原有认知结构无法同化新环境提供的信息时所引起的儿童认知结构发生重组与改造的过程，即个体的认知结构因外部刺激的影响而发生改变的过程。所以"同化"是认知结构数量的扩充，而"顺应"则是认知结构性质的改变。当儿童，即认知个体，能用现有的认知结构去同化环境所提供的新信息时，他是处于一种平衡的认知状态中的；但当现有的认知结构不能同化环境所提供的新信息时，即认知的平衡状态被破坏时，认知个体就会修改或创造新的认知结构来顺应新信息，以求得新的平衡。儿童的认知结构就在这样的由平衡到不平衡，再到创造新的平衡，即不断的"同化"与"顺应"的过程中得到丰富和发展。

在皮亚杰关于"建构主义"的基本观点基础上，科尔伯格在认知结构的性质和认知结构的发展条件等方面做了更进一步的研究。斯滕伯格和卡茨等人则更强调了个体的主动性在建构认知结构过程中的关键作用，并对认知过程中如何发挥个体的主动性做了认真的探索。维果斯基创立的"文化历史发展理论"

则更强调认知过程中学习者所处的社会文化历史背景的作用。这些研究都使建构主义理论得到进一步的丰富和完善。

建构主义理论认为,在学校教育中,知识不是通过教师传授获得的,而是学生在一定的情境中,借助教师或学习伙伴的帮助,利用必要的学习资料,通过意义建构的方式获得的。因此,建构主义理论认为"情境""协作""会话"和"意义建构"是学习中的四大要素。"情境"是学习过程中学生对所学知识进行意义建构的学习环境。因此在建构主义学习环境下,教学设计不仅要考虑教学目标分析,还要考虑有利于学生建构意义的情境的创设问题,并把情境创设看作是教学设计的最重要内容之一。"协作"是贯穿于学习过程始终的一项活动。协作对学习资料的搜集与分析、假设的提出与验证、学习成果的评价直至意义的最终建构均有重要的作用。"会话"是协作过程中不可缺少的环节,是达到意义建构的重要手段之一。学习成员之间必须通过会话商讨如何完成规定的学习任务,而每个学习者的思维成果也为整个学习群体所共享。"意义建构"是整个学习过程的最终目标。学生所要建构的意义有:事物的性质、规律及事物之间的内在联系。在学习过程中,教师通过教学过程帮助学生对当前学习内容所反映的事物的性质、规律及该事物与其他事物之间的内在联系达到较深刻的理解。这种理解在大脑中的长期存储,即形成当前所学内容的认知结构。由上所述,学习过程中获得知识的多少,取决于学生在一定的"情境"中通过"协作"与"会话"进行"意义建构"的能力,而不是取决于学生记忆与背诵教师讲授内容的能力。

建构主义学习理论强调学生是认知的主体,教师只对学生的意义建构起帮助和促进作用,所以该理论并不赞成学校教育中教师向学生直接传授和灌输知识。在建构主义学习情境中,教师和学生的地位、作用与传统教学相比已发生了巨大的变化。教师进行了大量的研究与探索,试图建立一套与建构主义学习理论相适应的全新的教学设计理论和方法体系。建构主义的教学设计必须遵循以下六大原则:

以学生为中心的原则 要在学习过程中充分发挥学生的主动性,即发挥学生的首创精神;要让学生有多种机会在不同的情境下去应用他们所学的知识,即将知识外化;要让学生能根据自身行动的反馈信息来形成对客观事物的认识和解决实际问题的方案,即实现自我反馈。

强调"情境"对意义建构的作用 传统的课堂讲授由于不能提供生动、丰富的实际情境,因而使学生对知识的意义建构发生困难。建构主义的教学设计中,学生总是与一定的社会文化背景相联系,即总是在一定的实际情境中进行学习,因而学生对知识的意义建构显得相对轻松。

强调"协作"对意义建构的作用 学生在教师的组织和引导下一起讨论与交流,建立起学习群体。在这样的群体中,学生共同批判地考察各种理论和观点,进行协商。先进行内部协商,即学生与自身争辩,然后再进行相互协商,即在群体中对当前问题摆出各自的观点和论据,并对他人的观点和论据做出分析。通过这样的协作的学习环境,整个学习群体共同完成对所学知识的意义建构,而不是依靠某一位教师或某几位学生完成知识的意义建构。

强调对学习环境的设计 这里所说的学习环境大于教学环境,是指学生可以在其中进行自由探索和自主学习的场所。在这样的学习场所中,学生可以利用一切工具和资源,如书籍材料、音像资料、网络信息等,来达成自己的学习目标。这种学习不受严格的控制与支配,而是被促进和支持的,意味着更多的主动与自由。

强调利用各种信息资源来支持"学" 为了支持学生的主动探索和完成对知识的意义建构,在学习过程中,教师要为学生提供各种信息资源。这些资源并非用于辅助教师的讲解和演示,而是用于支持学生的自主学习和协作式探索。对于信息资源应如何获取、从哪里获取以及如何有效地加以利用等问题,是学生主动探索过程中迫切需要教师提供帮助的内容。

强调学习过程的最终目的是完成意义建构 建构主义在学习过程中,强调学生是认知主体,是主动的意义建构者,所以学生对知识的意义建构是整个学习过程的最终目的。教学设计通常不是从分析教学目标开始,而是从如何创设有利于学生意义建构的情境开始,整个教学设计过程紧紧围绕"意义建构"这个中心而展开,不论是学生的独立探索、协作学习,还是教师辅导,总之,凡是学习过程中的一切活动都要从属于这一中心,都要有利于完成和深化对所学知识的意义建构。

2. 结构主义(structuralism)

"结构主义"理论最早由奥地利的哲学家路德维希·维特根斯坦提出。1922年,他在《逻辑哲学论》中首次指出:"世界是由许多'状态'构成的总体。每一个'状态'是一条众多事物组成的锁链,它们处于确定的关系之中,这种关系就是这个'状态'的结构,也就是我们的研究对象。"此后,结构主义理论首先被运用到语言学的研究上。1945年,法国人类学家克劳德·列维·施特劳斯发表了《语言学的结构分析与人类学》,在文章中,克劳德第一次将结构主义理论在语言学方面的研究成果运用到人类学上。他认为,社会文化现象是一种深层的结构体系,所以个别的习俗是一种"语言"的元素,是一种概念体系,人们通过这个体系建立一种"具体逻辑"并以此来组织世界。克劳德的研究成果引起了其他学科对结构主义理论的高度重视。到了20世纪60年代,结构主义理论得到深入发展,并被运用到许多重要学科的研究中。

结构主义理论有两个主要的组成部分,即"整体性"与"共时性"。结构主义理论认为,整体对于部分来说具有逻辑上优先的重要性。任何事物都是一个复杂的、统一的整体,而其任何一个组成部分的性质都是不能孤立地被理解的。一个组成部分只有放在一个整体的关系网络中,与其他组成部分联系起来才能被准确理解。这就是事物的整体性。同时,结构主义理论还认为,语言是一个由关系构成的系统,有共时态与历时态两种存在状态。共时态是指语言的一个相对稳定的状态,而历时态是指语言在时间上的演化。在结构主义理论出现之前,人们研究语言往往纵向地追溯语言的历史,从时间演化的角度来解释语言现象。结构主义者主张要将语言的共时性研究与历时性研究区分开来。语言本质上是一个共时性的符号系统,因为对说话的大众来说,语言的历史变化是很少在考虑之列的。而语言的历时性,是一个相互作用的系统内部各组成部分的序列。所以研究语言必须排除历史,即排除对语言的历时性的研究,而只是对语言进行共时性的研究,对语言做出静态的描述,这样才能把语言研究清楚。

那么,结构主义理论在教育学研究上有怎样的运用?结构主义教育理论对20世纪60年代美国中小学课程改革产生了巨大影响,并扩大影响到世界许多国家的教育界,而且对其他社会科学,甚至自然科学都产生了一定的影响。

布鲁纳的结构主义教育理论可以归纳为以下五点:

让学生掌握学科的基本结构 布鲁纳认为结构就是事物之间的关系,掌握学科的基本结构就是掌握事物之间的相互关系,掌握学得的基本原理和基本观念。教育务必使学生理解该学科的基本结构。只有掌握了学科的基本结构,才能更深刻地理解本学科,容易记忆,才能举一反三,便于运用。学生学到的观念越是基本,几乎归结为定义,则这些观念对新问题的适用性就越宽广。更有创见的是,布鲁纳不仅强调使学生掌握学科的基本结构,而且还强调学生掌握学科基本结构的基本态度。他说:"掌握某一学术领域的基本观念,不但包括掌握一般原理,而且还包括培养对待学习和调查研究,对待推测和预感,对待独立解决难题的可能性的态度。"

任何学科都能够以某种方式教给任何年龄的任何儿童 布鲁纲认为一门高深的科学知识,学生要掌握它,并且达到有效地运用,从来不是只靠一次独立的学习达到目的的。学生总是通过反复学习,通过在越来越复杂的形式中加以运用,不断地加深理解,逐渐掌握。这种学习过程,布鲁纳称之为"螺旋式课程"。因此,他认为一切以不适合学生年龄为理由推迟学科教学的行为都是不正确的,任何学科都能适合任何年龄的任何学生,关键是要以适合学生年龄的适合的方式进行教学,所以,怎样教比教什么更重要。他提倡让学生从低年级就开始学习高深的学科知识,以后再随着年龄的增长,多次反复学习,逐渐加深理解,达到自由运用的程度。

通过"内在奖励"的形式激励学生学习　布鲁纳认为学习奖励分"外来奖励"与"内在奖励"两种。口头表扬与物质奖励,考试分数的增加,这些都是外来奖励。但是,要使学生自觉、持久地学习,单靠外来奖励是远远不够的,必须使学生得到内在奖励。那么,什么是内在奖励呢?所谓内在奖励,就是要激发学生的学习兴趣,使学习本身对学生产生足够的"诱惑力",使学生能通过完成学习任务本身获得满足与愉悦。相较外来奖励,内在奖励的力量是无穷的,它能鞭策学生竭尽全力学习,体会专心致志学习的感受。内在奖励必须从低年级起就通过教学来培养,这样学生才更能感到满足和愉悦,并将这种感觉带到今后的学习中,从而更努力地学习,并且学会怎样学习。

重视发展学生的"直觉思维"　"直觉思维"是一种不必经过分析而直接达到对事物的了解和认识的思维活动。布鲁纳认为:一个人往往通过直觉思维来获得对一些问题的解决,而这些问题如果借助分析思维将无法解决,或者充其量只能慢慢解决。在这里,他指出人们一般依靠两种思维来解决问题,即直觉思维和分析思维。这两种思维是相互补充的,当我们用直觉思维解决问题之后,应当用分析思维进行检验;而人们通过分析思维获得的丰富知识,则是直觉思维得以实现的基础。所以在解决问题时,直觉思维与分析思维同等重要。可是,我们过去的教学只注重对分析思维的培养,忽视了对直觉思维的培养。因此,教学中应该适当鼓励学生进行猜想,培养学生的直觉思维。

提倡"发现法"　所谓"发现法",就是在教学中,学生在教师的指引和帮助下,自己去探索与发现事物的规律,从而获取知识,发展智力和能力的学习过程。

3. 解构主义(deconstructivism)

19世纪末,德国哲学家尼采宣称"上帝死了",并要求"重估一切价值",他的思想作为一股质疑理性、颠覆传统的思潮,对西方哲学产生了深远的影响,也成为解构主义的思想渊源之一。1967年,法国哲学家德里达基于对语言学中的结构主义的批判,提出了"解构主义"理论。德里达受海德格尔形而上学、反逻各斯主义理论的影响,大胆地从语言学、符号学的角度,提出了一整套针对逻各斯中心论的策略。至20世纪80年代,解构主义成为一种设计风格。

解构主义理论的核心是对结构的反感。他们认为符号本身已经能够反映真实,所以对于单独个体的研究比对整体结构的研究重要得多。"在场的形而上学"的西方哲学认为,万物背后都有一个最根本的原则,即逻各斯(logos),所有的人和物都遵循逻各斯的运转,逻各斯是永恒不变的。解构主义理论则要反对这种以逻各斯为中心的思想传统,要打破现有的秩序,然后再创造更为合理的秩序。这些现有的秩序包括社会道德、婚姻伦理,甚至思维习惯、文化传统、民族性格等。可以这样理解,解构主义是对正统原则标准的批判继承,它从逻辑上否定传统的基本原则,强调分解、重组,强调个体、部分,而反对总体、统一。总之,解构主义者是天生的叛逆者,解构主义理论最大的特点是反中心、反权威、反二元对抗、反非黑即白,它具有开放性和无终止性,难以定义,却又无时无处不在,一旦被定义,本身就会被解构掉。与此同时,解构主义所运用来进行解构的方法与理论又大多是从它所批判的形而上学的传统哲学中借用的,所以这又是一个充满了矛盾的理论。

从语言文字的角度来研究,解构主义理论之前的逻各斯主义认为,世上万物最理想的方式应当是直接思考思想,尽量避免语言的媒介。但是,万物都与它的"在场"紧密联系,所以避免语言媒介是不可能的,因此就要求语言要尽量透明,即要求语言成为思想的自然的流露和透明的符号。文字则是对于语言的代替,是媒介的媒介。这种观点被后人称为"语音中心论"。德里达提出"元书写"的概念,打破逻各斯主义的语音中心论。他不同意将文字看作是天生低于语言的第二媒介,认为作为符号的文字具有"可重复性"和"不考虑讲话人之意图性",即文字在不同的情况下都有相同的特点,并且即便当听话人对最初讲话人的意图一无所获时,同样也能借助文字了解讲话人的意图。所以在解构主义者看来,文本阅读不应该只呈现出作者所传达的一个明显的、单一的讯息,而应该显示出文本在不同的文化或世界观中同时存在的各种观点,这些观点通常是彼此冲突和矛盾的。

4. 建构主义、结构主义与解构主义的关系

建构主义是关于认知发展领域的理论,认为学习是学习者基于原有的知识经验生成知识建构的过程。建构主义强调学习者的主动性,有别于传统的学习理论和教学思想,对教学设计有重要的指导价值。结构主义是认知心理学派的一个分支,提倡把复杂的世界结构化,使其更清楚分明。在结构主义影响下,教育者在编写教材时更注意知识之间的联系,学校在具体教学中更注意培养学生的自觉性与创造性。解构主义脱胎于结构主义,却是一个与结构主义相对的理论。解构主义反对权威,反对理性崇拜,反对二元对抗的狭隘思维,提倡以多元的开放心态去容纳,解构主义更像一种反观传统和人类文明的意识。

5. 结构、解构与建构的关系

厘清了结构主义、建构主义和解构主义这三个对学校教育有深远影响的理论之后,让我们再来厘清三个概念:结构、解构与建构。

"结构"一词,源于建筑学,原指建筑物的内部构造与整体布局。后来借用到其他领域中,指事物内部的组织构造,如教育中的课程结构,学生的知识结构等,由此看来,结构应该是一个名词性的词语。解构不是理论,也不是方法,是一种策略,一种实践活动。解构是这样的一个动作,它拆解开社会中原有的结构,这些结构有其重复性和稳固性,更有可能是某些权威表现,拆解之后会形成新的结构,于是继续拆解,所以解构是没有终极的。解构体现在教育中,更注重对部分的细析与对整体结构的创新。而建构是一个与解构逆向的动作过程,解构是由整体到部分,建构则是由部分到整体。建构不是无中生有的虚构,是在深入研究每一部分的基础上,发现部分之间的脉络与联系,从而建立一个完整的、系统的结构。所以,这本书探讨的便是如何解构原有的学校教育教学结构,深入研究与分析,从而建构起新的,更符合教育教学规律,更符合现代化教育教学要求的新的学校教育教学的结构。

第二节 有关学校整体建构的研究现状分析

1. 智育的整体建构研究

(1)《基于整体建构的教学策略探究》(山西大同大学的杨继全发表于《长春理工大学学报》2012年第7卷第10期)

文章思路分三个部分:第一,整体教学模式综述;第二,整体教学模式在教育基本理论教学中的构建;第三,整体教学模式下,教育基本理论课程的教学效果。

作者在文章中指出所谓"整体教学模式"是指"一种以教学为中心,利用教学内容的扩展方式,有效地把握课程内容及课程进度,进而达到一定的教学目标"的教学模式。作者认为这种教学模式有别于并优于传统的教学模式：首先从"整体"的角度观照教学内容，注重知识框架的完整性，将教学内容层次化、模型化、生活化，大大简化了教学内容。其次，整体教学模式要求"以学生探究为主，认知为主，反省为主"，这一教学原则从本质上改变了传统的教学模式。最后，整体教学模式下的课堂要求以灵活多变的教学方式对课堂教学环节进行分解，强调课堂教学是实现整体教学模式的主阵地。

文章主体部分，作者以"教育基本理论"这门课程为例详细阐述了整体教学模式在教学中的三种实际"构建"。第一是对教学内容进行再构建。在深入了解本学科知识结构的基础上，使教学内容框架化。在全面了解学生原有知识结构的基础上，使教学形式结构化。考虑到实例列举在理论知识教学中的重要意义，使教学内容实际化。第二是对课堂教学形式的合理构建。调动学生的各种感官，尽可能植入声形兼备的多媒体课件，使教学导入感性化。基于学生的个性特点，对学生进行任务式教学，有效构建教学能动性。让学生在学习中相互找出各自的不足，构建教学合作平台。基于学生的整体学习情况和自主探究能力，构建合理的教学评价机制。第三是对教学效果的测试方式的构建。建议实行学生成绩考核、学生动手能力考核等多元化的考核方式，从本质上优化课程的测试方式，以达成整体教学模式的有效实施。

（2）《用"整体建构"教学法提升初中政治课堂教学效率》（江苏省宜兴市实验中学的周永梅发表于《试题与研究：教学论坛》2012 年第 26 期）

文章思路分三个部分：第一，重视预习；第二，主抓课堂；第三，关注拓展。

作者在文章中试图对整体建构做出明确界定，认为整体建构是指"整体把握学科知识体系，帮助学生掌握呈结构性的知识，通过创设问题情景，帮助学生自主建构知识，使学生在学会知识的基础上，掌握主动学习的方法，从而促进学生全面发展"。这是仅从知识学习的层面理解整体建构，接着作者进一步聚焦，由知识学习层面降至初中政治课堂教学层面谈整体建构，详细阐述了实现整体建构教学法的三个教学环节。第一要重视预习。整体建构的预习要求学生能准确绘制出即将学习内容的知识树，从整体上把握学习内容。第二要主抓课堂。推行一种新的课堂教学模式——"两类结构"课堂教学模式。所谓两类结构即"知识内容结构"和"方法程序结构"。知识内容结构指由学科基本概念为核心组成的有组织的整体知识，揭示了学科基本概念内在的逻辑关系；方法程序结构是指结构化了的操作步骤，是指教师将方法程序以概括化、结构化的方式授予学生。第三要关注拓展。既要拓展知识，由学生对照知识树在脑中形成所学知识的体系图，又要联系生活拓展，启发学生运用所学知识解决实际问题。

(3)《关于"课课链接,整体建构"数学课堂的构建研究》(安徽省凤阳县永安小学的甘海霞发表于《学周刊》2013年第11期)

文章思路分四个部分:第一,链接课堂教学目标,实现循序渐进的教学;第二,链接数学旧知识,促进知识系统一体化;第三,链接其他学科内容,完善学生的认知结构;第四,链接课外生活知识,提高运用知识的能力。

文章重点要阐述的是数学教学中"链式"课堂的建立。第一种链接是指,教师将学期数学教学看作整体,站在全局高度,把每堂课的教学目标进行链接,做到每个目标相对独立又彼此联系。第二种链接是指,教师在课堂上能够将正在学的当前知识,与过去学的旧知识,或与即将学习的新知识进行链接,帮助学生更好地理解当前知识。第三种链接是指,教师要善于将数学知识与其他的学科知识链接起来,以改变过去单一学科教学的状态,实现学科知识之间的整合。第四种链接是指,教师设置相关的生活实际问题,将课堂教学与解决生活实际问题链接,培养学生的创新意识和实践能力。通过这四种多方位的"课课链接"实现数学课堂的构建。

本组三篇文章皆从智育的角度探讨学校整体建构研究。第一篇杨继全的文章虽然标题冠以"整体建构",但是很明显文章的核心概念是"整体教学模式",而非整体建构,整体建构是作为整体教学模式的附庸出现的。第二篇周永梅的文章论述的中心确实是整体建构,作者试图从整体建构这个高度关照初中政治课堂教学,以找到更有效的课堂操作程序,但仍未脱离传统课堂教学模式研究的窠臼。第三篇甘海霞的文章同样是一篇以"链式课堂"为核心概念,研究学科课堂构建的文章,并非致力于整体建构的研究。

2. 德育的整体建构研究

(1)《学校德育心理环境的整体建构》(深圳大学学生处的曾庆璋发表于《深圳大学学报》2006年7月第23卷第4期)

文章内容分四个部分:第一,确立建构心理环境的整体目标;第二,确立教育优化性原则;第三,追求德育心理环境的艺术性和人性化;第四,创建生动多样的德育活动载体。

文章指出,学校传统的某种理论长期灌输的德育已经不能适应多样化、多元化的当代社会生活,学校亟须整体建构一种德育与环境相互协调,以环境为载体的优化的教育生态环境。

这样的教育生态环境怎样才能形成呢?首先,确立目标。心理环境对学生的品德形成和发展具有深远意义,心理环境的构成要素又十分复杂。这就要求学校确立以把影响学生品德形成与发展的环境中的各要素有机整合,使它们协调一致,相互促进为目标来构建学校的德育心理环境。以社会主义条件下社会生活的规范体系为内容,以真实、具体、生动、开放的环境为载体,真善美和谐一致,建构人文化、人性化、艺术化的德育生态空间。其次,确立原则。学生的身心尚未完全成熟,易受环境的影响。坚定正确的政治方向、科学的世界观、高尚的人生境界、集体主义的价值导向能给学生带来正能量,同时全球化与科技的发展带来人们思想观念的深刻变化,一些消极有害的心理也正侵蚀学生尚未成熟的心灵。学校必须遵循优化性原则,在学生成长过程中提供科学世界观、正确人生观与良好品德的引导。再次,追求艺术性和人性化。学校德育心理环境具有隐蔽性与潜化功能,这就要求教师在发挥潜移默化的德育功能时,追求方式方法的艺术性和人性化。最后,创建活动载体。生活实践总是德育心理环境最具体真实的载体,德育心理环境建构必须以学生生活为根基,关注学生的真实生活,因地制宜地引领学生主动感受生活,提升道德境界。

(2)《传承与创新:大学文化的整体建构》(南京人口管理干部学院的王国强发表于《江苏高教》2012年第6期)

文章内容分三个部分:第一,文化之魂,引领社会文化发展的大学精神;第二,文化之形,成就无言之师的大学景观;第三,文化之翼,持续寻求突破的大学制度。

文章认为大学是文化的高地,大学在本质上是一个功能独特的文化机构,因此,对大学文化传承与创新的研究尤其意义非凡。作者以文化的三个层次为依据,逐层探寻大学的精神文化、物质文化和制度文化的传承与创新的路径。大学的精神文化是一所大学有别于其他大学的特殊气质,所以大学要在深入审视、整理自身文化的内核与历史渊源的基础上,全面把握国家现代化建设对大学个性的要求,并研究借鉴他国大学的精神文化建设,不断丰富大学的精神文化内涵,使其既有自身特殊的氛围与意蕴,又引领时代发展,同时拥有国际认同。大学的物质文化是大学精神文化的外显,进入大学,迎面而来的是物质文化。大学的物质文化必须是高层次的、高品位的;大学的物质文化必须是民族的、区域的;大学的物质文化必须是个性的、人文的。大学的制度文化是大学赖以有效和有序运转的文化形态,大学制度文化深刻影响着大学的精神文化和物质文化。大学一定要改变现行制度中行政化、官本位、学术政治化等不合理的因素,建立精神文化与物质文化良性互动的格局。大学制度文化是大学精神文化与物质文化能良性发展的必要保障。

(3)《整体建构积极的学校文化——美国学校的品格教育实践》(浙江师范

大学法政学院的郑来纪与肇庆市实验中学的黄秋云合作发表于《齐齐哈尔师范高等专科学校学报》2011年第6期)

  文章内容分两个部分:第一,品格教育积极的学校文化的整体建构;第二,品格教育整体建构积极的学校文化的实效性。

  这篇文章走出国界,将目光投向美国学校的品格教育。美国的学校教育认为学校是培育所有成员良好品格的场所,而所有影响品格的学校因素及其系统组成的综合体便是学校文化。美国将所有影响品格的积极因素与家庭、社区等整合进教育系统,构成积极的学校文化,使学生在其中理解、体验、践行,从而形成自身的品格。文章主体部分展开阐述基于品格教育的学校文化的建构,与前一篇文章的不同之处在于,本文中作者将学校文化分成精神文化、物质文化、制度文化与群体文化四个层面。第一个层面,建构学校品格教育的精神文化。确立学校的核心价值观和美德,创造安全关爱的环境,提升对学校的归属感,这些都是美国学校品格教育中精神文化的内容。第二个层面,建构学校品格教育的物质文化。学校在发展过程中,由师生员工创造的所有物质设施都是物质文化的内容。美国学校要求所有的物质设施都必须鲜明地展示学校的核心价值和美德,即学校的精神文化特征,在全校范围内任何角落,任何可教时刻,都必为培养学生良好的品格服务。这两个层面,与前一篇文章异曲同工。第三个层面,建构学校品格教育的制度文化。在这个层面上,该文章不仅指明学校的规章制度是用以规范师生行为,维系学校正常秩序必不可少的保障机制,更创新地指明校长在品格教育中的主导作用。其作者认为校长不仅要调节各种因素,引导学校发展,更是一个伦理意义上的真实的个人,即校长在培养学生良好品格的教育中有不可估量的榜样力量。第四个层面,建构学校品格教育的群体文化。作者认为在学校组织中,教职工群体与学生群体的共存、碰撞与交融,形成了学校的群体文化。品格教育要求教职工群体中所有成员都能通过自身的道德行为给学生提供学习的榜样。同样品格教育也注重培养学生群体所有成员间的尊重、理解和信任。总之,要通过在全校范围内建立起紧密的群体关系来建构学校的品格教育。

  本组三篇文章皆从德育的角度探讨学校整体建构研究。第一篇曾庆璋的文章试图创建学校德育的心理环境,使学校德育能够在自然科学和社会科学的宏观视野里,在学科融合的趋势中,谋求新的出路,但似乎游离于整体建构这一主题之外。第二篇王国强的文章对大学文化的三个层次做了详细的剖析,并阐明了三个层次之间的相互关系,但仍与学校整体建构关系不大。第三篇郑来纪与黄秋云的文章虽将视线移向国外,但仍是以学校文化为经纬研究品格教育,同样也与学校整体建构研究相脱离。

3. 学校教育的整体建构研究

(1)《论特殊公共生活——学校生活的整体建构》(江苏省教育科学研究院、教育发展研究中心的张晓东发表于《教育探索》2010年第12期)

文章分四个部分:第一,公共生活对公民成长的意义;第二,学校生活是特殊的公共生活;第三,学校生活的价值诉求;第四,学校生活整体建构的实践路径。

该文作者首先提出公民教育是学校教育的预期目标。重建学校生活是进行公民教育的根本途径。学校生活是特殊的公共生活。只有合理地把握这种特殊性,才能建构既符合学生成长规律,又具有公共品质的学校生活。这篇文章的主体部分特别体现出作者严密的逻辑思维能力。首先,作者对"公共生活"的内涵进行了精确的定义,公共生活就是指人们在公共领域里形成的相互联系和相互影响的共同生活。公共生活影响着身处其中的每一个人,即公民,对造就公民起着重大作用,同时,公民的成熟也可以进一步塑造有意义的公共生活。在此基础上,这篇文章的作者进一步研究"学校生活"。学校生活是公共生活的重要组成部分,具有公共生活的特征,学校生活也是一种特殊的公共生活,内含教育的独特意蕴。公共生活对造就公民有重大作用,学校生活对小公民成长有重要价值。因此,学校生活本质上是尊重学生权利的学习生活。从旨向上看,学校生活应该是体现批判精神的向善生活。学校生活既要为成长中的小公民创造公共性的平台,也要鼓励发展个性,保留一定的私人空间,达成两者的平衡,所以学校生活又是一种共识与差异并存的多元生活。学校生活是一种特殊的公共生活,它某种程度上模拟了公共生活,但绝不是完整意义上的公共生活。所以学校生活要努力跨越传统的边界,拓展学生生存的空间领域,实现与公共生活的有机合理牵连,即成为沟通社会的完整生活。明确了学校生活的外延与特点之后,作者进一步阐述学校生活的价值诉求。一要强调复数性的学生本位,即学校生活应该符合学生自己的愿望和利益,尊重、保护学生的个人生活,并最终带给学生自由和解放。二要有系统的公共价值导引,即学校生活必须对学生进行重要的价值引领,实现其应有的公民培养功能。三要有井然有序的正义普照,即让学生在学校生活中品尝公正,享受做人的尊严,这样他们将来就能成为捍卫和促进公共生活的公民。四要有开放中的主体性参与,即通过积极的主体性参与,使个体与个体、个体与群体间形成至善的交往状态,提高学校生活的质量,从而形成积极的公共生活。那么在实际教育中应该如何展开学校生活呢?于是作者又深入一步,根据学校生活的价值诉求,寻找多种方式,对整体建构学校生活的实践路径进行研究。作者认为可以从学校制度设计、课堂学习生活、班级自主生活、公共事务管理和公民实践活动五个方面来整体建构学校生活。

(2)《高职院校特色发展战略的整体建构》(南京化工职业技术学院社科部的陈霞发表于《苏州教育学院学报》2010年第27卷第4期)

文章内容分七个部分:第一,坚定走特色办学的发展道路;第二,高职特色发展的国内外经验;第三,明确特色化办学的整体思路;第四,源于行业内的坚实办学依托;第五,提高校本课程的层次与特色;第六,具有规范化的质量保证体系;第七,建构现代化的学校管理模式。

文章以学校教育的形式之一高职教育为切入点,试图从特色办学的发展路径、指导理念、行业依托、国内外经验借鉴、课程体系、质量体系和管理模式七个方面高屋建瓴地探讨高职院校特色发展战略的整体建构之路。但这七个方面层次跳跃且分类依据不一。对于第一方面,文章作者认为,目前高职院校办学特色不足已经成为制约高职教育持续发展的重要影响因素。高职教育只有走特色办学的发展道路,大幅度提高管理效益,将质量和内涵建设作为学校发展的重中之重,实行能力本位的教育模式,坚持开放办法,与行业企业前沿技术发展密切结合,强化学生的技术迁移能力和岗位适应能力,提高就业比例和质量才能持续发展。第二方面则跳跃介绍国内外高职特色发展的成功经验。这些高职院校由于在有利的社会教育环境中,逐步形成了自己的特色,于是取得了良好的教育效益和社会效益。第三方面仍以高职院校的特色办学为阐述中心,明确指出高职院校的特色化办学需要一个整体思路,这个思路的内涵要辐射和渗透到高职院校的各个方面。第四方面又跳跃,指出高职院校的特色办学不仅需要高职院校本身的努力,还需要行业与社会的密切配合。第五方面、第六方面与第七方面则探讨高职院校走特色发展之路的一些做法。第五方面提出开发校本课程,进行以"应用"为主旨的课程体系综合化改革是构建学校特色的途径之一。第六方面则介绍目前通用的质量标准体系,推荐高职院校结合自身实际,采取合适的质量管理体系,提高"教育产品"的质量。文章认为学生知识的增长和能力的提升就是教育的"产品"。第七方面指明高职院校的特色发展模式的创建是特色管理活动的过程和结果。只有向科学的管理求质量、要特色,才能使高职院校有限的办学资源实现优化配置,实现特色发展。

(3)《论高校整体育人体系的四维建构》(武汉大学政治与公共管理学院的李岩和海南师范大学研究生处的王友明合作发表于《沈阳建筑大学学报》2009

年1月第11卷第1期)

文章主要分为四个部分:第一,建构高校整体育人体系的直接动因;第二,建构高校整体育人体系的根本动因;第三,高校整体育人体系的四维建构;第四,推进四维育人体系走向实践。

文章主体部分提出"整体育人"的概念,整体育人是指不能仅把视野局限于高校自身,而要放眼于整个社会生活;不能仅把视野局限于现实世界,而且要纳入虚拟网络世界;不能仅开发学生的外部世界,而且要开发学生自身的内部世界。接着作者顺着这个思路,阐述了建构整体育人体系的"四维",即充分发掘高校自身的育人资源,积极开掘社会环境和社会生活的育人资源,深度开发网络育人资源,着力开发大学生自身丰富的育人资源。

本组三篇文章皆从学校教育的角度探讨学校整体建构研究。第一篇张晓东的文章是一篇层次井然、逐层深入的论述学校生活整体构建的好文章,是我们苏州一中办学特色整体构建一篇有效的参照,然而整体建构仍然不是这篇文章论述的中心,文章论述的中心是"学校生活"。第二篇陈霞的文章试图从整体建构的高度审视高职院校,对苏州一中办学特色的整体构建而言也是一篇有效的参照。但文章层次错位,不够严密。最后一篇李岩和王友明的文章中虽然没有出现"整体建构"一词,却是从整体的高度探讨整体育人体系的具体建构。

担任江苏省规划办精品培育课题"以叶圣陶教育思想为核心的学校办学特色整体建构研究"主持人以来,笔者翻阅了大量与学校"整体建构"相关的论文专著,选取其中九篇整理成上述文献综述。这些文章对整体建构的概念或避而不谈,侧身而过,或点中穴道而言之不详。有的文章从某门学科的单一角度阐述,有的文章从品德文化等一个教育侧面探究,这些都还不是完整意义上的整体建构。从哲学的角度理解,"整体"是指由事物的各内在要素相互联系构成的有机统一体及这个统一体发展的全过程。所以学校的"整体建构"从智育层面上应该涵盖所有学科知识;从德育层面上应该包括品德文化形成的全过程;从学校层面上应该关乎学校的所有工作内容。整体建构应该是站在教育的高度,囊括学校的全部工作,关注人的发展全过程的办学思路。

第三节　以叶圣陶教育思想为核心的学校整体建构建设

叶圣陶与苏州一中有着非常深的渊源,是苏州一中校友,苏州一中历来将研究叶圣陶教育思想作为教育教学工作的重中之重。在中国现代教育草创阶段,叶圣陶教过小学、中学、大学,他有着全方位的教学实践,这在教师中是罕见的,也是难能可贵的。正是这种极其可贵的教学实践,为叶圣陶教育思想的建立提供了扎实的基础。叶圣陶早在从教之初就探索过教育改革,尽管在当时的历史条件下这样的改革不可能取得实际成果,却能引发深入的思考。叶圣陶是中国现代语文教材编写的开拓者,是第一个编写语文课程标准的"尝鲜"者,他的开创性的工作都有着填补空白的历史价值。所以,研究叶圣陶,就是研究中国现代教育的发展史,作为叶圣陶的母校,苏州一中数年前便将叶圣陶教育思想定为立校之本。因此,作为苏州一中校长,笔者在任职之初,就把"以叶圣陶教育思想为核心的学校办学特色整体建构"定为学校发展的特色与方向。

1. 终极目标——服务于学生的终身发展

教育的终极目标是服务于学生的终身发展,即学生在增长知识的同时,促进精神自由、思想活跃、心理健康、培养自己思考、自己决断、自己对自己的行动负责的态度与能力,从而对学生的终身产生积极而有意义的影响。

关注学生的终身发展是对传统人本主义教育理念的继承。无论是在中国还是在西方,无论是亚里士多德还是孔子,都强调以人为本。在知识更新与科技成果转变周期越来越短,职业更替与社会流动越来越快的现代社会里,一个国家仅靠"精英"是无法持续发展的,它必须依靠全体劳动者整体素质的提高。因而,我们必须把目光投向未来社会的建设者,以每个学生的终身发展为本,全面提高学生的综合素质,培养学生广泛的适应能力、灵活的应变能力与不断的创新能力。关注学生的终身发展也是对马克思主义关于人的发展思想的弘扬。马克思和恩格斯认为,人的发展既是社会发展的动力源泉,又是社会发展的最终目的,教育只有促进人的发展,才能真正推动社会发展。这就决定了我校的办学理念要以学生的终身发展为本,学生得到了发展,学校才能随之发展,从而才能推动社会的发展。关注学生的终身发展更是新时代对教育改革的呼唤。现代教育理论,一是强调个性教育,二是强调多元智力培养。现代社会知识经济与高新科技的迅速发展和国际竞争的不断加剧,都对学校培养的人才素质提出了越来越高的要求。这就要求我们变革传统的教育模式,使我们的学生在未来的社会竞争中立于不败之地。

一切为了学生的终身发展,就是要以学生的终身发展为本,具体来说,就是要面向全体学生,促进学生的全面发展,促进学生个性的健康发展,促进学生在原有的基础上可持续的和谐发展。这是现代教育价值观的核心,也是素质教育的本质所在。为此学校提出了三个"一切":一切为了学生,为了一切学生,为了学生一切;四个"每一个":尊重每一个学生,关爱每一个学生,平等对待每一个学生,让每一个学生学有所得!为此笔者要求每一位一中人,在每天的教育教学实践中都必须做到以下四点:

面向全体 一切为了学生的发展,这里的学生不仅包括学习成绩好的学生,而且还包括学习困难的学生。面向全体,就是关注每一位学生的发展,让每一位学生都体验到成功的喜悦和快乐,让每一位学生获得成功,由"精英教育"向"大众教育"转变。没有不可教育的学生,只有不善教育的教师。哈佛大学350年校庆时,有人问校长该校最值得自豪的是什么。校长回答:"哈佛最引以为豪的,不是培养了6位美国总统,不是造就了36位诺贝尔奖获得者,最重要的是给予每个学生以充分的选择和发展空间,让每一块金子都闪闪发光,让每一个从哈佛走出来的人都创造成功。"

全面发展 一切为了学生的发展,此发展是指全面的发展。就是使学生各方面素质都能获得正常、健全、和谐的发展,德、智、体、美诸方面全面发展,学生的脑力与体力、做人与做事、继承和创新、学习与实践同样不可偏废。全面发展不等于平均发展,更不等于学生学习成绩门门优秀。在未来社会中,全面发展并且学有所长的复合型人才,其社会适应性和生存竞争能力更强,发展潜力和成功的可能性也更大。人无全才,要"扬长",而不只是"补短"。求全责备有可能导致平庸,鼓励学生在某一方面冒尖,也允许学生在某些方面暂时落后。"合格加特长"就是有用之才。

主动发展 一切为了学生的发展,这里的发展必须是主动、健康的发展,不能强迫,不能拔苗助长。以培养健全的人格,保护学生的个性为前提,就是促进学生自身积极主动地发展。过去我们习惯于"带着知识走向学生",不过是"授之以鱼";现在我们更强调"带着学生走向知识",才是"授之以渔"。即给学生一些权利,让他们自己去选择;给学生一些机会,让他们自己去体验;给学生一点困难,让他们自己去解决;给学生一个问题,让他们自己去探求答案;给学生一种条件,让他们自己去磨炼;给学生一片空间,让他们自己去拓展;给学生一片阳光,让他们自己去灿烂。

可持续的发展即终身的发展 为了一味地追求分数,初中把学生榨干,高中把学生榨尽,大学生成了做题的机器,缺乏创造力和想象力。我们要考虑学生的可持续发展和终身发展,毫不动摇地尊重教育规律,实施素质教育。

所以,我们的教育目标不止于学生此时此刻在学校的表现,也不止于学生一时一刻的优秀,我们的学校教育就是要使所有学生都能够生动活泼地主动发展,使他们的潜能得到最大限度的开发,整体素质得到全面的提高,个性得到充分的发展,为学生今后能够适应社会的需要和终身发展奠定坚实的基础。

2. 使命必然——促进教师的专业发展

《礼记·学记》有云:"学然后知不足,教然后知困。知不足,然后能自反也,知困,然后能自强也。故曰:教学相长也。"现代学校管理的核心是以人为本,教育的本质是培养人,"教学相长",促进学生的发展,本身就是促进教师的发展。教育是教与学的交往互动,师生相互交流、相互沟通、相互启发、相互补充,在这个过程中教师与学生彼此间进行情感交流,从而达成共识、共享、共进,实现教学相长与共同发展。教师专业发展在今天已经不再是一个陌生的话题,人们对教师的专业发展的认识越来越趋于一致。但长期以来,我们主要是站在教师的立场来讨论教师的专业发展问题,将教师的发展更多地作为教师个人的发展来探讨。我们认为,学校发展与教师的专业发展应当是统一的,或者说学校应当把教师的专业发展纳入学校发展的体系中,作为教育的必然使命来实现,努力做好四件事:

(1) 理论的整体学习与教师的个人专业发展相一致

叶圣陶教育理论是苏州一中的深山瑰宝,身为一中人岂可入宝山空手回?笔者任校长以来,带领全体一中教师梳理出叶圣陶教育思想关于教师专业发展方面的三个重要内容:教育就是养成良好习惯的德育思想,教是为了达到不需要教的教学思想,德高为范、学高为师的教师素养思想。这三点内容涵盖了教师专业发展的全部内涵。德育思想揭示了教育的目的和价值,教学思想揭示了教育的过程和本质,教师素养思想揭示了教育的根本和关键。为了推动全校师生学习叶圣陶教育理论,我们在行政上加强推进。学校以教代会决议的形式,把深入学习实践叶圣陶教育思想作为学校的办学特色,把学习实践叶圣陶教育思想由单纯的个人研究上升为学校的办学行为,学校各部门都紧紧围绕实践叶圣陶教育思想谋划工作思路,德育处梳理出一中学生应该养成的"十大良好习惯";教学处梳理出一中教师应该具有的"十大良好教学习惯";教科处制定出

"一中教师发展纲要",明确了教师发展的目标、路径、措施等;工会开展师德建设系列活动。同时,我们又在校内开展丰富的学习活动,成立学习叶圣陶教育思想的中心组;为全校每位教师配发叶圣陶教育论著;定期撰写读书笔记,召开交流会。得益于一系列有力的推广措施,近年来,叶圣陶教育思想已深入人心,并已融入一中教师自觉的日常教育教学行为中。

(2) 学校的整体愿景与教师的个人专业发展相一致

学校的发展需要教师的专业发展,教师的专业发展需要学校发展的支撑,只有将学校发展与教师的专业发展结合起来,才能建立学校和教师双赢的发展机制。传统学校,在以教师为中心、注重师道尊严的背后,是被掩盖着的对教师发展的漠视或遗忘。在传统的意义上学校仅仅是学生发展的场所,甚至当代许多重要的教育改革在强调学生的发展、学生的主体地位时,也没有关注到教师发展的问题。显然,这是基于教育仅仅是知识传递的单向度的理解。教育实践反复证明,这样的学校发展是不可持续的。因此,只有建立起教师与学校发展的"共同体",才能实现教师与学校的共同发展。许多学校有合理先进的目标,并且将其提炼成响亮的语句悬挂于校园醒目之处,学校发展却仍停滞不前乃至倒退。究其原因,是没有将学校的愿景目标变成全校教师理解的某种任务,成为全校教师的教育价值追求,只有当教师和学校拥有共同的目标与愿景时,才能最大限度地激发教师自我发展的积极性,使教师的专业发展在主动寻求、自动发展的基础上渐行渐远,进而促进学校的发展。

(3) 团队的整体合作与教师的个人专业发展相一致

教师的专业发展是教师个人的发展,但是只求个人英雄主义,终难成就大业。教师团队合作对促进教师信息共享、优化教师知识结构、促进教师实践知识显性化、提高教师反思能力、发展教师创造性思维、强化教师自我教育等方面具有重要的作用。在实践操作中通过更新观念、打造团队、培育文化、健全体制等方式能更好地加强教师团队合作,从而更有效地促进教师专业发展。因此,教师在专业发展时要摆正团队与个人的关系。首先树立开放合作的心态,尊重同行教师,在借鉴他人中完善自己。教师的专业发展需要不断汲取别人的经验,需要借鉴和学习别人的成果。中国传统知识分子有"文人相轻"的不良倾向,在今天这样一个社会分工越来越细的信息时代,自我封闭就等于拒绝了更多的信息来源,就可能因无视别人已有的成果而付出无效劳动。教师专业发展必须善于利用现代信息手段,要学会欣赏和借鉴别人的创造,只有这样才能适应时代的要求,促进自己更快发展。当然,强调团队合作,也并非是泯灭个体间的优劣差异,相反,对于那些优秀教师,学校更要尽一切可能创造平台,启动名师工程,争取让其成为行业中的领军人物,带动全体教师的专业发展。

(4)教师的整体品格与教师的个人专业发展相一致

教师的专业素养是指其教书育人的专业知识和专业技能。教师的专业化发展是指教师的专业素养,包括教育观念、知识能力等不断更新、演进和丰富的发展过程。教师的整体品格是指教师的道德修养和思想境界。优良的整体品格能有效地促进教师的专业发展,反过来,低劣的整体品格也会滞碍教师的专业发展,所以说整体品格是教师专业发展的灵魂。新时代教育要求教师具备哪些整体品格呢?首先要求其内心具有对国家、民族强烈的社会责任,教师应该爱岗敬业、热爱学生;其次要求其具备稳定的心理品质,教师应该坚定果断、执着沉稳;最后要求其具备宽阔的胸襟、高卓的视野,教师应该温和宽容,幽默明理。

3. 寻幽入微——营造全方位的教育场

历史名校对当代教育具有非常重要的指导意义,苏州一中恰好是这样一所百年名校,这所名校既是叶圣陶教育思想的发源地,又是叶圣陶教育思想的宣传和实践基地。苏州一中创办于1907年,至今已走过了一百多年的辉煌征程。如果溯源至1805年沧浪亭北可园侧的正谊书院,她则历经了两个世纪的教育积淀。草桥这片热土历经二百年不凡的办学,走出了很多文化英杰,为社会培养了大量的优秀人才,办学理念和教育文脉一直延续至今,形成了独特的文化特征和教育价值,涵养了厚重而有学养、大气而不张扬的教育品性。百年新学办学传统,尤其是校友叶圣陶教育思想,对一中的教育传承和发展影响至深。20世纪80年代以来,秉承"为和谐发展而教育"的办学理念,苏州一中不断深入学习和实践叶圣陶教育思想,宽严相济、动静结合,为每位同学实行导师制管理,为每位同学量身定制适合其发展的生涯规划,从而形成鲜明的办学特色,铸造了著名的办学品牌。在这样一所百年名校,校长更有责任领导全校师生充分发挥百年老校文化的示范、导向、凝聚和辐射作用,最大限度地挖掘苏州一中校园文化的历史性、科学性、创造性和社会性价值。苏霍姆林斯基曾经说过:"我们的教育,应当使每一堵墙都说话。"学校就应该是一个全方位的教育场,一草一木、一砖一瓦皆育人,全方位,无死角。

苏州一中在历史上曾经是江苏省省立第二中学,是民国时期的江南名校,学校也有相当丰富的民国物质遗存。借学校部分教学楼危房重建的东风,我们对学校的建筑风格重新作了定位,重建民国风格的教学建筑群,并对学校作了物质环境上的整体改造。首先,整合校园文化遗存。我们将叶圣陶塑像、廿周年校庆纪念碑、正谊书院碑、省立二中碑等文化遗存,总体设计、统筹分布,安放在合宜的位置,既妥善保护,又与校园建筑整体协调,相得益彰,成为校园环境的有机组成部分。其次,为校园建筑命名。以著名校友为校园建筑命名。我们本着权威性、代表性、学术性,以历史人物为主的原则,遴选出冯桂芬、叶圣陶、顾颉刚等若干名影响深远的著名校友,以他们名字命名校园建筑和道路,让校园每一个角落都弥散着学校文化的独特魅力。再次,建立著名校友藏书室。结合图书馆改造,广泛调动校友资源,为一批著名校友设立藏书室,充分凸显学校的人文特色。我们将独特的历史、理念、愿景、追求蕴含在校园环境建设中,以期让生活在这里的每一位学生耳濡目染、潜移默化,努力学习,自由思考,让校园文化的火炬照亮学生成长的道路。

文化是物质的灵魂,文化是教育存在的标志、教育本质的反映、教育传统的体现、教育发展的核心,是"流淌在师生心中的一股清泉",既是一种气质,也是一种气魄,更是一种气韵。苏州一中是苏州第一所新式学校,但又和著名的正谊书院有着一脉相承的联系。1902年正谊书院改为苏州府中学堂,1912年苏州府中学堂并入我校。如今我们在紫藤苑创办旨在滋养师生精神元气的"圣陶书院",不断提升教师的职业素养和职业境界,实现学生多元发展、特色发展,在省内外产生了积极而广泛的影响。近几年来,学校结合实施"吴文化课程基地",以"苏州古城保护项目""蚕桑文化项目""民俗文化项目""昆曲艺术欣赏项目"的课程基地为依托,培养学生的实践精神和创新意识。仰望星空,聆听大师,借助学校丰富的校友资源(校友中有23位两院院士,大批人文著名学者),开展系列科学和人文讲座,让高中生活成为丰富学生人文素养和提升人文精神的重要基地。

无论是教育者还是受教育者,作为一名一中人,这里不仅有我们的课桌和讲台,更有我们的舞台。信步紫藤花径,捧书阅读,能感受到心灵的宁静和淡泊。信步校园,手指触碰之处均是历史,目光所及之地皆是学问。学校真正成为师生共同的物质家园和精神家园,自由、民主,师生的物质生命与精神生命都得到最大限度的滋养。

4. 春风化雨——辐射家庭、社会教育

教育界有这样一个共识:人的终身发展是家庭教育、学校教育和社会教育三方合力的结果。习近平在2015年春节团拜会上的讲话中曾说:家庭教育和

学校教育、社会教育并称为教育的三大支柱。

家庭教育一般是指家庭中的父母及其成年人对未成年孩子所进行的教育，它以品德教育为主，旨在培养孩子良好的道德品质和行为习惯，为今后的学校教育与社会教育打下良好的基础。家庭是人出生后接受教育的第一个场所，家长是每个人的第一任教师，幼儿时期又是人智力发展最迅速的时期，因此，家长对儿童实施的早期教育将是孩子智力发展的关键。父母与子女的血缘关系一旦确定，终身不会改变，这就决定了父母对子女的权威性与私密性，因此父母的行为举止、言传身教都会对儿童产生深远的影响，这种影响无法替代，潜移默化地作用于儿童的心智。由于家庭教育发生在父母与子女之间，因此，这种教育可以发生在任何时间、任何场所，灵活机动。所以说家庭教育是人的终身教育的起点，父母的人生观、价值观和道德观将长期影响着子女，甚至伴随他们一生。

学校教育是指教育者根据一定社会的要求，有目的、有计划、有组织地对受教育者的身心施加影响，把他们培养成为一定社会所需要的人的活动。学校教育是有组织、有纪律，按照教学原则、遵循教育规律，采用集体方式进行的。学校教育的施教者是经过专门培训的教师，他们不仅掌握专门的学科知识，拥有良好的品德，并且懂得教育教学规律。学生受教育的学校有专门的教育教学设备，有与之相匹配需要学生遵守的教育教学制度，因此与家庭教育相比较，学校教育更专业、更系统、更全面。

社会教育是指受教者从社会环境中自发或有选择地接受某些内容而形成的教育。社会教育涉及生活的各个方面，涉及生活中的每一个人，这决定了社会教育较家庭教育、学校教育更广阔多样，也更复杂多变。社会教育虽然信息庞多，但良莠不齐，鱼龙混杂，相对而言是一种不可控的教育，对学生的影响具有不确定性。

在学生的学习成长过程中，这三类教育均不可缺少，只有正确处理好三者的关系，将三者有机地结合在一起，才能对学生的教育形成最大合力，对学生产生正面影响。那么怎样才能将三者有机结合呢？其中学校教育要当仁不让地承担主要责任。学校教育较家庭教育更专业、更自觉，又较社会教育更系统、更纯粹，因此，学校教育要充分发挥自身的优势，对家庭教育进行指导，对社会教育进行引导。向家庭普及教育规律、教育策略，对社会进行一定程度的过滤，去伪存真，去粗存精，尽量让学生远离假丑恶，亲近真善美。

第四章 德育创新——学校可持续发展的强大驱动

学校德育的功能是什么？笔者认为学校德育最基本的功能，主要有如下三个方面：唤醒学生心灵深处的美好德行，使他们能够"求真"；感化学生的思想和行为，使他们能够"向善"；帮助学生处理好人与自然、人与人之间的关系，使他们能够"趋美"。

生活的外延就是德育的外延，德育资源无处不在。学校的德育管理要从细节入手，从学生良好习惯的养成抓起，做到全方位育人、全员育人。

作为一校之长，必须加强德育师资队伍建设，必须坚持以学生发展为本，改革和创新德育方法，让价值引领与自我构建有机结合，构建21世纪新的德育管理模式，为学生的终身发展与幸福人生奠基。

第一节 构建开放式德育模式

在学校申报的江苏省规划办重点资助课题"以叶圣陶教育思想为核心的学校办学特色整体建构研究"主课题中，实践叶圣陶"为人生"而教育的德育思想，让高中三年成为为学生一生奠基的重要阶段作为课题研究的重要组成部分尤其引人注意。我们借助课题研究的载体，多措并举，逐步构建起了具有苏州一中特色的开放式德育模式。

1. 开放式德育的理念

所谓"开放式德育"，是指通过对德育目标、德育内容、德育方法、德育管理、德育评价的全面开放，并通过学校、家庭和社会的价值引领与学生的自我构建，解决学生成长过程中的各种矛盾和困难，塑造学生的完整人格，培养出具有创新精神和实践能力、具有民主精神与法治意识的21世纪中国公民。

要构建起开放式德育，前提就是要树立起大德育观念，秉承个人本位与社会本位完整统一的核心理念。

1919年,叶圣陶指出:现代社会对学校教育所要求的,不像旧式教育那样,单叫学生"识些字懂些讲解便完事了",也不像商业、工业招收学徒那样,"单叫他们学得一技一艺",而必须"是以种种知识为基础,立于真实的人生观上的教育;便是'怎样做人'的教育"。以后,叶圣陶又把这个思想概括为培养合格的公民。至20世纪80年代,他一再强调:教育的意义和目的就是使受教育者学会"做社会的够格的成员,做国家的够格的公民",在社会主义社会,要"使每个人成为社会主义社会合格的公民"。"合格的公民",其内涵包括了社会人的一切方面,包括现代社会对其每个成员各方面的要求,主要着眼于每个人要能自觉地、正确地履行公民的义务,享用公民的权利,要能正确地处理自己与国家、民族、社会的关系,与集体的关系,与他人的关系。叶圣陶把"培养合格的公民"作为整个教育的意义和目的,是全面地考虑到人的德、智、体各方面,这显然与目前国家的德育教育目标是基本吻合的。

可见,叶圣陶不是一般地谈论德育的重要性,而是从现代社会对教育整体的要求也即整个教育的意义和目的上,从德育与现代社会发展和人的发展的关系上,精辟地阐明了德育的重要意义。这就是把个人幸福与社会发展相统一的理想的教育模式,是以个人为圆心逐渐扩展到家庭、社会、国家的开放式结构模式,对于我们今天构建开放式德育,仍然有着非常重要的指导意义。

苏州一中赋予了德育模式新的内涵和表现形式。学校依据学生的身心发展规律,注重激发学生的内在需求,尊重个性,从提倡学生应养成十大习惯,即感恩的习惯、诚信的习惯、自信的习惯、反思的习惯、规划的习惯、高效的习惯、运动的习惯、探究的习惯、合作的习惯、进取的习惯这十种个人修身好习惯开始,逐步上升到养成"尊敬长辈、孝敬父母、兄弟友爱、邻里团结"等思想品德,再到养成"热爱家乡、保护环境、互相帮助、公平公正"等道德情操,最后升华为"热爱祖国、热爱人类、民族团结、国际友好"的道德境界。这是遵循从人与自我的关系,到人与他人的关系,再到人与自然的关系,最后到人与社会的关系的自然而理性的逻辑。这样一个开放式的内容框架,体现的是德育的连贯性与顺序性原则,是道德水平不断迈向高远的合理路径。

2. 开放式德育的内容

学生的成长过程是一个外在的价值引领和内在的自主建构相统一的过程。面对日益开放的社会,面对多元文化的诱惑,教育必须从青少年的价值观和人生信仰等道德层面上进行正面的引领,必须弘扬和追求崇高的思想和精神。教师还必须让学生学会鉴别与选择,在鉴别与选择中不断构建良好的道德体系,形成高尚的道德情操。

几年来,苏州一中着眼于学生的人生,着眼于学生的成长和终身发展,努力培养学生的良好习惯,使其成为社会的合格成员和国家的合格公民,努力把"追求卓越,止于至善"的种子播进学生们的心田,通过促进学生人格、情感、智力、个性的全面和谐发展,培育崇德尚美、乐学善思、素质全面、身心和谐、习惯良好的苏式学子。通过德育目标开放、德育内容开放、德育方法开放、德育途径开放、德育评价开放和德育实施与管理开放,以叶圣陶教育思想为核心,培育充满关爱和情趣的德育"场",牢牢把握"立德树人"这一主旨,让学生在良好的学校文化和浓郁的叶圣陶教育思想氛围中受到潜移默化的道德熏陶,提高道德修养,健康成长,形成"培养一位学生,带动一个家庭,影响一片社会"的开放式德育模式。笔者认为,要把学生当成一粒粒各有特色、富有生命力的种子,把"立德树人"的面向学生、家庭和社会的开放式德育模式作为学生成长的阳光与土壤。

精神树德　在开放式德育体系中,必须有能够为学生的终身发展奠定基础的办学理念,必须有培养学生的崇高理想和坚定信念的策略,必须有能够为学生的终身发展导航,让学生拥有幸福、完整人生的道德追求。苏州一中"正谊明道"的校训、"为学生和谐发展而教育"的办学理念,就是借助学校传统文化优势,以叶圣陶德育思想统领学校工作,从而为学生构建起一个开放的、不断演进的知识体系和一个开放的、不断丰富的信念体系。之所以如此强调理想与信念,是因为远大的理想、坚定的信念是一个人战胜困难、不断前进的动力源泉,是一个人走向成功的必备条件。没有了正确的信念,人生就像失去了磁性的罗盘一样,虽然生命之舟也在行驶,但是没有方向,不知哪里会有浅滩和激流。对于目的地,"心向往之",却"终不能至"。

学科润德　学科润德,就是学校要推动"科科有德育,课课有德育,时时有德育,处处有德育"这一理念,积极开展各学科、全方位浸润德育。首先,学校在教育教学工作中要落实"以德为先""以德为要"的目标,明确班会课是学校德育的直接渠道和重要环节,要坚持把叶圣陶"教育为人生"的教育思想融入班会课的教育教学全过程,适时抓住重大历史事件和生活中的现实问题,举办各种形式的主题班会,举办生动活泼的德育活动,激发学生的道德情感,升华学生的精神境界。同时教师也要树立"教育为人生"的观念,推进教学方式和学习方式的转变,给学生自由、自主发展的空间,促使学生认识社会、参与社会、适应社会,成为具有爱心、责任心、良好行为习惯和个性品质的公民。学校的德育,万

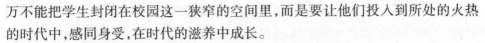

万不能把学生封闭在校园这一狭窄的空间里,而是要让他们投入到所处的火热的时代中,感同身受,在时代的滋养中成长。

其次,现代社会是一个法治社会,是一个公民社会。法治社会和公民社会的建立,需要公民意识的发育。公民意识首先是一种个体意识。一方面,公民主张自己的权利,为自己的选择负责任;另一方面,公民不会站在自我获益的视角看待这种权利,他会以进入特权阶层为耻,明白权利只能以每一个个体平等享有的方式实现。正因为对自己和其他个体的尊重,这种个体意识超越了自我的利益,超越了身份的获利,超越了集团的利益,而趋向公共利益,我们应当尊重权利,尊重为实现权利而努力的人,尊重自己和其他个体。个人理性和公民意识的养成、公民社会的发展,是国家可持续强盛的基石。苏州一中深入持久地开展"师生互动、自主管理"创建活动,就是让学生在广泛的参与中,最终实现自我管理。如果学校没有广大师生参与的德育,就不可能真正符合师生的需求,也难以激发师生的积极性和创造性。在这种思想下进行公民意识教育是不可能取得效果的。

再次,教师在课堂教学中,不断渗透德育内容,这是学校开展德育工作的一个重要方法,也是衡量教师教学质量不可缺少的一项内容。教师在教学过程中,应在引导学生学好文化知识的同时,有机地渗透思想品德教育。各学科教学渗透德育的重点要放在挖掘教材的德育因素和对教学方法的研究上。教师要发现教育点,认真分析研究,找出内在联系,采用巧妙的教学方法,让学生在学习文化知识的同时,学会做人的道理,真正把"传道""解惑"寓于"授业"之中,使二者互相交织,浑然一体,追求德育和智育的有机结合,让学生在获取知识的同时不知不觉地接受道德教育,这既避免了空洞的说教,又收到了事半功倍的德育效果。

校本修德 "校本修德",就是以叶圣陶德育思想的校本教材为载体,突出"立人先修德"的核心理念。学校应通过有效途径研讨和践行叶圣陶教育思想,强调知行合一、行胜于言,要把"教育为人生"日常化、具体化、形象化、生活化,内化为精神追求,外化为实际行动。要以课程为引领,以现实的环境和条件为背景,以学生的需要为出发点,结合以叶圣陶教育思想为核心的学校办学特色整体建构开发校本教材,与学校德育有机融合,构建起学校德育课程体系。

德育校本教材以家庭的亲情、班校的互助、社会的关爱为主线,以学校特有的德育主题实践活动——习惯的养成为抓手,培养学生自主学习、自主管理的能力和爱祖国、爱学习、爱劳动的朴素情感。学校要通过德育校本教材的研究和实施,在德育的过程与方法、途径与资源等方面有所创新,让学校德育工作贴近学生的生活现实、思想实际、道德需要，实现认知启德、体验立德、文化冶德的目的，引导学生在德育实践中认同和接受社会性规则，成为具有主体道德素质的人。

活动育德 活动育德，就是通过校园文化活动充分实践对叶圣陶"教育为人生"教育思想的多重把握，从不同角度实现叶圣陶"教育为人生"教育思想对师生的精神层面、行为表现的规范，外树形象、内修涵养，培育合格公民。

学校以"圣陶书院"为理念，遵循叶圣陶"知变，善变，有所改革，有所创新"的教育改革思想，坚持落实"常规和注重创新相结合、宏观设计和细节操作相结合、充实内容和营造氛围相结合"的原则，充分挖掘这些活动的育人功能。3月，学雷锋小组接力棒传递，植树与环保教育不断升级；4月，紫藤文化艺术节，书画摄影、诗会歌会，学生在千年紫藤架下抒发情怀；5月，校园"好习惯之星"评比掀起树榜样、学先进的高潮，全校的海选让每个学生都意识到好习惯能受益终生；6月，18岁成人仪式是学校送给学生成年的礼物，成长墙、成人门，学生从少年走向成年；7—8月，志愿者服务队、领导力训练营、科技体育夏令营、国际理解营、研究性学习和社会实践等组成七彩暑假；9月，入学典礼、军训、高中生涯规划揭开学生高中生活新篇章；10月，红色主题教育月，历史情景剧、诗歌朗诵比赛让青年学生感受到爱国主义热情；11月，社团达人秀，每个学生都有社团，每个学生都有舞台；12月，班级特色文化PK展示、迎新登高励志活动、新春嘉年华；1—2月，寻访老校友和弘扬吴文化活动提升了学生的历史使命感和社会责任感。苏州一中月月有主题，月月有活动，让每一位学生在学校都拥有充分的上升空间和展示舞台，培育学生学会自我管理、自主规划；教育学生体会生活的温暖和快乐；引导学生收获成长的喜悦，最终实现理想，实现人生的价值。在丰富活动的同时，学校对经典活动形式精心设计、规范组织，使之更加庄重严肃、内涵丰富、生动活泼，更加符合学生身心发展特点，更具影响力和感染力，使学生在活动中体验神圣、自豪、责任和感激，留下终生回味的校园记忆。

生活世界是学生成长的现实环境，生活德育是德育的本真。面对多彩的生活世界，要让学生学会鉴别和选择，从生活中发现真善美，感受时代精神，绘好人生底色。

携手弘德 携手弘德，即学校教育与家庭教育、社会教育紧密结合，逐步形成学校、家庭、社会合力育人的大德育体系。学校要贯彻中共中央、国务院2004年颁布的《关于进一步加强和改进未成年人思想道德建设的若干意见》的文件精神，要遵循"以人为本，全面发展"的德育理念，充分发挥学校教育在德育中的主导作用，拓宽沟通渠道，促进家校联系，形成共育体系，实现德育目标。

学校强调家庭教育的重要性和必要性,构建德育框架,通过建立家长委员会,成立家长学校,关注家庭教育,全方位塑造学生的良好品德,促进学生的健康成长;学校加强家庭教育的针对性和有效性,除了传统的家长学校外,开设家教论坛、家长教育沙龙、开展学校开放日活动,丰富德育内容,增强家长参与活动的主动性;学校强化家庭教育的开放性和时效性,充分发挥网络对未成年人思想道德建设的作用,利用网站、博客、微信等公众平台,用文字、图片等形式发布学校的新闻动态、学生优秀作品、实时资讯等方面的重要信息,以现代化信息手段拓宽融入接口,加强教师、学生、家长之间的联系。

总之,构建面向学生、家庭和社会的开放式德育模式区别于以往的封闭式的传统德育模式。德育工作是复杂的、艰巨的,光靠学校单方面去抓是难以奏效的,必须调动教师、家庭和社会的积极性,共同承担起教育培养下一代的责任,以利于减少干扰,增强合力。大量事实表明,正在成长的青少年对能及时满足他们低层次感官需求的社会刺激和诱惑,往往比积极因素更容易接受,一旦社会上的消极因素先入为主,那就会成为他们非道德行为的内驱力,甚至对学校、家庭的积极教育进行抵制,产生逆反心理。为此,开放式的德育模式强调通过师生互动、学校与学生家庭互动、学校与社会互动的方式,把对学生的德育放到一个开放式的大环境中,通过主题班会、全员参与德育等方式加强师生互动,通过全员家访、家长学校、网上家长学校、家长委员会等模式加强与学生家庭的联系,让家长了解学校的教学,从而更好地配合和加入到对学生的德育教育中;通过警民共建、社会实践等方式让社会力量加入到学校的德育中去,通过正确运用网络信息手段来引导学生,通过这些合力来共同推动学校的开放式德育的发展。

3. 开放式德育的评价

自我评价为主,他人评价为辅 开放式德育重视自我反思、自我构建,强调个人的主体地位,评价也以自我为主。对照学校设置的评估表,学生不断强化或改善自己的行为,提升自己的道德水平。开放的德育评价也是一种多元评价,同学、老师、家长、长辈都可以参与对学生的评价,他们能够给学生鼓励和赞许,促进学生的成长。

过程评价为主,终结评价为辅 开放式德育评价注重过程,在苏州一中,我们围绕学生十大好习惯,全面关注学生在学习、劳动、卫生、纪律等各个方面的发展情况,及时给予表扬和肯定。学期或学年的终结性评价也以表扬激励为主,对学生进行了有效的价值引领和自我建构引领。

定性评价为主,定量评价为辅　学生的思想意识、道德品格等内在素质很难用定量的方法进行评价,若采用定性的评价方法,效果会更好。在定性的评价中,我们要求班主任对从日常行为的细节到理想信念、公民意识等主流价值进行有效的引领。定量评价在此过程中,只是作为辅助手段,以等第方式进行。

差异评价为主,共性评价为辅　开放式德育评价特别注意学生的个性差异,以增强学生的自信心,挖掘学生的潜能,发展学生的个性特长为前提。凡是有特长的学生、取得进步的学生,我们要求班主任必须在班级中予以表彰,绝对不允许只表扬那些学业成绩出色的学生,必须让每个学生都能成为"独特的那一个"。

集体评价为主,个性评价为辅　学生的个性品德往往是在集体中表现出来的,离开了集体环境,个性评价也是不全面的、不科学的。因此,要做好开放式德育评价,班级必须经常性地开展小组竞赛活动,学校也要定期举行班级评比活动,为学生创造健康成长的集体环境。

4. 开放式德育的管理

自主管理　在开放式德育中,学生的自主管理权被充分赋予和强化,卫生、纪律、劳动、社团、微讲坛等都由学生自主参与或组织,并且在班级组,人人有事做,事事有人做;年级组,时时有事做,事事有时做。这种自主管理的思想和行为,也应当贯穿在十大好习惯的修身过程和目标中,从小培养学生的自立、自主、自强意识和能力。苏州一中年级自主管理委员会、团委、学生会,就是这种管理理念的具体操作形式,它们在学生的自治管理中都发挥了重要的作用。

合力育人　我们主动整合家庭和社会资源,形成了学校、家庭和社会三位一体的育人空间。学校还专门成立了家长委员会,定期召开会议,研究学校、家庭和社会如何齐抓共管,以促进学生的健康成长和全面发展。学校还设有校外德育基地,将德育延伸到了校外。学校还成立了家长学校,定期举办培训班,并把家庭和社会实践活动作为重要的课程进行安排,强化了这三位一体的教育空间的结构和职能。

网络、微信交流　互联网的发展,为开放教育提供了信息化平台,学校的网站、网校、网上家长学校、微信平台等成为德育工作新的平台。苏州一中班班有QQ群、各个年级有家长群、学校有面向社会的微信公共平台,形成了一个虚拟的网上一中,这大大拓宽了德育的范畴,使学校与家庭、社会的联系穿越了时空的界限,变得无处无时不在。

通过对开放式德育的探索,苏州一中逐渐形成了开放式德育特色,构建了

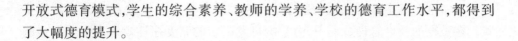

开放式德育模式,学生的综合素养、教师的学养、学校的德育工作水平,都得到了大幅度的提升。

第二节 发挥养成教育的积极功效

"养成教育"就是培养学生良好行为习惯的教育。养成教育既包括正确行为的指导也包括良好习惯的训练。养成教育的内容十分广泛。习惯是养成教育的产物,它往往起源于看似不经意的小事,却蕴含了足以改变人类命运的巨大能量。叶圣陶曾说:"什么是教育?简单一句话,就是养成良好的习惯。"这句话对教育的诠释十分经典。教育是人的社会化过程,习惯是人的思想和行为方式的载体,好习惯是人在社会化进程中的一条捷径。优秀的人之所以优秀,其背后共同的特点就是都有良好的习惯。养成良好的习惯是人才成长的规律,培养学生良好的学习和生活习惯是教育的重要任务,是学校工作的重要内容。

良好的习惯要从小抓起,从日常行为抓起,人类日常的下意识行为构成了习惯的总和。学习、就餐、劳动、课外活动、社会实践等均是培养学生良好习惯的资源,学校要有意识地加以利用。

1. 制定出符合学生年龄特点和成长规律的规范条文

制定必要的规范是学生良好习惯养成的前提,《中学生守则》《中学生行为规范》对学生良好习惯的养成起着重要的规范和指导作用,但这些守则和规范通常只是在宏观上给予指导,在具体操作层面上还需要各所学校各依其情、各显其能,制定出符合学生年龄特点和成长规律的规范条文。

我们的基础教育对学生习惯的养成往往是从规范和管理的角度出发的,如每个学校都会制定相应的学生管理条例或者学生具体行为规范要求,这些制度的推出往往自上而下,给学生的感觉是,这些都是学校要求的,老师监督的,因此学生在养成的过程中常常是被动的,有时候甚至因为学生特定的年龄特点还会对这些制度产生一些叛逆心理。叶圣陶的"习惯即教育""习惯为人生"的教育理念给了我们新的启示,我们意识到要使学生养成良好的习惯,首先是要学生发自内心的认同,进而自觉主动地去执行,好的习惯一旦养成还需要通过一系列的强化措施去巩固。而好的习惯一旦养成,那么学生的行为习惯自然就会符合校方制度上的种种要求,学校的管理就可以无形到位,教育的效果自然也就水到渠成了。

有了这个基本理念之后,我们开始着手制定学生习惯教育培养的具体步骤。在长期的教育管理过程中,由学生自发制定的制度往往效果大于学校强制性的各项规定,因此关于为什么要加强习惯教育、我们需要养成哪些好习惯、好习惯如何养成等内容,我们决定放手让学生参与制定。我们开展了全校师生范围内的"习惯大讨论"活动,通过举办"好习惯·好人生"的系列讲座活动,让同学们了解各行各业的人对习惯的认识和好习惯的作用,同时用一些名人的视频、故事让学生意识到好习惯是从小就必须养成的,一旦养成某些好习惯将使人受益终身,反之则害人一生。同时,通过已毕业的学生的讲座、座谈,也让学生意识到好的习惯不仅仅与生活相关,与我们的学习也是密切相关的,比如好的学习习惯会大大提升学习效率,对学习成绩的提高也有很大帮助。在学生的意识层面普及习惯的意义和作用的同时,我们开始在全校海选"苏州市一中学生应该养成的十大习惯"。我们希望甄选出来的习惯首先符合高中生的特点,其次与苏州一中学生的实际相符,让这些习惯成为学生日常生活的一种准则,而同时我们也相信,由学生海选出来的好习惯必定是全校学生认为重要的,且是他们认同的习惯。自海选开始,我们收到学生个人、班级上报的各种好习惯100余项,涉及了高中生学习、生活的方方面面,如学生提出的孝顺父母的习惯、守时习惯、自主的习惯、团结的习惯等,通过海选,我们也看到了学生对于好习惯的认同和他们希望养成好习惯的迫切需求,我们感到苏州一中的学生还是非常积极上进,充满正能量的。经过学生自主管理委员会和全体班主任、学校德育处、校长室等多方的归类、研究、总结,我们最后出台了《苏州市一中学生应该养成的十个习惯》。

《苏州市一中学生应该养成的十个习惯》涵盖了锻炼、学习、生活、审美等方面,即①感恩的习惯:珍爱生命,感恩父母;②诚信的习惯:诚实守信,明辨是非;③自信的习惯:悦纳自我,尊重他人;④反思的习惯:自我反思,知错就改;⑤规划的习惯:生涯规划,凡事计划;⑥高效的习惯:惜时守时,效率优先;⑦运动的习惯:热爱运动,强身健体;⑧探究的习惯:自主学习,乐于探究;⑨合作的习惯:勇于担当,善于合作;⑩进取的习惯:追求卓越,止于至善。习惯的内核是学生的价值观和精神境界。

家庭是习惯的学校,家长是习惯的老师,训子千遍不如培养孩子一个好的习惯。好的家庭教育一定是从培养学生良好习惯开始的。我们定期召开家长会,让家长和老师经常坐在一起,交流孩子的发展情况,尤其是学习、生活等习惯的养成情况。

与此同时,学校还提出了《苏州市一中教师应该养成的十个习惯》,即①表率的习惯:修身厚德,为人师表;②敬业的习惯:忠诚事业,乐于奉献;③爱生的习惯:尊重全体,平等交流;④合作的习惯:建设团队,着眼大局;⑤观察的习惯:细致入微,慧眼慧心;⑥启发的习惯:循循善诱,凸显主体;⑦反思的习惯:勤于思考,精益求精;⑧学习的习惯:虚怀若谷,博采众长;⑨发展的习惯:追求卓越,止于至善;⑩健康的习惯:乐观自信,身心和谐。与《苏州市一中学生应该养成的十个习惯》共同构成了苏州一中系统的价值观文化,是培养一中师生健康习惯的基础。

在具体操作时,我们从高一学生入学开始,就着力于学生良好习惯的养成训练。在新生军训时,我们就从举办好习惯专题讲座开始,让学生开始接触习惯养成教育。学校专门编写了《好习惯 好人生》手册,将"叶圣陶论习惯""苏州市一中学生应该养成的十个习惯"放在开篇,并精选了20个一中"习惯之星"的故事,放在学校共享空间的书架上,供学生课余阅读。此外,学校还组织学生根据自身情况进行习惯的内涵解读、分析和自我对照,制订出个人和集体保持或培养良好习惯的措施,分阶段总结反馈,持之以恒开展"每周一个好习惯"等系列主题活动,每年进行校园"好习惯之星"评选,并撰写《我的习惯故事》校本读物,让"好习惯奠基好人生"的理念真正植入学生心中。通过多年的不懈努力,苏州一中师生在素质教育的目的这个问题上已经达成共识,那就是培养具有良好习惯意识和行为的个体。

2. 开展"好习惯之星"评比

每年度的"好习惯之星"评比是苏州一中的一项传统德育活动,也是一项非常隆重的德育活动。这项评比活动是对高一、高二年级学生在日常学习、生活中习惯养成教育的一个检阅,对每一个同学来说这项活动也是一个很好的学习先进和反思自我的机会。"好习惯之星"的评比分为三个阶段。

第一阶段:自荐和班级推选。每个同学对自己的十大好习惯进行打分和简述,对自己进入高中以来在养成十大好习惯方面的经验和不足进行总结与反思,同时在小组和班级里进行交流。而班级通过班会课进行分享和评比,评选出本班级的十大好习惯之星。每个好习惯之星除了自我评价之外,还有老师、家长和同学的相应评语。

第二阶段:年级普选阶段。每个班级评选出的十大好习惯之星在年级里进行评比,我们为每个班级的好习惯之星制作了海报在年级中展示,让每个同学充分了解好习惯之星,同时对自己心目中的好习惯之星进行投票。在这一环节,班主任和任课老师也将参与其中,最后由年级组评选出本年级的十大好习惯之星。

第三阶段:全校评比和颁奖阶段。每个年级评选出好习惯之星将自己的好习惯格言、自我简介和好习惯故事、事迹等通过海报、校园网等途径让全校师生了解,然后进行全校范围内的投票和评比,最后评选出年度十大好习惯之星和十个好习惯之星的提名奖。在颁奖环节,我们借鉴了"感动中国"的形式,每年的6月份在学校礼堂隆重举行。我们为每个获奖的好习惯之星制作了刻有该项好习惯和学生名字的水晶奖杯、证书,并为每个好习惯之星制作了三分钟的视频展示,邀请嘉宾为学生颁奖,同时对获奖学生进行现场采访,让大家了解该生的好习惯养成经历或者好习惯故事。如第一届的"进取"之星代莹同学全面发展,不仅学习成绩优秀,社会工作能力出色,还多次利用假期赴边远山区支教,奉献爱心,最后她也因为各方面素质全面而被世界联合书院录取;"自信"之星吉麟同学,是全校同学熟知的全能王,小提琴、书法、绘画、游泳样样精通,为人谦逊友善,时时散发着自信的光芒,被苏州电视台专题报道,最后他以高分通过艺术生高考,成为中央美术学院的学生;"探究"之星唐王同学在理科学习领域特别善于自学,具有钻研精神,在高中就自学大学高等数学等学科知识,并利用业余时间研究相对论,最后以当年的学校理科高考第一名的成绩被厦门大学录取,进入大学后,他的探究精神依旧,通过一年的学习,其成绩名列年级前茅,顺利转入心仪的数学系。每一个好习惯之星在各自的好习惯培养方面都有上佳的表现,他们的好习惯不仅给自己带来了学习成绩和其他方面的进步与提高,也使他们成为全校学生争相学习的榜样,在全校掀起了一股养成好习惯的新风。

"我们在学校里受教育,目的在于养成习惯,增强能力。我们离开了学校,仍然要坚持各种方面受教育,并且要自我教育。目的还是在于养成习惯,增强能力。""知识不是点缀品,追求知识是为充实生活,知识必须化为内在的素养和生活上的习惯,而不是挂在口头或笔头装点门面。"

"习惯不嫌其多,只有两种习惯养成不得,一种是不养成什么习惯的习惯,又一种是妨害他人的习惯。"这些朗朗上口的优美语句如同涓涓细流,不断地滋养着学生的心灵,时时警醒着学生努力践行。四年过去了,苏州一中的很多学生都能熟练背诵《好习惯·好人生》中的经典章节,都能以其来印证自己的行为。

苏州一中坚持每个假期过后都开展好习惯故事的征文活动,每次都收到几百篇学生所撰写的好习惯养成或者对好习惯理解的文章,这些文章都来自学生的实际学习和生活,记录了同学们好习惯养成的过程以及好习惯给他们的学习和生活带来的益处。学校德育处甄选出优秀征文,编纂成册,成为学生们的好习惯读物,同时也发放给每年入学的高一新生,让同学们时刻感受到好习惯带来的力量。

3. 做好学生行为习惯的养成训练

培养学生的良好习惯除了要培养学生的价值认同感,制定切实可行的规范要求外,关键还是要做好学生行为习惯的养成训练。

苏州一中蒋玉华老师在培养学生"探究的习惯"时,按照"自主学习、乐于探究"的要求,为每个学生制定了一张考核表,每个人一个栏目,将自主学习、乐于探究的表现情况用五星标出,每个月突出某一方面评比,循环往复,不断强化学生的探究习惯养成。

学校在培养学生的"十大好习惯"时,把学校的一切生活空间和校外的空间都作为学生素质和习惯的训练场所,将行为习惯的养成训练课程化。如在培养学生"按照规则行动"的习惯时,学校就从遵守交通规则的训练开始。苏州一中门口就是一条街道,而且人行道与快车道之间没有隔离栏,不少学生为图方便习惯在快车道上骑车或在逆向车道上骑车,学校安保处的老师就在学生上学和放学的时候,在距离校门口 500 米范围内的道路上进行督察,对违规的学生进行批评教育,在前前后后用了近一个月的时间强化督查和训练后,就不用查了,因为学生遵守交通规则的习惯已经养成了。

从 2011 年开始,苏州一中规定每天中午 12:10 到 12:50 为学生午休时间,以保证学生下午学习时精力充沛。一开始学生很不习惯,学校经过一个多月时间的督查和训练,午休便成了一中学生的群体习惯。

当然,不同的习惯养成需要采取不同的训练方式。为了培养学生的感恩习惯,学校开展了一系列感恩教育活动,如召开感恩主题班会、举行感恩主题升旗仪式、读感恩教育的美文、观看感恩教育的影片,辅之以感恩父母、感恩教师、感恩社会等活动,增强了学生的感恩意识。

一所学校的学生一旦形成了群体良好习惯,就会演变为学校的文化传统,产生"橘生淮南为橘"的特色文化效应,每个学生个体也会因此而成为学校文化的标本。

美国学者威廉·詹姆斯说:"人的思想是万物之因。你播种一种观念,就收获一种行为;你播种一种行为,就收获一种习惯;你播种一种习惯,就收获一种性格;你播种一种性格,就收获一种命运。"孔子也曾说:"少成若天性,习惯如自然也。"因此,若要为学生终身发展和幸福人生奠基,则必须从培养学生的良好习惯开始,必须充分发挥学校、家庭和社会等影响习惯养成因素的积极功能。

附录:好习惯之星的故事1

代莹:奋勇前行　快乐成长

很小的时候爸爸教我骑车,他总是说:"你看啊,稍微懒一下,你就停止不前了;持续蹬车子不要停下来,你自然就会骑很远了。"出生至今,惰性和懦弱从来不曾离开过我,只是不论如何,我都会记得爸爸的话,当你做一件事的时候,只要不愿停下来,就会一直往前走。

我从来不是特别聪颖或者优秀的孩子,从小学开始,因为入学年龄小,学习汉语拼音一直是个症结,现在家里的地下室里还找得到当初一叠一叠的卡片;学游泳,含着泪在泳池里被队友一次次地超越,羞愧地扶着水线哭泣;从老家搬到苏州,入学考试英语只有39分,甚至连英语中有多少个字母都说不清楚;任性、胆怯、冲动,缺乏持久力,永远缺了一点踏实和勤奋。在真真切切明白自己的劣势与缺陷之后我开始更加珍惜生命中能够拥有的每个时刻,我想努力让一切变得不一样,或许没有结果,或许依旧平庸,只是我曾经尝试过。

大概两年时间,噙着泪水背下了所有的英文单词卡片,人生中最早认识的那8000个单词,像是闪着光亮标记我人生的天使。我现在还能清楚地记得当初咬牙切齿愤恨地说这一生与英语势不两立,真的得谢谢所有人的帮助,也庆幸我有一股不服输的劲。一年半后,英语成绩从39分到93分;两年多,站在大洋彼岸的教室里用英语对所有的外国学生讲中国的故事。小学的时候爱上了主持和策划,自己主持晚会、班会,心血来潮地组织同学去敬老院唱歌讲笑话,从那一瞬间开始,我明白自己骨子里流淌着对舞台的热爱。到了初中,这份热爱仍旧没有消散,学生会、零零散散的小活动、小表演,直到毕业的时候导演策划了整个年级的毕业典礼……我想我只是迷恋团队和演出的感觉,累到筋疲力尽的时候总有一个熟悉又遥远的声音告诉我,别停下来。苏州一中给了我更多的机会和展示的平台,不论班级、社团、学生会、自主管理委员会,还是各种活动,骨子里的热爱让我去尝试,心中的不甘告诉我别停下来。

每一件事情在完成的过程中都会有大大小小的挫折和迷茫,多多少少的委屈与困难,但这恰恰也是意料之外的收获的过程。汉语拼音和英语单词仿佛是两辆马车带我奔向了更远更广阔的世界,所有的活动和尝试让我学会有条理地安排和统筹,一遍遍地更新和提高我所需要掌握的技能,让我学会与人沟通和交流,让我学会安排时间,提高效率,也让我学会宽容地接纳不一样的声音,却依然坚持着自己当初的梦想和初衷。我想让人生再多彩一点,每一点新的尝试或许并不完全是出于自愿,每一个努力的过程或许并不完全都充满希望,但是有一点点不甘心和恰到好处的"懒",这些坚持都会像一双双温暖的手把我托向更美好的天空。

很庆幸的,我只是不愿停下来而已。

附录:好习惯之星的故事2

吉麟:自信——锋芒与内敛的融合

饱满的自信不是与生俱来的,有的人天生开朗自信,而更多的人则羞涩内向。说实话,过去的我非常内向:不爱交往,不爱热闹,总喜欢一个人静静地待在角落里,做自己的事,希望别人不会提及自己。

自从我参加游泳训练以来,情况有了很大的不同。开始训练的时候,大家都是新手,彼此都陌生。随着训练的不断深入,当我以超越一切的气概开始超越身边的队友后,我便开始吸引了教练的注意,并引起身边人的注意。那些擦肩而过的同学会和我聊上几句。渐渐地,我发现沟通所带来的奇妙,我开始战胜自身对交流的恐惧,自信地对他们报以微笑和问候。

训练没多久,我变成了同学中的佼佼者,随后被选进苏州市游泳队。市游泳队是一个相对比较团结、稳定的团体。进入市队,便要求我付出更多努力,用更积极的心态融入它,以取得好成绩。每天辛苦的训练,和那些熟悉的队友一起经历快乐,一起面对挫折,一起朝着心中的目标奋斗,我心中的归属感和荣誉感便油然而生,从而更加自信地面对生活。

在大市级的比赛中稳居第一名后,我便能随队参加省级游泳比赛。当我来到赛场,第一次面对来自不同城市的同样优秀的对手时,老毛病又犯了,一丝胆怯涌上了心头。我能感觉到当初的那份自信正在慢慢减退。于是乎,磕磕绊绊地,第一次参加省级比赛,我只带回一个第六名的成绩。

归队后,队友给了我安慰,教练给了我鼓励。在教练的帮助下,我开始寻找自身的优势和不足,并针对性地开展训练。这一次省级比赛,让我清楚地认识到自身所处的位置,鞭策我更努力地向前拼搏,更乐观地看待结果。功夫不负有心人,一年多的努力后,我便跻身于江苏省前三名的位置了。这七八年的艰苦训练,带给我的不只是"国家二级运动员""三好运动员"的荣誉和各类赛事的奖状,更重要的是培养了我遇事不慌张,乐观大方,自信地面对每件事的能力,让我能明确自己的长处和优势,将每件事做到最好。

音乐也是我生活的一部分,我喜欢用小提琴来表达心中的情感。学琴的将近十年里,每天枯燥艰苦的练习磨砺着我的意志。这期间流了多少汗,吃了多少苦,估计也只有我自己清楚。从学习持琴到上台演出,自信心无时无刻不发挥着它的作用。而真正培养起这种自信的,是在交响乐团的排练。加入苏州市阳光青少年乐团后,我都坚持每次的彩排和演出。在乐团中,我有几个情投意合的伙伴。我们在每次的彩排中共同提高,演出时互相鼓励。当我坐在大厅的位置上,望着台下黑压压的观众时,周围浮现着张张熟悉的笑脸,内心平静下来,便带着自信陶醉在随后的乐音世界中。乐团的经历让我懂得了团队合作对提高自信心的作用,在尊重他人的同时,绽放属于自己的风采。

于是,我养成了一个习惯:早晨起床后,走到镜子前,对着镜子里的那个人大声说三遍:"今天你一定成功!"从而用崭新的姿态迎接新的开始。

正如我的语文老师周月芳对我的评价一样:"真正的自信,不是锋芒毕露,也不是完全低调,而是目光坚定,谈吐沉稳,遇事不慌张,凡事有想法。"身为班长,我还在平时的学习生活中,用自己的自信感染身边的人,使大家做每件事更有信心。

自信心是陪伴走过艰苦时光的影子。它就这样陪我一起笑过哭过,欢喜过沮丧过,得到过失去过,成功过失败过。而不管它用什么方式,无论将来的路走向何方,我感谢它,陪我一起走过。

第三节 勾勒出学生的美好未来

党的十八大报告提出,"努力办好人民满意的教育",要"把立德树人作为教育的根本任务,培养德智体美全面发展的社会主义建设者和接班人"。党的全国代表大会报告,首次引入了"立德树人"这一概念。德育无疑是学校完成"立德树人"根本任务的重要途径和保证,面对德育尚为薄弱的现状,如何创新德育形式,成为教育系统面临的问题。苏州一中尝试以管理与活动为载体,找到了解决这一难题的突破口。

1. 打造一支专业高效的德育管理队伍

班主任是学校德育管理的最前沿,也是最坚定的基石,责任重、要求高,是学生管理、学校稳定发展的主导,因此是学校教育教学中最为辛苦的一个群体。面对新形势、新要求,笔者始终把班主任队伍建设放在德育工作的最重要地位,不断推进班主任队伍专业化发展。

苏州一中的班主任是一支由老中青年老师形成的班主任队伍,他们工作认真负责,具有一定的经验,是学校教育教学管理的一线队伍。学校定期进行班主任专业化主题培训,在提升理念的同时不断学习、分享新的班级德育管理方法,做到一班一旗帜,一班一特色。班主任是班级管理的指导者、参与者,更是学生成长的陪伴者,班主任的定位从原先的主宰者逐步变成辅助者、观察者和引导者。在平常的教育中,班主任与其说是在指导学生学习,不如说是引领着学生成长,班主任已经成为学生成长的精神引领者。在苏州一中,班主任和学生突破了传统的管理者与被管理者的关系,班主任成了学生最亲近的人。正是德育队伍的不断提升水平和理念才使开放式德育具有了创新、旺盛的生命力,德育教师的不断创新为班级管理带来了源头活水。班主任和学生之间的关系正在不断地发生着历史性的变化。在苏州一中,班主任这个称号本身就代表着一种肯定和信任;在苏州一中,班主任工作就是用一颗颗爱心伴随着学生一起成长;在苏州一中,班主任的陪伴让学子们在追寻梦想的大道上一路前行,不负青春。而同时,全员育人则更是强调了德育教育的无处不在,无论是课堂还是校园的任何一个角落,全体教职工都把德育树人的观念落到了实处,使得德育教育在校园里无处不在,无时不在。全员德育不仅是教师队伍的素养提升,更是为学生打造了一个积极正能量的德育平台。百年历史名校苏州一中正以百倍的信心实践自己的办学宗旨:为和谐发展而教育!

2. 完善班级组管理功能

从以往的成功经验来看,笔者认为班主任的管理作用绝不仅仅是个体行为,更多的是要发挥在班级组主导核心作用,强化班级组管理功能。为此,学校继续强化班级组管理制度,所有班级组老师分工合作,定期开展班级重点问题探讨会、班情分析会、典型个案分析会、任课老师家访等,集中众人的智慧,做到德育管理覆盖全面化。同时任课教师要全员参与班级活动,指导学生进行生涯规划设计,引领学生健康成长。全体老师还要强化班级组是一个整体的观念,加强学科之间的协调,注重协同作战,通过班级组的整体效用,实现班级管理效益的最大化。

3. 以丰富德育活动引领学生身心健康成长

苏州一中的德育活动历来形式新颖、内容丰富,是苏州教育的一大品牌。几年来,苏州一中进一步延续了以往的良好传统,以习惯养成教育为基础、班级文化建设为载体、生涯规划指导为引领,开展好各类德育主题活动。在这里特别要提及的是几项重点工作:

(1) 班级特色文化建设工作

班级特色文化建设是由苏州一中首创的一项德育主题活动,这项活动始于2008年,坚持开展至今已有7年时间。班级是学生和教师的共同生活空间,也是德育的重要空间,因此树立有特色的班级文化将对学生三年的高中生活乃至人生都产生非常重要的意义。传统的班级文化由班主任老师指定,更多地体现在规定和制度层面,强调管理和控制,难以走进学生的情感世界和内心。而苏州一中首创的班级特色文化则借用了团队心理辅导的一些形式,用学生喜闻乐见的方式建构全新的班级文化。我们让学生自己制定班级昵称和班级精神,选择班级偶像,设计班级口号和班标,创作班歌,让同学自己做班级代言人等,这些内容的创设不仅符合中学生的审美情趣,更大大调动了学生参与德育活动的主动性,学生在自我设计班级文化的过程中寻找共同的价值取向,同时在参与中潜移默化地接受德育。这项活动分为高一年级的班级特色文化制定、高二年级的展示PK活动和高三年级的升华三个阶段。此项活动一经推出就在学生中引起了很大的轰动,学生从来没有尝试过自己亲手决定班级的种种事务,他们在此过程中既好奇又深感责任重大,每一个学生都在活动中树立起了责任意识和主人翁意识,我们用班级这个最为普通的单位很好地凝聚起学生的向心力,让全体同学为了共同的目标而努力奋斗。这项德育主题活动不仅在学校内部引起广泛反响,也辐射到了其他兄弟学校,目前,在整个苏州市,很多的学校正借用我们的班级特色文化建设模式开展各种各样的班级德育活动,而活动本身也荣获了一系列荣誉,如苏州市直属学校年度德育创新案例,苏州市未成年人思想道德建设创新案例三等奖等。

(2) 开展生涯规划指导

目前,高中生生涯规划指导已成为各所高中的一项重点工作。苏州一中这项工作启动较早,根据年级特点确立高一生涯发现、高二生涯探索、高三目标管理的生涯规划指导体系。我们在高三年级通过励志讲座、成人仪式、登高励志、励志影片拍摄等方式对高三学生开展了一系列的生涯规划指导活动。而针对高一、高二年级学生,学校也通过每月一篇的学习和自我成长记录对他们进行了具体的生涯规划指导。高一年级开展"我与未来有约""自我形象设计"等主题活动、"精彩高中,赢在起点""我们的班级我们的家"班级文化建设、励志讲座等形式进行自我再认识,学业新发现;高二年级进入一个新集体的组建和新层次的分化期,也开展了"新集体、新起点"主题活动,学生自我管理活动将与深入推进社会实践、班级文化 PK 等活动相结合,进行自我调整和生涯探索;高三年级则继续开展自我目标管理、"我的高三我做主"主题活动、"与南大校友面对面"、励志讲座、登高励志等活动,进一步明确目标,挑战自我。让每一个年级的学生都能在学校的生涯规划指导下,全面了解自我,积极规划三年的高中生活和未来的人生。高中的生涯规划不仅帮助学生更好地完成学业,而且让学生在人生的黄金时期加强自我了解、强化自我意识,树立社会的责任感和使命感。生涯规划正是在丰富多样的励志活动中带给了学生全新的德育体验,在这一过程中,传统的说教被摒弃,新的体验式、开放式的德育活动正越来越受到学生的认可和欢迎。

(3) 传统文化融入德育

文化是世界的,也是人本的。我们常常有一种错觉,社会飞速发展,信息瞬息万变,传统的文化可能会慢慢失去市场,无法激发年轻一代的兴趣。然而传统文化博大精深,之所以传承到今天,其中必定具有深刻地影响着人的精神精髓。苏州一中是苏州市中小学吴文化教育研究与指导中心的所在学校,从中心设立的那一天起,苏州一中就担负起研究、传承和弘扬吴地文化的责任。学校充分挖掘传统文化之精髓,开展了"百年昆曲走进百年一中""吴文化主题年度活动""道德评弹进校园"等相关活动,这些活动将吴地文化生动形象地带到了学生面前,学生在活动中感受传统文化的魅力,同时也学习到了传统文化中立德为人的道理。学生不仅不会觉得传统文化过时,反而对传统文化引发了浓厚的兴趣。目前,学校的吴文化展馆已经布置到位,并开设了昆曲、评弹、苏绣、泥塑、桃花坞木刻年画等多门选修课,这些课程学生自主报名,人人踊跃报名,说明了传统文化在现代校园的魅力。

(4) 以学生为主的翻转德育

德育的主体是学生,而德育工作者最重要的任务就是为学生创设一个良好的平台。我校首创了学生的百家讲坛——紫藤微讲堂。紫藤微讲堂是一个完全以学生为主体的平台,学生只要对某个方面特别有兴趣或者在某方面有所擅长,都可以登上这个讲堂进行授课。每一期微讲堂的主题都是由学生报名,然后通过全校学生投票决定宣讲主题,随后由听讲座的学生报名抢票。迄今,我们已经开设了"告诉你一个不知道的台湾""击剑,不止看起来很美""冠军教你打羽毛球"等讲座,微讲堂的活动又一次在学生中引起了强烈的反响。在传统的教育智育为上、分数至上的情况下,微讲堂的设置无疑开辟了学生评价的多元机制,让更多的学生有了展示自己的机会。学生在准备、报名和宣讲的整个过程中,认真对待。每一次微讲堂无论是对主讲人来说还是对听众来说,都是一次意义非凡的德育活动。

(5) 丰富的学生社团活动

为了培养学生的能力,丰富德育的形式,苏州一中积极推动学生社团的组建和各项活动的开展。苏州一中社团从2011年的14个发展到2015年的25个,从各个方面满足了学生的兴趣,丰富学生的课外活动,建立新的德育阵地。其中,具有较大影响力的社团有苏州一中青年志愿者协会(义工社),苏州一中辩论社(乐思好辩社)、机器人社团、干将史学社、陶苑地学社等,它们在学校和社会中产生了很大的影响。其中,苏州一中辩论社先后于2014年3月29日参加上海中学生辩论联赛,总成绩排在第五名;2014年6月,参加苏州市中学生辩论联赛获得亚军;2014年7月,参加苏州市未成年人文明礼仪风采大赛,获"最佳风采展示奖";2014年10月,获苏州市第九届"阳光团队"荣誉称号;2014年12月,赴马来西亚参加"精英杯"亚洲中学生华语辩论公开赛,取得进入16强的好成绩;2015年6月,参加苏州市中学生辩论联赛获得冠军。

苏州一中青年志愿者协会是最大的社团,拥有成员142人,经常性活动有:①与市区、金阊区、沧浪区五所敬老院形成了长期的合作。这是社团最基础的活动,每个星期都组织会员参加。②与慈济(苏州佛教协会)合作的环保活动,主要指导人们进行合理的垃圾分类,走上街头,为文明城市添砖加瓦。③会员每周日都会去博物馆,进行志愿者引导工作。从2012年7月开始,这项活动已经正式成为长期活动。这些社团活动,锻炼了学生的能力,为培养一个个富有创造力的种子提供了良好的土壤。

4. 更加注重人文关怀

概括苏州一中的德育活动,主要是在开放的德育模式下注重从学生的情感、需求入手,更加注重人文关怀。2007年起至今开展了每年一部高三励志片活动,2010年起开展了高三登高励志、学生团体心理辅导、新东方、专家的励志报告会等活动,以及"我们的班级,我的精神家园"班级特色文化建设系列活动。

第四章
德育创新——学校可持续发展的强大驱动

每周一次的升旗仪式由学生主持主讲,同时每周又主推一个好习惯活动,争创卫生免检班。草桥文学社社刊《黎》、草桥史学社社刊《干将》、学生心理专刊《陶月刊》等均由学生主持出刊。高考与自我成长工作坊、每年4月的紫藤诗会、迎新师生昆曲演出活动、五星文明班评比、学生自我管理委员会、一站式学生服务中心等建设和活动,在校园内如火如荼地开展。

我们本着叶圣陶"人本德育论"的教育思想,无论是主题活动还是励志教育,都从学生的角度开展调研,以学生的需要为最高追求。具体通过学生座谈会、问卷调研、反馈与分析等形式,将"以学生为主体"真正落实到德育活动的各项细节中去。从而使学生能够感受到自己被老师、学校关注,感受到陪伴与鼓励,也使我们的德育活动与我们所倡导的全员育人、全面育人紧密结合。

另外,我们也十分重视和充分利用教育系统的比赛与活动平台,充分激发学生的潜能,培养学生的各项能力。迄今为止,我校已有不少学生在文化、科技、体育、艺术等领域获得各类不同的奖项,如获得省市三好生、优秀学生干部,阳光少年等称号。同时,加强社会主义核心价值观、四礼八仪教育,开展国家第一个公祭日主题教育活动等。

第三项重点工作是整合德育资源,全方位完善德育网络。

苏州一中是一所百年名校,德育资源非常丰富,校友、家长、社会实践基地等都是我们可以利用的德育资源,为此我们将打开思路,拓展德育渠道,开拓学生的眼界,从而使其达到立志高远的目的。在这方面我们具体落实四项工作:

第一,我们加强了以吴文化为重点的人文素养教育,提升校园文化品位。2014年,我校依托"吴文化研究中心"的辐射作用,通过与名家的对话,深入研究和实践以吴文化为重点的国学文化的内涵与表现形式,拓展学生的知识面,提高学生认识社会和思考问题的能力,引导学生规划人生目标。我们组织了评弹进校园等大型主题活动,继续深入推进吴文化进校园活动。

第二,完善年级学生自主管理委员会,实现学生的自我管理、自主管理。继续推进学生自主管理委员会的工作,自主管理委员会负责全年级学生的日常行为规范,为年级同学提供服务,同时定期进行工作的汇报和考评。这种方式调动了学生自主管理的积极性,同时给学生提供了更多的锻炼机会,最终实现了即使常规管理取得良好的效果,又使学生得到全方位发展的目标。

第三,进一步加强家校联系,完善家长委员会制度,充分激发家长参与学生教育的积极性。学生的教育离不开家庭和社会,家长对学生学习、生活的正确指导,对我们学校的德育管理可以起到事半功倍的效果。2014年,我们组建和完善了各年级家长委员会及学校的家长委员会,借助家长的力量为班级管理出谋划策,为班级管理、年级事务和学校工作提供支持。我们请家长委员会介入对学生午餐、手机管理、电瓶车管理等的倡议和监管,同时进一步完善家长学校,组织开展家长进校园、家长座谈会、家庭教育沙龙等活动,密切家校关系。此外,苏州一中还坚持开展教师家访工作,高一年级期中考试前做到普访,高二、高三第一学期分别完成普访工作。

通过以上方式,我们进一步完善德育网络,构建起学生—班级—年级—学校—家庭—社会为一体的立体网络,为学生创造立体式健康成长的条件。

附:高二年级生涯规划的指导意见

一、生涯规划重点:认识自己、认识职业,规划生涯(目标)、具体策略,实践达成。

1. 客观、全面认识自己是做好一切事情的起始点。

2. 通过了解学业、专业、职业(需哪些知识、技能等,学科需要等级等),结合选课学习,不断反思、调整目标和策略。(目标、策略都要具体、可操作)

二、明确生涯规划重要性。人生就是一步步实现目标的过程,没有目标就没有方向,就没有前进的动力。乔布斯"记住你即将死去"帮我指明了生命中重要的选择。因为所有的荣誉与骄傲、难堪与恐惧在死亡面前都会消失。我看到的是留下的真正重要的东西。当你担心你将失去某些东西时,"记住你即将死去"是最好的解药。如你能够清空一切,你没有理由不去追随本心。我们活着是为了改变世界,不是顺应时尚,而是引领、主导时尚,所以有了"苹果",用"苹果"改变世界。如果不是乔布斯最初允许微软使用自己的图形界面技术,那我们现在还在背 DOS 命令;如果不是"苹果"做出世界上第一个商用鼠标,那么现在我们还只能靠键盘输入;如果不是"苹果"定义了现代笔记本电脑,那么很可能你今天只能蹲在家里用台式机。你也许没有觉得这个人对你有什么影响,实际上只因你没有意识到他到底多伟大。"你的时间有限,所以不要为别人而活。不要被教条所限,不要活在别人的观念里。不要让别人的意见左右自己内心的声音。最重要的是,勇敢地去追随自己的心灵和直觉,只有自己的心灵和直觉才知道你自己的真实想法,其他一切都是次要。"(《活着就为改变世界:史蒂夫·乔布斯传》)

三、分析我自己:

认识自己的重要性:客观、全面认识自己是做好一切事情的起始点(往往很多人做不到,包括老师。如不肯承认自己智力不如人,学习能力有高低之分,人际关系处不好等)。

具体做法：

结合选科,分析自己的兴趣爱好、能力特长,选科后学科优势和不足(及原因,要具体分析),高中目标(分科后大学、专业等,现在可能还较空),高二目标,同学、老师、家长评价(帮助更好地认识自己)。在客观分析自己的基础上,确立适合自己的努力方向,高二目标要有短期(期中)、中期(小高考)、长期(高三起点三门,二门)目标,要切实可行,要具体、详细,不能笼统、空洞,否则对自己不起作用。

要让同学、家长、老师说出对你的看法,帮助客观认识你自己。

周一交,要认真看,如有些不理想(不认真、不会写),要个别指导,指导他如何分析自己,重新填写。因为没有指导,他不会做,接下来生涯规划就不会做好,前面指导好了,下面做起来就容易了。

写得好的,可以沟通,肯定分析得好。如果愿意,则在班级交流,点评好在哪里,做好示范。

(刚分班,任课老师不熟,可以由班主任或以前任课教师写,要有针对性,要有突出之处,不求面面俱到)

通过活动,不断认识自己的潜能或不足(原以为自己很聪明,有这种或那种特长,但在活动中发现实际上并非这样),加深对自己的认识,使自己的策略调整更切合实际(不要妄自菲薄,也不要好高骛远),提高规划的有效性,提升自己的幸福感。(要让学生知道智力是有差别的,不是努力就一定会有成果,重在努力的过程;每位同学要充分认清自己的情况,制订切实可行的目标,通过努力实现目标来获得成就感,否则目标脱离实际,再努力也实现不了目标,就会有挫败感,最后丧失信心。如数学能力差,再花时间也就这点分数,懂得取舍,保持现有的水平,抓好基础,英语有提升空间,加大力度,可能效果会更好。)

班主任在活动后做规划指导时,要加强对学生的引导,指导他们通过活动反思,全面、客观地认识自己。让学生从自身、父母、同学、家长、老师的角度认识自己,不妄自菲薄,也不骄傲自大,在此基础上制订近期目标(小高考)、中期目标(高二)、远期目标(高考)。经过必要指导,学生做的效果依然会参差不齐,有些学生或能力差做不好或态度差做不好,班主任要引导,但不强求,因为这也是一种态度,三年的生涯规划就是自己的成长记录。三年后高考的结果如何,这本活页册就是一个集中反映你努力程度的"量尺"(考差了,你的规划册肯定看不得,没什么东西,这实际上就是帮助你找到考差的原因,也许会给你留一辈子的记忆)。

"我的期中考试":(10月—11月)

考前制订自我目标;考后针对性分析,语数外、两门选课、四门必修的具体情况,学科匹配,学科成功之处,失误之处,主要原因、问题;提出具体的对策。期末考试前进行一次反思。

"半学期阶段反思":(11月下旬)

以问卷形式反思半学期以来自己在学业、人际交往、师生关系等方面情况,在打钩的时候学生实际就是在反思,对半学期以来自己的状况有更清晰的认识,(在哪方面学习能力强,哪里欠缺,哪些方面疲于应付等)再次认识自己;班主任可以更直接明确地了解学生情况,了解班级整体状况,也可以甄别出个案,从而给予具体指导(包括对学生心理疏导、让任课老师给予关注、家长关注或调整等);采用调查问卷表,变化形式,增加新颖性,吸引学生关注(都用表格,学生写,有的为了讨好老师,并不一定真实)。

"PK活动再识自己":(12月中旬)

结合PK活动,客观阐述我眼中的活动,在活动中的"我认识",我在活动中扮演什么角色(表演者、组织者、制作者、旁观者),甚至什么也不写(游离于集体之外也是一种态度),我做了些什么,为什么做(我就喜欢在旁边看也可以,人才太多轮不上我等,有特长也很好,虽然当时学的时候很苦)。反思自己在活动中有哪些擅长、哪些不足,哪些是可以争取的,这些认识对自己将来的专业、职业有何影响,适合选择哪些专业等。同学、老师对你在活动中表现的反馈(有哪些新发现,如制作PPT、交际能力、沟通能力等)。

"生涯学业探索":(12月下旬)

问卷形式,学生了解自己的专业发展需求,希望了解的专业,帮助他们逐步厘清目标,同时为下学期职业探索做准备(有针对性介绍一些专业,开展讲座、参观;进行模拟职业招聘等)。

"期末目标寒假策略":(1月中旬)

结合期中目标和策略调整,反思落实情况,在此基础上,制订期末考试目标,考后做针对性分析,提出改进策略。针对小高考,具体制订寒假学习计划。开学初反思落实情况,通过期初考检测实施效果。

第五章 教学改革——学校长盛不衰的保证

课堂是提高教学质量的主阵地,是师生活动的主要场所。"高效课堂""快乐课堂""开放课堂""生本课堂""生命课堂"等课堂理念,是当代课堂教学改革的基本追求。让学生在自主、开放、创新的课堂氛围中发展自我,让"生命、知识与生活共鸣"是课堂教学的理想境界。效率在课堂,功夫在课外。一所成功的学校,应当从师生生命的价值与质量的提升出发,加强学科基地建设,优化教育教学过程管理,改革教育教学方式,全面提升学生素质,让师生享受到幸福完整的教育生活。

第一节 校长要有自己的教学领导风格

领导,从字面上看,"领"是思想领袖,"导"是引导方向。在学校里,为什么只有校长阶层才可以称为"领导"呢?因为校长是出思想、出方向的人,学校各方面的运转和发展都是在校长思想的引领下去实现的,如果不是,那我们就不是学校的领导者,如果全校老师都在效仿某一位老师的想法和做法去施教,那被效仿的老师就是学校的"领导者"。那么什么是"校长的教学领导风格"呢?其实校长对教学的领导主要通过四个方面实现:方向掌舵、教学示范、科研引领和组织协调,这四个方面是相辅相成的。这四个方面的着力点不同,就构成了校长对教学领导的不同方式和不同风格。

1. 方向掌舵型

校长的教学领导首先体现在对教学思想的方向掌舵方面。一所学校的教学,以"什么为重,什么为轻,什么为主,什么为次"的价值选择,直接决定着学校的教学走向。长期以来,学校受应试教育的影响,重知识轻能力、重结果轻过程、重课堂教学轻社会实践等违背教育规律的现象比较普遍,片面地以成绩评价学生的做法依然盛行,这导致学校培养目标扭曲,教育功能失效。要实现教学思想的引领,校长必须学习和掌握课程理论,熟悉当前使用的课程计划和课程标准。只有对课程的概念、制约课程的因素、有影响的课程理论、课程标准的掌握等有了深刻的认识,才能提升教学思想的引领作用。

苏州一中源至1805年创办的正谊书院,肇始于1907创办的"苏州公立第一中学堂",二百多年的历史积淀了"正谊明道"的校训。在"为和谐发展而教育"的办学理念之下,培养出了叶圣陶、顾颉刚、胡绳、袁伟民、吴湖帆、韩雪等文化、体育、艺术等领域的名人,23位两院院士和数以十万计的优秀人才。其中早期办学业绩是苏州现代教育史上最为辉煌的一页。叶圣陶作为苏州一中首届校友、百年校史上众多校友的优秀代表之一,其教育思想萌发于苏州一中就读时期。所以叶圣陶既是苏州一中百年办学传统的文化符号,同时其教育思想本身也积淀着苏州一中早期办学思想、办学智慧和学校文化的重要元素和因子。因此,2011年笔者任校长以来,结合学校深入学习实践叶圣陶教育思想的活动,提出"工作目标学生第一、战略发展教师第一、价值取向学校第一"的工作思想,作为苏州一中以叶圣陶教育思想为核心的学校办学特色整体建构的最佳路径选择。

工作目标学生第一 "受教育的人如同种子",种子都有自身的生命力,只需外界给他们提供适宜的条件。学校以服务于每一位学生的发展为中心开展工作,以提高学生自主学习能力和习惯培养为重点,实施全面素质教育,提高教育质量。学校以"圣陶书院"为理念,服务于学生的特长发展,实施个别辅导、个性化教育为特征的培养模式。学校给学生创造了"舞台",让他们在这些"舞台"上发现自我、发展自我、超越自我。学校月月有主题,月月有活动,丰富的活动让每一位学生都拥有充分的上升空间和自我展示的舞台,不断收获成长的喜悦,最终达成理想,实现人生的价值。

战略发展教师第一 "教是为了不教"理论是叶圣陶教育思想的核心,通过教师的教,可以使学生达到"疑难自决、是非自辨、斗争自奋、高精自探"的理想境界。多年来,苏州一中以"教是为了达到不需要教"为目标推进课改,这对教师提出了挑战,需要教师具备挥洒自如的气度和丰富深湛的学识。但同时也使学校的办学品位得到升华,教师的专业素质得到提升。名师工作室的建设是苏州一中提升教学质量的关键点,学校成立了语文、英语、数学、化学、物理、生物、科技、地理8个学科10个名师工作室。主持人均由江苏省特级教师甚至是教授级教师担任,由骨干教师组成工作室团队,实现教师间捆绑式发展。各工作室围绕"教是为了达到不需要教"的理念,开展自主学习研究课研究、命题竞赛、学案试点研究,不定期开展"教学沙龙",定期举办骨干教师讲座,邀请省内外专家到校指导,全面助力教师专业成长。教师的成长,离不开在真实的课堂中以行反思、以行促思,离不开在教学实践中进行自我评估、自我认知。只有反复打磨课堂,才是升华教师教学能力的有效途径。为此学校提出"研修式磨课",每个备课组都要把每一节课当作科研课题来抓,采取同课异构、同课同构、同课重构等方式,反复、深入的学习、研究与实践,依次达到"感悟、生成、顿悟"三个层次,生成一批精品课,并以点带面,使教师取得系列成果,切实提高教师的教育教学能力。扎实的教改工作使我们收获了一支有学科气质的教师队伍:学校现有省特级教师8人,教授级高级教师5人,苏州大市学科带头人16人,近30%的教师拥有硕士研究生学历或学位。师资队伍建设的成就有力保障了学校教育教学质量的持续攀升,同时也使我校赢得了"校风正、教风淳、学风浓、质量高"的社会美誉度。

价值取向学校第一 多年来,苏州一中坚持以叶圣陶教育思想涵养学校教育品性,在当代教育实践中彰显叶圣陶教育思想,努力"使每一位学生的每一天都有所乐、有所为、有所获",精心培育"书院文化与民国景观共融"的环境文化、"敬业厚德、爱生善教"的教师文化、"自主学习、自主发展"的学生文化,逐步形成"课堂教学立体化、学生发展个性化、德育管理人本化"特色品牌学校。学校以整体改造为契机,重建民国风格教学建筑群,建设吴文化课程活动中心、科技信息中心、心理健康中心等。将独特的历史、理念、愿景、追求蕴含在校园环境建设中,让生活在这里的每一位学生耳濡目染、潜移默化,自由的思考,让学校文化的火炬照亮学生成长的道路。学校办学思想与叶圣陶教育思想一脉相承,学校以叶圣陶办学思想构建特色,整合叶圣陶教育思想的研究成果和专家资源,成功申报建立江苏省叶圣陶教育思想研究所。在叶圣陶思想的指引下,学校稳步迈进在优质、特色办学之路上。以吴文化为抓手推进课程建设,以课程基地为载体传扬苏州文化,2013年学校成功申报成为江苏省吴文化教育实践课程基地。保护苏州话、苏州古井研究、昆曲进校园、评弹进校园等活动不仅取得了很大的影响,也成为学生综合实践活动的丰硕成果。

"工作目标学生第一、战略发展教师第一、价值取向学校第一"是学校办学理念的具体体现,是和谐学校的发展逻辑。一位位校友表现优异铸就品牌、一位位教师薪火相传展示魅力。学校经历百年风华,成为历史名校,先后被评为全国中小学德育工作先进集体、江苏省文明单位、未成年人思想道德建设先进集体、群体工作先进集体、先进基层党组织、科技教育特色学校等。

2. 教学示范型

课堂教学的领导是校长教学领导的切入点。教学示范型的校长都是优秀教师出身,都是课堂教学的高手,能够以自己的教学引领学校的教育教学改革。一般的校长很难有时间担任主要学科的教学任务,尤其是在规模较大的学校任职的校长,上课的可能性就更小了。

2011年笔者任苏州一中校长,很想上自己的专业课,巩固自己的专业知识,于是笔者主动要求教学处分给笔者高一"教改直通班"的化学课。虽然每周只有3节课,但学生基础较弱,备课要求高,作业基本是面批,花去了大量的时间,当然也享受了上课的乐趣。笔者切实感受到:校长只有在课堂教学中才能实实在在地学习、实践、体验、感悟课改精神,才能取得教学领导指挥权和课堂教学发言权。校长上课不同于普通教师上课。校长上课是一种姿态,课不一定要完美无缺,而是表明校长身先士卒,勇于探索,这种风采必然会赢得老师们的喝彩;校长上课是一种体验,听不如看,看不如做,校长如果仅仅坐而论道、纸上谈兵,就会脱离教学、脱离教师,丧失对教学的领导;校长上课是一种研究,面对教学中的问题,究竟该如何解决,校长也需要尝试,这样才能把握正确的方向;校长上课是一种示范,对教育教学中的问题,最有效的领导,就是校长的示范;校长上课是一种超越,通过一种平等对话的方式,营造"人人研究教学,个个领导教学"的学校文化。

但一年半后,笔者意识到自己不能再上课了。因为当时苏州一中进入全面改建阶段,需要笔者付出极大的精力。所以笔者毅然退下讲台,专心做好学校的全面改建工作。

笔者曾设想,如果学校工作不是这么繁忙,校长最好能与其他骨干教师"拼盘"上同一班的课,与学科骨干教师一起备课,每周坚持上两节,其余课务由骨干教师执教。如遇出差、开会等重大事务与上课时间相冲突,就由同伴的骨干教师代替上课。这样,校长既不脱离教学,也不会影响学生的课务。可惜受现实条件制约,一直难以实现。

当然,能上好课的校长,不一定就是好校长。术业有专攻,能上好中学的课,不一定能上好小学的课;能上好小学的课,不一定能上好中学的课。所以,校长对教学的领导价值,不是简单地对教学工作做示范,更重要的是,能够准确地把握教育教学规律,指导学校的教育教学工作。

需要强调的是,即使校长因各种原因不能坚持上课,也要经常深入课堂听评课,只有这样才能了解教学一线的现状,摸清课堂教学的真实状况,分析学校教学的动态,抓住主要矛盾,研究如何改进教学。了解真实的课堂、真实的学生、真实的教师,只有在与真实对接的过程中,校长才能不断帮助教师调整课堂前行的方向,才能有效把握学校教育教学的方向。校长的听评课,应该着眼于学校发展的大局,要有意从学校整体的角度思考目前课堂教学的得失,有意关注教师课堂教学存在的普遍现象,有意关注全体教师成长的规律,有意关注教师的工作态度、职业情感、精神生活等方面,有意从教学论的角度去思考,全面领导学校教学,从而更科学地为课堂教学的精进服务。近两年,笔者虽然没有上课,但只要有可能,笔者就会去听听老师们的课,也参与他们的研讨,并一直参与学校的科研工作,始终保持着"身在课堂外,心在课堂里"的状态。

校长听课一般有预约听课和随机听课两种方式。笔者刚到苏州一中时,为了尽快熟悉学校的教学情况,曾用一天的时间,听了六位老师的课,通过课堂教学的几个环节的设置,就大致了解到学校课堂教学的情况和任课老师的教学水平。相较于随机听课,预约听课的效果更好,听整节课,既充分尊重教师、尊重学生,也可以对整个课堂有更深刻的了解。

笔者曾给自己定了个规矩:如果没有特殊的事,每天都要坚持听一节课,特别是高三年级的课,并做到"进得了课堂,说得出名堂",能对该堂课做出有效的点评。这可以说是教学示范的另一种方式——"听课示范"。

教师在教学中,经常会遇到许多困惑与难题,教师的教学水平就是在一次次问题解决的过程中提高的,教学热情就是在一次次豁然开朗中提升的。因此,为教师的问题解决提供强有力的专业支持也是校长教学领导力的体现。

3. 科研引领型

以高超的教育科研和学术水平引领学校的教育教学工作,是校长最为重要的教学领导方式。校长只有拥有了较高的学术水平,才能够把握住教育教学改革的方向,才能在教学、课程的管理上不断创新,才能够把学校的教育教学工作不断地引向深入。

校长虽然一直免不了忙忙碌碌,但笔者长期坚持蹲点教研组,与教师一起讨论教学问题,并积极参与课题研究,多次领衔教科研课题。在学校的各种公开场合,笔者都再三强调,教科研是学校发展的原始动力,也是教师发展的活水源头,以此来强化学校教学改革的思想,指导学校的教科研工作。倡导学校在工作中研究,在研究中工作,以教育教学中遇到的"真问题""小问题"作为研究内容,以行动研究为主导,以解决问题为目标,着力突破教育教学难题,实现教育教学发展创新。如2011年在申报江苏省"十二五"课题"以叶圣陶教育思想为核心的办学特色整体建构研究"时,笔者实施了课题带动战略,在13个教研组设置7个子课题,分别为:高中政治有效课堂教学模式创新研究(负责人:刘瑾)、高中生历史学科表述能力培养研究(负责人:陈玲玲)、高中数学研究性学习实践研究(负责人:蔡玉书)、实验教学对学生地理能力影响研究(负责人:李沂)、高中信息技术教学创新教育实践研究(负责人:赵丽芳)、教师职业幸福感提升研究(负责人:刘善平)、课堂教学科学评价机制研究(负责人:王亚佳和罗明)、高中生"自我学习,终身体育"意识构建与发展研究(负责人:张杰和甄恩平)。鼓励全校教师参与课题研究,积极争取市级以上课题立项研究。目前苏州一中已承担省级以上课题四个,市级课题五个。学校都最大限度地安排课题组教师参加省、市科研培训,聘请专家指导,采用理论学习、专家讲座、外出学习观摩、教师论坛、教学沙龙等形式,使教师开阔视野、更新观念、提高科研水平。在日常工作中,倡导教师写教学后记、随笔、论文、教后反思等,提高教育教学反思能力。通过搞好课题研究成果展示活动,汇编教师论文集、课题成果集等形式,为老师们提供教育教学思想交流平台,展示广大教师教育教学研究成果。

虽然笔者不可能胜任不同类型学校和不同学段的所有课堂教学工作,但教科研的"根本"是相通的。作为一个教学科研的参与者,笔者深刻体会到,校长对教科研的引领,不仅需要为学校的科研工作创设宽松的氛围,为教师做好服务,更要"跑在教师的前面",做一个召集人、执旗人,带领教师翻过教育科研这座大山,到达事业发展的新天地。

4. 组织协调型

学校管理者的重要工作之一就是组织协调。教学工作需不需要组织协调?显然需要!对于一校之长来说,组织协调好学校的教学工作同样是其对教学领导的途径之一。

有的校长说:"我在科研引领、教学示范方面,做得实在不如有的老师好,他们是高手。但我在资源配置、组织管理方面还是很有一套的,所以我就为老师们做好服务,他们需要什么,我就为他们提供什么,让他们放开手脚去尝试,学校的教学工作同样也搞得有声有色。"

乍听起来,似乎有道理,但细细一想又不对,一个连学校课堂的呈现态势都不清楚,连老师的需求都不了解(况且老师教学水平有差异,教学风格有个性,他们对于发展的需求也不尽相同)的管理者,怎能让资源配置达到最优,怎能为每个教师提供"因人而异"的教学服务呢?所以要想做好学校的教学引领工作,确保教育教学改革的科学性,管理者必须深入教学一线,加强教学研究,紧跟教育教学改革方向。

当然也有"方向掌舵""教学示范""科研引领"强,"组织协调"差;或"方向掌舵""教学示范""组织协调"强,"科研引领"差等"三强一差""两强两差"型的校长,这些校长要在工作过程中,有意识地优化强点,弥补弱点,变"长板更长,短板不短"。

还有一类比较罕见的情况,就是"方向掌舵""教学示范""科研引领""组织协调"都差的"全差型"校长,这类校长之于学校教学的精进并没有任何帮助,在学校肯定也是没有公信力的,是学校真正的"过客"。

与之相对的,就是另一类比较罕见的情况——"全优型"校长。这种校长始终扎根教学一线,既能上好示范课,又能以自己丰富的经验、高超的技艺给其他教师以指导和垂范,而且对教育科研事业乐此不疲,时时有新思想、新成果涌现,时时保证学校的教学改革走在时代的前沿。在教学资源的配置上,同样得心应手,深受教师好评。

要想成为这种校长,需要长期艰苦的历练、需要对教育有教徒般的虔诚,更需要有一颗灵动的心。这类校长是教育之福,是国家之福。陶行知、蔡元培、魏书生等皆可归入此列。

"高山仰止,景行行止,虽不能至,心向往之",当校长,理当如此!

第二节 构建美妙课堂:让教育回归真善美

传统的课堂教学方式以苏联教育家凯洛夫的教学理论为指导,在实践中形成了较稳定的模式。这种以教师为中心、以教材为依据,把知识的传授和技能的训练(称为"双基")作为课堂教学主要任务的教学模式,为教师提供了较明确的可操作的程序,教师只要有教材和教学参考书,就能机械操作,简单易行。

但随着时代的发展和因之而来的对多元人才的需求,传统的课堂教学模式逐渐暴露出种种弊端:教学目标单一、教学内容封闭、学生主体地位缺失等。从20世纪80年代开始,一场课堂教学的革命悄然兴起。

中学以于漪、钱梦龙、魏书生等为代表的优秀教师首开全国教学改革先河,小学以李吉林、于永正、吴正宪等为代表的教改新星崭露头角。稍后,江苏省泰兴市洋思中学总结出"先学后教,当堂训练"的教育模式,该模式因突出学生的主体地位而享誉大江南北。其实,"课堂教学到底该以教师为主体还是以学生为主体"也广为教育界热议。但普遍存在"各忙各的""各说各话"的现象,对于课堂教学到底有哪些标准,教育界并没有形成共识。

经过近20年的发展,进入21世纪后,教育理论的研究逐渐成熟,课堂教学模式的打造也提上了各学校的日程。

继洋思中学之后,南京的东庐中学、山东省茌平县的杜郎口中学、新教育实验学校等课改典型陆续涌现。"有效课堂""高效课堂""人文课堂""互助课堂""生态课堂""自然课堂"——中国的几乎每一所学校,都急切地把课堂教学改革作为学校工作的重中之重,都倾注了大量的精力,他们提出的这些课堂模式,固然有些还存在这样那样的不足和缺陷,但可以肯定的是,他们都已经意识到了:课堂再不改就要被无情地抛下。他们都在摸索着适合本校特点的课堂模式,不管努力的结果怎样,仅仅是他们努力的姿态,也足以赢得掌声。

诚然,由于传统课堂"易于操作、简单易行",又适合应试教育,在相当多的学校、相当多的教师中仍然顽固地"固守"着。为了解决这一难题,很多学校纷纷寻找突破口。

笔者认为,这个突破口的开口越小越好,只有这样,才能集中力量,重点击穿。但要注意的是,不管是在其他学校多么行之有效的教学模式,都不能搞"拿来主义"。机械照搬,肯定水土不服,给学校造成伤害,也容易挫伤教师进行课改的积极性。所谓"教学有法,教无定法",作为学校的校长,一定要遵循教育规律,将经验内化,与校情融合,生发出具有本校特点的课堂教学模式,唯有如此,才能真正发挥出课改这一提升学校课堂效益的助推器的功能。

2010年开始,苏州市教育局在直属学校开展"指导学生自学教学实验改革"。苏州一中抓住时机,主动申报,成为第一批"苏州市指导学生自学教学改革实验学校"。通过四年的研究及实践,我们不断改革接受性学习,拓展研究性学习,增加体验性学习,建立创新的教学体系。在"以学定教、先学后教、多学少教、以学评教"为原则的基础上,通过不断优化和调整课堂教学结构,逐步形成了"师生互动、有效教学、引导自学、教为不教"的课堂教学模式。以目标为导航,以自学为主线,以交流为载体,以训练为手段,以开放为渠道,以达标为要领,以创新为根本,融通课内外资源,提升学生自学能力和创新精神,推动学校的教学质量更上一个台阶。在这个课堂模式下,教学不能仅仅是承载传授知识的"传声器";课堂不能是"繁难偏旧""满堂填鸭式灌输""用学科成绩单一地评价学生",而应是承担培养人,培养社会公民的责任和义务,应是以学生为本、充满生机活力的课堂,是学生今天离开了、明天还想来、终生难忘的课堂。这就是以叶圣陶教育思想为核心的美妙课堂。

第五章
教学改革——学校长盛不衰的保证

1. "美妙课堂"的内涵和特征

课堂是教学的主阵地,我们把实践叶圣陶教育思想的视角延伸到课堂,着力于提高学生的自学能力,将之前的依赖性被动学习过程转化为主动性的自主学习、自我教育过程。我们主张,"师生互动、有效教学、引导自学、教为不教"的课堂教学模式下,教师要做到"三讲三不讲"。"三讲"即讲学生提出的问题,讲学生不理解的问题,讲知识缺陷和易混易错知识。"三不讲"即凡是学生自己看书能懂的,不讲;凡看书不懂但前后联系想想、查查资料能懂的,不讲;凡想想、查查也不懂,但经过同学间讨论能懂的,不讲。

虽然提出了模式,但我们没有"为了模式而模式",没有对课堂教学的步骤和流程做出硬性的规定,而是鼓励教师学习借鉴各地各校在课程改革中探索出的成功的教学模式,把"自主学习""师生互动""教为不教"作为课堂的核心要素,以提高课堂教学目标的达成度和开放度,让书本世界与生活世界贯通,以学生动手与动脑结合为宗旨,由教师根据课堂实际进行整合和优化,让学生在充满生命与活力的课堂中成长为拔尖的创新型人才。

在此课堂模式下,课堂给予学生的是真善美的美妙课堂体验。

首先,从美本身来看,课堂教学的内容、课堂的气氛、课堂的语言、课堂上师生人际关系状况等都是客观的因素,它们决定着课堂教学美妙与否。要打造一个美妙的课堂,就需要使课堂上的所有因素都是美的。由此可见,如果我们在课堂分析讨论问题时将苏式文化特色和追求渗透到教学和管理中,客观上给学生以收获,那么我们的课堂一定从内容上具备美的标准;课堂中如果能够形成师生之间、生生之间的一种和谐而融洽的关系,如果教师的语言是优美的,如果能够有一种轻松愉悦的氛围,就如叶圣陶在《如果我当教师一文中》所言:"如果能给儿童布置个极其适当的环境,自己却忘记了自己是教师,而且使儿童也忘记了我是个教师,只觉得我是他们的环境之中的唯一同情、互助的伴侣,那就符合了美的客观性的要求"。

其次,从美和真的关系来说,以叶圣陶教育思想为核心的美妙课堂必须符合真的标准,真是指符合教与学的规律。在笔者看来,任何教学的最终目的都是为了实现叶圣陶的"教是为了达到不需要教"的教育教学理论。如果学生能够自主地去进行探索、去分辨、去历练,从而获得正确的知识和熟练的能力,那么教师就可以不用刻意向学生传授知识,而使学生有针对性地进行自我学习。由此可见,以叶圣陶教育思想为核心的美妙课堂是一种具有普适性的教学范式,是对课堂教学内在秩序的发现和重构:遵循学生的成长规律,确定学生立

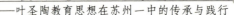

场;遵从学科的学习规律,彰显学科特质;遵照教学的科学规律,提升课堂的本质。这样的课堂既是各特级教师的艺术殿堂,也是一线教师实践的常态课堂。离开真、不符合教与学规律的课堂不可能成为美妙的课堂。

最后,从美和善的关系看,以叶圣陶教育思想为核心的美妙课堂必须蕴含着善,教学的善的标准就是教师要观察自己的教学能不能对学生的长远发展有促进作用,有多少促进作用。你的课堂对学生知识的掌握,能力的培养,情感、态度、价值观的引导起多少作用,多大作用?你采用的是强制、压迫性的方式,还是让学生能够认可、接受的方式?你是以居高临下的方式还是以平等的方式来面对学生?你在对学生传授知识的过程中付出了多少努力?你是否真正关注学生的发展而不是剥夺了他的成长机会?在组织教学过程时,你是否允许学生打断课堂教学,允许学生"没大没小,没上没下",让学生成为"持不同政见者",甚至允许学生可以对教师的理解乃至教材的观点保留意见等。这是叶圣陶教育思想为核心的美妙课堂教学的高境界。这种课堂,需要教师以爱心培育学生的爱心,教育学生做人,做一个高尚的人,热爱民族和家乡文化的人。

总之,以叶圣陶教育思想为核心的美妙课堂是"师生互动、有效教学、引导自学、教为不教"的课堂,是摒弃"以师为本""填鸭式灌输""'工业化'模式"的课堂,是充满着真、洋溢着善、体验着美的课堂,是以探索课堂个性化表达为己任,以高品质教学效果为归宿的课堂。

2."美妙课堂"的实践探索

(1) 用教师的美引导课堂的美

所谓师德师能,就是作为一名教师应该具备的道德修养、职业技能以及由此表现出的精神风貌、思想作风和工作能力。就一所学校而言,师德师能决定着学风、校风,决定着学校的人文风格和精神风貌,决定着学校的形象和声誉,是学校办学软件最重要的部分,也是学校办学水平和办学实力的最重要的标志,是学校办学质量和办学效益最强大的竞争力。正因为此,苏州一中提出"抓好每一个细节、带好每一个班级、教好每一位学生、发展好每一位教师"的要求,实施精细化管理,不留死角,使课堂教学充满人文之美。坚持提高把握学科水平,引导教师争做轻负优质高效的榜样,"腹有诗书气自华",让课堂有了浓厚的文化气息。倡导"多教育、规收费;常联系、勿责怪;多鼓励、慎批评;树目标、免强迫",使师德师能建设与"学生发展第一"的工作目标结合起来,让课堂因生命的活力、心灵的舒展而气象万千,精彩纷呈。在建设苏州文化与现代教育文明相辉映的新校园建造中,我们以独具匠心的细腻心思和苏式民国建筑风格相结合,创造了一座散发着吴地文化气息的校园,让苏州一中无时无处不体现苏式艺术之美。从中我们可以体会到以叶圣陶教育思想为核心的美妙课堂是教师之美和教学科学技术的结晶。

(2) 打造特色课堂,各美其美,美美与共

学校是有风格的,学校的风格决定了学校的发展必须走特定的道路,而打造特色的课堂则是学校走向成功的根本。苏州一中是百年历史名校,也是叶圣陶的母校,有着自己的特点和个性,延续可能平庸,改变或有风险,但是学校的发展则不能犹豫和摇摆。打造以叶圣陶教育思想为核心的美妙课堂,我们顺应信息化条件下学习方式的变革,以"微课大赛"为抓手,将网络深度整合进入教学,致力于在"师生互动,有效教学;引导自学,教为不教"的课堂模式下建立集课堂—课外、校内—校外、面授—自主、传统—现代于一体的多维、立体课堂。课堂、校内的学习,学生以掌握获得知识和培养能力的方法为主;网络、信息资源库等现代信息技术的使用,能够创造更加开放、健全的学习环境,使学生学习新的知识、应用知识、培养能力等得到创新,催生随时随地移动学习,促进寓教于乐的快乐学习;课外、校外文化之旅(实践)为学生用活知识、理论与实践相结合提供了保障。在立体课堂的模式中,数学课理智而生活化,语文课朴实而本土化,外语课开放而又充满人文关怀……各学科都演绎着不一样的风采。一样的是都实现了从灌输到互动,让学习更自主;从被动到灵活,让学习更有效;从平面到立体,让课堂效率更高。这样的学习才能把学生从书山题海中解放出来,让学生有时间做自己喜欢的事情,发展个人爱好,促进学生全面发展和充分发展。

(3) 依托"课程基地",让幸福校园生活的美好期望不断变为现实

"课程基地"是为学生的全面发展提供广泛的校本资源和实践场所,促进学生综合素质和个性潜能得到拓展与提升的重要抓手。苏州一中2011年整合长期吴文化教育的经验和成果,将吴文化导入学校的精神文化、课程文化、行为文化、环境文化及文化活动中,关注地域与人文、学校与社会、学习和研究的有机融合。我们以吴文化为抓手推进课程建设,以课程基地为载体传扬苏式文化,旨在通过改进教学方式促进教师的专业成长,引导学生的高效学习,倡导苏式教学应打上"时代的印记",具有"水乡风土"的味道,弹奏着"心灵的音符"。这无疑是现代校园中最具生命力、最生机勃勃、最有希望的教育景象。

成就令人鼓舞,问题使人警醒。在应试教育的今天,很多普通高中陷入了

升学预备教育而不能自拔,而一个国家的经济和社会发展,需要合理的人力资源结构,需要不同教育背景、教育类型的人才。以叶圣陶教育思想为核心的美妙课堂给自媒体时代下遭遇到种种冲击的高中教学改革提供了新的视角,也提出了更高的要求和标准。那就是教师通过更新教学理念,优化教学设计,创新教学模式,使课堂成为学生的"主场",从真善美三个角度让学生积极融入教学活动和教学环境中,并且将叶圣陶教学理论充分进行融合、发扬,大力推动美妙课堂的发展,从而将学校的教育教学质量、教学改革推进到崭新的高度。

可以肯定的是,在美妙课堂中,学生可以真正做学习的主人、生活的主人、命运的主人,可以真正提升他们的自主性、独立性、合作性和创新性,使他们最终成为具有现代民主、自由、法制意识,具有创新精神和实践能力的新时期公民。

因此,追求课堂的真善美,就是追求师生课堂生活的幸福与完整,改造今天的课堂就是改造明天的社会,作为学校,责无旁贷。

第三节　提高课堂教学效益的策略艺术

人们常说:"台上一分钟,台下十年功。"这个道理对于教师同样适用。效率在课堂,功夫在课外。要想提高教学的整体效益,必须优化教学过程管理。

教学过程管理是学校管理的核心,一所学校教学过程管理水平的高低将直接决定其教学质量的优劣。教育人都知道,教育水平是学校的核心竞争力,从这个意义上说,管理者对学校教学过程管理的思路、力度将直接决定着课堂教学效益的高低和办学目标能否实现。

那么在学校的整体建构活动中,到底该如何实施"课堂教学优化"呢?

我们一方面深入分析学校的师情、生情和发展历史,初步整理出学校教学的特点和薄弱之处;一方面带领骨干教师赴全省乃至全国各名校交流学习,取人之长、补我所短;同时走进高校、研究所等教学和科研单位邀请专家学者为学校的发展把脉诊断。四年来,通过反复的讨论和实验,苏州一中逐渐形成了一套有特色的课堂教学优化方案,并在会考、高考中接受了考验,效果极为显著。

1. 实行教师"三级备课"

学校要求教师备课分三个步骤进行:第一步,每位教师提前一周对下周全部教学内容进行独立备课,撰写出教学案初稿。同时在备课组内,每一课时都安排一位主备人,主备人要写出详细的教学案,并印发到备课组每位教师的手中;第二步,在备课组教研活动中,每位备课组成员都要结合自己撰写的教学案,对主备人的教学案提出相应修改意见,主备人根据集体讨论的结果,对主备教案进行认真修改,最后形成统一教学案,再次印发到每位教师手中;第三步,各教师根据主备人修改过的教学案,结合自身的个性与学生的特点,在适当修改后进行上课。

在"三级备课"中,教师不仅要备教学目标、备教学重难点,还要备理念、备学生、备练习、备媒体使用。

同时,"三级备课"并不是拘泥于备课的形式,注重的是备课的深度与广度,注重的是教师的合作与共享,注重的是教师个性的发挥,注重的是学生主动发展。

"三级备课"有效地实现了个性备课与共性备课的统一,充分发挥了骨干的引领作用,发挥了团队的智慧,极大地提升了教师的教学技艺。对于青年教师的成长来说,"三级备课"的作用更加明显,每一个青年教师的每一轮备课、每一次上课,都有集体智慧在闪光。在他们行走的身影后,都有着整个备课组同事们鼓励的目光。

如今,"三级备课"已经成为苏州一中教师专业化成长的范式之一,正在发挥着"让普通教师变得优秀,优秀教师变得卓越"的作用。

2. 改善教学策略,实现"教为不教"

关于教学策略的含义,各个研究者的阐述各不相同。通常意义上可理解为:教学策略是指在不同的教学条件下,为达到不同的教学结果所采用的手段和谋略。它具体体现在教与学的交互活动中。

四年来,苏州一中在学习实践叶圣陶教育思想,实现"教为不教"的过程中,每个教研组,每位老师,根据不同的学科特点和教师风格,探索出各种各样的教学策略,可谓精彩纷呈。

(1)依托现代技术,让"翻转"改变课堂的结构与功能

结构影响功能。同样是碳元素,由于结构不同,在自然界中生成了柔软的石墨和坚硬的金刚石。今天,技术正深刻地影响着我们的生活,也必然影响到课堂结构改革。"翻转课堂"借信息技术之力,重构教学流程,改变教学结构,凸显"学为中心"、以学定教,将课堂教学改革推向更核心的地带。四年来,从我校推出的一些较为成功的课例来看,"翻转课堂"可以成为有效的教学策略。

叶圣陶强调:学习是学生自己的事,不调动他们的积极性,不让他们自己学,是无论如何学不好的。在这里叶圣陶实际上就是强调,一定要使学生成为学习的主体。时下比较时尚的"翻转课堂"教学策略与叶圣陶的教育思想不谋而合。

首先表现在主动学习方面。以苏州一中某政治课为例,前一天,教师将预习材料、微课程视频、自主学习任务单发给学生,要求学生在家自学,并将教师所发的预习材料中无法解决的问题或产生的新问题传到"师生互动"平台。课上,教师将学生分成四个学习小组,教师在把握学情的基础上,组织交流,达成学习目标。课后,学生通过自主学习任务单和视频平台进行拾遗补漏、复习和拓展提升,家长可以通过自主学习任务单和视频平台对学生进行拓展和提升方面的有效辅导,教师则利用信息技术对反馈的教学数据进行统计和反思。在这一案例中,教师彻底改变了以往的向学生灌输知识、唱主角的角色,给学生独立思考的时间和空间,同时还根据学生的实际情况采取有针对性的教学手段进行拓展性教学。

其次"翻转课堂"改变的不仅仅是流程,更是教学方式、学习方式。课前,该班学生七八个人一组,领到学习任务单后,每组三四个学生在教室里借助平板电脑查阅资料,其余同学走出教室在校园里与同学、教师针对相关问题进行访谈,把相关资料记录下来传回教室,教室里的伙伴则根据收到的信息,与小组成员交流讨论。这样课堂就不再限于教室,求知不再止于听讲。新课程改革倡导的自主学习、合作学习、探究学习在信息化的支持下得以实现。

2015年秋季,我校设立"圣陶班"。圣陶班的设置就是个性化学习模式的进一步探索。圣陶班是苏州一中与华中师范大学国家数字化学习工程技术研究中心、江苏省叶圣陶教育思想研究所三方合作的办学项目,以叶圣陶教育思想为指导,采用"一人一pad""一人一课表"的个性化学习模式,在完成基础课程以外,将开设数字化学习课程、生涯规划课程、师范生综合素质课程等,教育教学的着力点将从"上好一堂课"转向"培养好一个人"。

但需要注意的是,学生的学习受各种不同因素的影响,课堂是为学生学习服务的,学习模式是为了学生的有效学习发展而创造的。在我看来,"翻转课堂"不需要一刀切,符合学习规律、适合学生发展的课堂就"翻",不适合学生学习的课堂则没有必要"翻",也不需要千课一面。

第一,不是所有课堂都需要"翻转"。翻转课堂中对于内容的讲解并不是全部采用问题探究的模式,在教学过程中具体翻转哪些,要根据学情而定。实际上不是所有的课堂都需要翻转。对于一些基础性且较简单的问题,可以采用传统的讲解模式传授给学生,对于较难理解的知识内容,可以采用翻转和传统相结合的模式,建立起科学的问题探究方式,结合学生的学习情况开展具体的教学工作。目前从反馈看,高三毕业班的学生更需要专题复习课的翻转,高一、高二学生则更希望较难理解的重点问题的翻转。只有把握这些,才能够更好地应用这一教学策略并发挥其优势作用。

第二,提供学生学习的微课达不到要求,课堂不该翻转。翻转课堂不是简单的教材搬家,不是外加环节以增加学生的学习时间和负担,更不是利用技术强化对学生在课外或校外的控制。翻转课堂得以实现,最基础的保障是学生要拥有适合学习的微课。这样的学习方式对学校、家庭的教育环境都提出了较高的要求。最重要的是教师要能为学生学习提供高质量的微课。好的微课有较高的要求,教师既要将知识点讲述明白,又要充分了解学生的接受能力,以生动有趣的方式呈现。微课录制不过关,起不到引领学生学习的作用,如果这样的话,课堂不翻也罢。

第三,翻转课堂教学活动中,教师要更多地关注学习有困难的学生。自主探索的学习方式,有助于学生学会学习,但这种学习能力的提高需要一个过程。如果考虑到一部分学生由于在知识技能、能力和人格方面实际存在着缺失而难以进行有效的探索活动,那么这些学生的学习有可能更加困难。因此,教师在课堂教学活动中,要更多地关注学习有困难的学生,真正实施有差异的教学。比如,当组织全班学生开展学习活动的时候,教师应关注学习有困难的学生,给予鼓励和具体的帮助,使他们也能积极地参与探索活动;又如,课前自主学习和课外作业是否可以有不同的层次;再如,测验、考试应当允许和鼓励学生重考(复反馈)等。

第四,翻转课堂不代表可以忽视课后的作业。学习不只是老师讲、学生听,而是学习者主动建构的过程,是理解、运用并在交互中解决问题的过程。要让学生利用信息技术扩展学习空间,在解决问题的过程中收集信息、获取知识、交流经验、批判反思。在教学形式上,翻转式课堂主要采取的是课前学习加课堂研究的形式,没有对课后作业环节进行要求,但并不是都可以忽视所有的课后作业,需要根据具体的情况进行分析。同样,在教学过程中教师对作业的讲解也必不可少,关键时候能够起到画龙点睛的作用。

(2) 自主开发创新性学科实验,调动学习热情

以苏州一中物理教研组为例。他们针对物理学科的特点,从开发和创新实验入手,点燃学生的学习热情,有效解决学生在学习高中物理过程中的困难

问题。

按照以往的物理实验体系来看,实验分为学生实验和演示实验。其中演示实验指的是教材上的少数几个实验。学生在解决物理问题时,首先需要给它们建立一种物理模型。然而针对物理模型开发的实验,在江苏省乃至全国来说还是一个空白,更加不要说开发这样一系列实验了。

物理教研组自2012年起,推动了物理模型实验的开发设计。调动组内青年教师积极参与的热情,并积极邀请组内资深老师提供理论指导和技术协助。在学校实验室目前的困境中,充分利用现有的实验资源,开发出了一系列物理模型实验(见下表)。这些物理模型实验,在各级各类的公开课活动中,得到了充分的展示,得到了专家和教师的高度评价。其中有不少实验是具有独创性的。由于这些实验是教师自己开发的,学生们在做实验的时候,感觉非常的亲切,学习热情也得到极大地激发。

表5-1　2014年苏州一中物理组实验开发项目

实验名称	主要开发人员
开发无线充电实验,演示互感现象	李　兴
改进"利用1节干电池,使千人触电"的实验	陆　妍
创新利用一对小磁铁演示超重与失重实验	沈　磊
创新利用旧电脑主机中CPU的风扇制作简易发电机	曹文杰
1分钟快速制作简易电动机	黄　佳
展示魔力磁铁与铝管实验,演示楞次定律	杨　骏
创新利用家用电磁炉演示电磁感应现象	李　兴
探究摩擦力产生的条件	汪慧琴
自制等时圆模型	李　兴
自制传送带	李　兴
力的分解演示	曹文杰
绳子的活结和死结模型	黄　佳
调皮的滑轮	杨　骏
火车拐弯模型	王　蕾
远距离输电电流演示	王　蕾
变阻器的分压接法	陆　妍
弹力产生的条件演示	陆　妍

(3) 网络在线辅导,突破时空的限制

将网络与教学整合,创建无时空限制的教学大课堂,把学习由课内延伸到课外。突出网络的交互式教学,不仅能提高学习的效率和质量,更能让每个学习者都从个体封闭的学习和认知中走出来,学会合作学习,获得群体动力的支持。在网络交互式学习环境中,学习者与学习资源之间的关系也不再是单向的,学习者可以有他自己的选择,自由进退、自主构架。如今,上网学习成了学生的一种向往。创建无时空限制的教学大课堂,实现双向交流互动、随机灵活调控、和谐共振发展,将是现代教育发展的趋势。

由于苏州一中从不利用假期进行所谓的补课,也没有晚自习,因此学生的在校学习时间比起其他学校来说明显要少了很多。经过调查,在假期,尤其是寒暑假期间,学生在家的学习过程往往比较拖沓,学习效率非常低,碰到疑难问题,也找不到合适的老师给予恰当的指导。

如何突破时间和空间的限制,让学生能够充分利用在家的时间,有效地提高学生在家里的学习效率,减轻学生的负担,一直是苏州一中教师探索解决的问题。2012年寒假起,苏州一中在高二年级率先启动了数学、物理、化学、生物等寒假作业在线辅导的活动。高二各备课组将认真准备的寒假作业按照难度进行了分类,挑选出难度较大、有一定思考性的寒假作业题。事先通过微课的形式(当时微课还是一个陌生的名词),将每一道习题的分析过程录制成视频格式,然后定时定量地将这个视频分批次发布在学校的公共平台上,供学生下载、观看、学习。当时参与此项活动的学生反响非常好。同时,还通过网络平台实现师生一对一或者一对多的互动交流。学生在假期里不能及时解决的难题被攻克,寒假作业的效率也得到了明显的提高。

(4) 以概念图来建构新的知识结构,设计教学过程

以概念图作为一种教学的策略,实施概念教学的过程中,首先可以将其应用在教学设计的过程中。例如,在进行教学设计的过程中,先利用学生预习时所绘制的概念图来了解学生的生物学学习程度,旧知识的掌握情况等。在此基础上,利用概念图教学策略来建构新的知识结构,设计教学过程。例如,在进行教学设计的过程中要充分考虑如何通过建构概念图来实现教师对学生的启发、引导和因材施教,以及如何通过教师与学生、学生与学生之间的交流,给予学生真正自主学习的机会,培养学生自我建构知识的能力,一方面促使教学方式由教师的单方面教向教与学并举的转变,另一方面促进学生的学习方式由学生的被动学习向主动学习的转变。

其次,在具体课堂教学过程中,教师可以将概念图引入板书的设计和书写中,概念图在板书设计中是具有独特优势的。教师通过板书的逐步呈现过程,可以展现出各概念之间的逻辑关系,一方面可以帮助教师把握课堂的整体结构,另一方面可以让学生清晰地观察到概念之间的关系,同步构建出本节课的概念体系,起到了引导学生学习进程和总结提升的双重作用。

第三,在复习过程中,教师可以通过让学生创作概念图或填补概念图的方式,来考查学生对本节课的知识理解水平、掌握深度、知识综合程度和迁移能力,同时也可以使学生将原本模糊的概念逐步清晰化,将原本零散的知识逐步系统化,将原本通过机械记忆的知识理解化,使学生可以顺利地突破重点、难点知识,完成知识体系的建构和整合。

(5)学具制作,使知识具象化

基于我们的教学改革努力实践叶圣陶"教是为了不教"的思想,当前高中生物课堂必须扭转单纯地 PPT、书本、讲授、习题等不利于学生发展的模式,2014年以来,苏州一中生物名师工作室开始自主研发适合高中生物课堂教学使用的学具,让学生能在课堂学习中通过动手、动脑、探索、实践的方式去学习、理解、思考、运用相关知识和原理,探究生命科学的真谛,真正实践本轮课程改革倡导和要求的以学生为中心的教育原则,大力培养学生的实践能力和创新精神。

生物课堂上,我们利用自主研发出的、针对高中生身心发展特点和高中生物课程需要的学具的造型、结构、标识,使用实物模型(组件),让学生在课堂活动中对学科知识、原理等形成内在关联,在指导模型建构过程中,发挥学生主观能动性,通过动脑、动手,实现知识与原理的认知、提升和创造,使抽象的书本知识显化、重建,实现知识的回归,即从单纯地认、记、抄、背由学者高度抽象概括的学科知识原理、结论,回归事物初原本质,使学生在思维上真正实现对相关知识原理的内化,在某种程度上沿着科学家探索发现所走过的路径,认识生命的本质属性,从而通过自身的体验、思索与探究,来建构基于对事物本质认识的知识结构和体系。

实践证明,学具能激发学生的好奇心,通过设计独特、新颖的玩法,开展竞赛,常能进一步提升他们的注意力,激发他们的兴趣,培养他们的想象力和探索精神,实现在玩中学。在娱乐的氛围中学习、竞赛,变枯燥被动的学习为生动活泼的主动应用知识,探究生命规律的过程。创设愉悦和谐的学习氛围,可以激发大脑细胞的兴奋性,从而使学习无形中成为一种探究生命奥秘的快乐的过程。

在我们应用自主开发研制的"核酸模型"开设的"中心法则中关于DNA复制、转录等相关问题"一课中,学生始终是带着问题,边思考讨论,边模拟建构,有不同意见时还会产生争论,发现问题和错误后,进行探讨或和同学、老师进行交流。教师在设计时,并不过多地给学生展示、提示或是暗示,而是让他们自主地探究,在错误中发现问题,在思考中讨论问题,最终得出结论。在探索中获得知识,增强理解,在交流中懂得合作,获得提高;在动脑动手中学会对知识的应用,在观察和体验中增添智慧,获得发展和提高,也体验了理论联系实际,在动手中体验到了成功的快乐。江苏省生物教研员吴举宏教授在听课后,评价说,这节课给他的感受是"智慧在指尖流淌"。

4. 构建绿色评价体系,关注人的发展和健康成长

在以叶圣陶教育思想为核心的办学特色整体建构研究中,如何推进教育质量综合评价改革是我们教学改革中的重要组成部分。四年来,我们遵循叶圣陶"教育为人生"的教育本质观,更关注人的生命价值意义,着眼于人的发展和健康成长,构建生动的、立体的绿色评价体系,体现教育本质的情感态度和价值观,对教育者、教育活动、教育行为、教育过程及教育对象建立科学、多元和有效的评价。这个评价系统具有完善发展的评价目标,全面的评价内容,激励的评价方式,多维的评价标准,立体的评价空间,将学校的评价触角延伸到家庭、社区,让学生能够得到更公正、更合理的评价,使学生得到全面发展,倡导促进发展、开发潜能、发现人才。

科学的评价标准 在实际工作中,我们深刻认识到,不讲分数过不了今天,只讲分数过不了明天。为此,在教育工作中我们既要抓分数,更要抓学生的综合素质。注重过程,引导老师进一步改进教育教学方法,提高教育教学效能;关注结果,进一步完善考核条例,科学分析,正确定位,奖优罚劣,激发竞争意识。叶圣陶认为考试要考查教与学两方面的状况,应发挥考试全面评估和"谋求改进"的作用。学校强调评价是发展的、动态的,重视"诊断性评价"和"形成性评价",注重学生过去和现在的比较,注重学生成绩和素质的提高。用"差异是资源"的理念去挖掘适合学生个体发展的教育方法。学校对"三好生"的评选进行深化革新,形成《好习惯之星评价标准》,以十大好习惯之星促进学生的全面发展,突出评价的发展性功能。根据2014年出台的《教育部关于加强和改进普通高中学生综合素质评价的意见》(以下简称《意见》),学校积极探索制定科学规范的综合素质评价体系和办法,将《意见》中需评价的、抽象的素质如思想品德、学业水平、身心健康、艺术素养、社会实践等变成具体的、可考察的指标,制定并

完善《学生综合素质评价》和《"五星"文明班级评估实施细则》,正确运用考试评估手段,改变当前课程评价过分强调甄别与选拔功能的现状,将"过程性评价"和"发展性评价"相结合,重视学生在教育过程中的参与性,注重学生在教育过程中的表现,充分发挥评价"谋求改进"、促进学生发展和教师提高、改进教学实践的功能。

多元的评价主体 学校在各项管理工作中,以学生的发展为中心,建立学生、家长、社会对学校的满意度测评机制,以学生评价促进师生和谐发展,以家长评价形成学校教育合力,以社会评价共建优质教育环境。通过评价这一平台,促进学生、家长、社会和学校之间的相互了解与沟通,形成教育合力,共同推进教育发展。

有效的评价方法 学校建构交互式的评价网络,体现开放性。培养学生良好的自我评价能力,反思自己的学习,看到优势和不足;组织同伴之间相互评价,建立相互帮改的合作关系和相互激励的竞争关系;指导家长参与评价,既对学生产生直接的激励,也使家长改变传统的评价方式。

学校将评价贯穿于教学的全过程,体现多样性。随时关注学生在学习中的表现和反应,及时给予必要的、适当的鼓励性和指导性评价。采用观察法、谈话法、案例分析法,设计品德行为自评表、自主学习评价表、建立成长记录档案袋,评价学生学习情况、进步过程、努力程度、反省能力及其最终发展水平。

学校制定特长发展战略,关注学生特长发展,为奥赛、科技、体育、文学、艺术、辩论、领导力等方面的特长发展提供更好的平台,在非升旗时间点,将升旗仪式演讲台用作学生才艺秀舞台,每周以班级为单位或以社团为载体各显神通开展1~2次展示特色活动,呈现班班有特色,团团有特点,人人有特长的良好氛围,体现创新性。

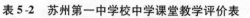

表 5-2　苏州第一中学校中学课堂教学评价表

姓名		班级		学科		时间	
课题名称							
评价项目		评价内容				分值	得分
教师行为	教学目标	1. 能体现新课改理念,能以学生发展为宗旨。 2. 目标明确,可操作性强,重视知识技能落实的同时,注重培养学生的情感态度和价值观。				6	
	教学内容	1. 能正确把握教材的重、难点。 2. 合理使用教材,有创新,拓展合理。 3. 教学内容符合学情。				4	
	教学过程	1. 教学程序科学,导学层次展开合理。 2. 面向全体学生,组织、引导有效,留给学生充分的学习活动时间。 3. 突出学生的主体地位,能用激励性语言评价不同层次的学生,教学氛围和谐。 4. 训练设计灵活、有针对性,能有效调动学生思考的积极性。 5. 教学过程灵活,有自己的教学风格,能合理处置偶发事件并有意外收获。 6. 能用普通话教学,板书规范,并恰当地使用教辅手段。				25	
学生行为	学习过程	1. 表现出强烈的求知欲望,积极参与学习活动且有一定的深度。 2. 自学主动,探究积极,合作意识强。 3. 积极展示自己的收获,敢于质疑同伴和老师的观点,有创新意识。 4. 表现出良好的学习习惯和收集、处理、运用信息的能力。				40	
	学习效果	1. 全体学生学习情绪高涨,兴趣浓厚。 2. 学生基础知识掌握扎实,基本技能得到提高,情感受到熏陶。 3. 学生潜能得以发掘,产生自信,有成就感,创新能力得到展示。 4. 学生能灵活运用所学知识和方法解决实际问题。				25	
总体评价						总得分	

评价人:＿＿＿＿＿＿＿＿

4. 研究课堂教学，提升课堂教学水平

教师最基本也是最核心的能力，就是把握课堂的能力。如果每个教师都能把每节课上成让学生满意、高效的课，那么这样的学校将是卓越的学校，将会培养出大批卓越的学生。

为了提高教师把握课堂的能力，苏州一中把课堂教学研究放在了至高无上的位置上。

学校要求每个备课组每周至少要上一节研讨课。这种课型以备课组长为核心，集思广益、群策群力，为每一节研讨课设计出最佳的授课方案。教师上完课后，围绕提高学生自学能力、教学效率和教学质量等目标，听课教师都要发表观点，所有观点都不得"浮在天上"，而要"立在地上"。每个备课组内的每位教师每学期至少要上1~2节研讨课，供组内教师研究。

每个教研组每月至少上一节示范课。每个备课组要把该月备课组中最优秀的研讨课推荐到教研组，供教研组"优中选优"，选出多节出色的研讨课，参加学校公开展示，部分由学校推荐参加各级各类市级以上研讨课，进行更广层面上的公开展示。

教科处每学期举行一次"圣陶杯"优秀教案与教学论文评选活动。凡是活动中获奖的老师，学校都要给予表彰和物质奖励，并将他们的成果编印成册，发给其他教师学习或赠送给兄弟学校的教师借鉴。

教学处每年举办一次微课评比、"像叶圣陶那样做老师暨纪念一二·九活动"校园开放活动，每年一次与兄弟学校联办"智慧课堂""美妙课堂"展示活动。通过全体教师的教学大比武，感召教师们勤学习、勤探索，提升教学水平，早日成为一名优秀教师。

我们还要求教师建立教学案例库，要求每位教师熟读所教学科50个名师的课堂教学实录，组织各学科老师参加大市级听课活动，写出教学反思和成长计划。

苏州一中教学改革工程是"为学生的和谐发展而教育"的办学理念和以叶圣陶教育思想为核心的办学特色整体建构研究在教学管理及课堂教学中的具体体现。通过四年的摸索实践，苏州一中全体教师的优课率不断提升，教学质量近四年来稳步上升。

各学校的校情、师情、生情虽各不相同，但因地制宜地探索出符合本校发展特征的课堂教学改革优化策略，无疑可以使学校的发展更加迅速和科学。

第四节　让学校体育激扬生命的活力

学校体育工作是学校的重要工作之一,是学校教学工作的重要组成部分。培养高中生"自我学习、终身体育"意识是高中体育的教学目标之一。"自我学习、终身体育"意识的确立和形成,不仅能够为高中生以后的学习、生活和社会适应等提供极大的帮助,这也是高中体育课改的重要目标。因此,培养高中生树立"自我学习,终身体育"意识也是我国体育教学改革的一项重要教学任务,让学生学会主动学习、自我科学地进行锻炼,增强自我学习的能力和"终身体育"的意识,从而达到叶圣陶"教是为了达到不需要教"的教育思想。

由此,我们可以看出,学校只有贯彻"学生第一"的思想,只有把体育锻炼与体育精神有机结合,激扬全体师生的生命活力,才是一所真正的学校。

1. 培养学生养成良好的锻炼习惯

新《课程标准》给体育教师提出了新的教学理念:"激发学生的运动兴趣,培养学生终身体育的意识。""兴趣是最好的老师",它是学习新知识的一种方法、一种手段。青少年学生具有活泼、好动的天性,但意志薄弱,兴奋优于抑制,单调、缓慢、持久的动作会使学生厌倦。为此,要采取有效的教学手段,使他们为有趣的体育活动所吸引。

叶圣陶说:"什么是教育?简单一句话,就是要养成良好的习惯。"培养学生良好的锻炼习惯,包含两层意思:一是培养学生科学地进行身体锻炼;二是培养学生把体育锻炼作为日常生活的一种需要,成为一种习惯。其中,培养学生科学地进行身体锻炼是基础,只有科学地锻炼身体的习惯才称得上是良好的锻炼习惯。让学生养成锻炼身体的习惯,是学校体育教学的重要内容之一。

苏州一中体育组结合学校特色和学生实际情况,除了上好体育实践课与理论课外,还制订了多样的锻炼活动方式,搭建各类平台使学生展现个人魅力,体现团结协作精神,彰显班级风采。如一年一度的校运会,各年级一月一次以班级为单位的年级小型竞赛,广播操评比,阳光长跑评比,课余时间校优秀羽毛球运动员与学生交流经验等,通过各种途径向学生灌输终身体育意识,激发、培养学生的运动兴趣,通过各种手段达成自我学习目的。为此,苏州一中还先后制定了《学校体育场馆规范化管理条例》,是场馆科学合理的使用与养护的保证;《体育器材管理条例》,是学校体育活动正常开展的保障;《体育教学常规管理条例》《体育课外活动管理条例》,是提高教学效益的手段,是切实落实"每天活动一小时"的有力保证;《学校运动队训练条例》《学校运动队管理条例》,是提高运动成绩与考评教练员成绩的重要依据。这一切都是为使学生养成体育锻炼的习惯提供良好的环境,更好地为学生服务。

体育学科有自己的特殊性,其他学科教研组可以通过高考和各类考试来检验其成果,而体育教师的价值如何体现呢?主要体现在学生体育运动习惯的不断强化上,体现在各类竞赛的优秀成绩上。学生的业余训练工作,是学校体育工作的重要组成部分,运动成绩的好坏,更是体育教师能力与学校重视程度的体现。近年来,我们选择了以田径为突破口,在平时训练时间得不到保障,出勤率不尽如人意的情况下,决定并实施暑期体育夏令营。为此,苏州一中制订了详细完整、科学合理的夏令营计划,并发放到每位家长手里,让家长对假期训练了解并放心。训练周期为整个暑期,一周训练六天;每天上午七点三刻到校,下午六点离校。做到六个时间的统一:统一到校,统一训练,统一休息,统一用餐,统一学习,统一离校。每天安排一名教练员全程陪同与监督,细致的计划和安排得到了家长的认同与接受。参加暑期训练的几名教练员,每天在操场上顶着烈日与学生一起挥洒汗水、摸爬滚打,学生的吃苦耐劳精神深深地打动着我们的教练员,教练员的敬业精神也感染着这些学生。个别学生在训练途中也有打过退堂鼓的,但在以身作则的教练员的表率作用下又重新投入这个大家庭中。通过一个暑期的艰苦磨炼,师生的情感更深厚、更融洽,如同家人,形成了一个坚强的集体,学生的意志品质也得到了很大的提高。在训练中间,时不时有家长来看望自己的孩子,对孩子的变化也感到由衷的高兴,对学校的工作也更理解、更支持,教练员的辛劳付出,得到了家长的认同与肯定。三名教练员在长长的暑期训练中无一缺席,有的教练员在不得已的情况下宁可把自己的孩子带在身边训练,也不愿意缺席一次训练课。看着炎炎烈日下的队员们,三名教练员均感到,再大的付出,再大的努力都是值得的。令人更加欣慰的是,我们田径队的队员通过暑假训练,不仅提升了自己的竞技水平,而且由于暑假的有规律的学习,在开学的期初考试中都取得了很好的成绩,一大半运动员考试成绩名列年级前 50 名。我们想,这是"以体育德"和"以体强智"的最好表现。

在全组教师的团结合作、共同努力下,苏州一中在近年来的苏州市健美操比赛中连续荣获特等奖,田径队成绩一直名列市前三名,羽毛球队更是包揽男子所有项目的江苏省冠军,我们还荣获了苏州市体育先进集体等荣誉称号。

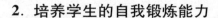

2. 培养学生的自我锻炼能力

培养学生的自我锻炼能力,是学校体育教学的重要内容之一。自我锻炼能力如何与常规教学有机地结合在一起呢?体育教学中应注意全面培养学生的自我锻炼能力,将自我锻炼能力始终贯穿于整个教学过程。教师在课堂教学中,除了技术教学外,要着重培养学生的认识能力,使学生真正懂得体育锻炼的意义、作用和相关的体育常识,充分激发学生的学习动机,发挥学生的主观能动性,调动学生的运动兴趣,促进学生锻炼的积极性、自觉性。在体育教学中要特别培养学生在独立的锻炼过程中对练习的次数、运动时间、运动强度和动作的自我纠正等有较好的自我调控能力,主动积极地锻炼,从而使学生的自我锻炼成为自己的自主活动,身心在不知不觉中得到发展,这对以后学生的终身体育将打下良好的基础,使学生终身受益。我校所提倡的是:学生能够掌握体育与健康的基本知识和运动技能,学会学习体育的基本方法,形成终身锻炼的意识和习惯,选择自己喜爱的体育项目,体验锻炼身体的乐趣,从而增加对体育的关注和兴趣,拥有健康的体魄。

要重视体育科研,以科研促教学,不断提高教学质量,为学生构建与发展长远的"自我学习,终身体育"意识做好工作。作为苏州市体育学科研究中心、全国教育科学"十五"和"十一五"重点规划体育课题的实验基地并承担子课题研究工作的学校,苏州一中以新课标为依据、新理念为指导、新模式为抓手,结合学校的实际情况,落实与深化选项教学,从年级选项到尝试班级选项,对推动全市新课程的实施起到了示范与引领作用。2014年,苏州一中体育教研组在各省级期刊共发表各类论文三篇,获奖文章两篇,"十一五"课题"新课程标准下我国中小学体育与健康教学评价改革的研究"已结题。在教科研引领下,教师们积极抓好教学常规管理,把教学常规管理常态化、细节化,从每一堂课着手,努力做到"七认真"要求,通过体育课堂教学,学生体育运动习惯不断强化,学生的体质得到了明显提高。有效的科研和扎实的教研让教师尝到了甜头,提升了全体教师向更高目标迈进的信心。

3. 培养学生的教学方法多元化

体育教学是教师和学生为实现体育教学目标采用的教学活动方式和手段的总称。传统的体育教学方法有很多,如发现法、探究法、范例教学法、问题教学法、自主学习教学法等。但随着现代化多媒体教学手段逐渐渗透到各学科里,多媒体也被引进了体育教学的课堂,体育教学方法的改革也随着教育教学现代化的发展而紧跟时代不断推陈出新,科技含量不断增加。例如,教师在一节课中交替使用讲解示范、预先录制好的示范动作在多媒体平台进行讲评,对容易出现的错误进行演示,甚至可以用录像的方法把学生练习的动作录下来进行讲评。这样,不同的体育教学方法合理交叉使用,呈现出多样性。现代多媒体的体育教学方法是由多种因素构成的,它是用光、声、音像等多种手段取代传统的言传身教的教学方法,作为体育科目,特别在室内课、理论课上,教师可将更多最近发生的体育事件更直观地搬上讲台,充分体现现代技术在教学中的应用。因此,丰富的教学方法是教师培养、激发学生参加体育锻炼所采取的手段,能使学生由被动锻炼变为主动锻炼,从而获取更多的体育知识、技术技能,使他们喜欢体育、乐于体育。

苏州一中在体育教学中加强对体育骨干的培养,使他们起到以点带面的作用。在体育课堂上注重对体育委员、小组长、体育积极分子的培养,充分发挥他们的带头作用,以一小批带动一大批。并通过校运动队各项目训练,让队员们在平时的体育课堂中起到模范带头作用。

苏州一中在体育教学过程中,利用体育游戏提高学生的积极性。体育教学中,游戏比单纯的学习训练效果更佳。兴趣有一种神奇的力量,它能让人从平常中发现瑰丽,它能增加人的勇气和信心。因此,无论在课堂教学中还是在课外活动中,苏州一中的体育教师都想办法调动学生的积极性,培养学生的好奇心和求知欲,使学生树立学习体育的坚定信心,这样,学生才能朝着更好的方向发展。当然,教无定法,在体育教学中有意识地培养学生学习体育的兴趣,寓教于乐,其意义深远,是教育改革形势发展的需要,内涵十分丰富。"游戏法"是学生生活中不可缺少的内容,没有快乐的体育课将会扼杀学生的天性。游戏是学生十分感兴趣的活动,也是体育课中重要的内容,让学生亲自参与新奇、有趣的活动,让他们在动中思、玩中学,从中获取知识,发展思维,培养能力,寓教于乐,最终达到培养兴趣、发展身心的目的。这种方法在教学中体现学生的主体地位,符合学生好奇、好动、好玩、好胜的心理特征,深受学生喜爱。

苏州一中体育教学还通过创设体育教学情境来提高学生对体育活动的参与度。评价过程是从教学计划的目标着手的,由于评价的目的在于了解这些目标实现得怎样,所以评价的程序需要得到每一个主要教学目标所包含的每种行为的实施情况。在体育教学中,教师应创设多种评价情境,为学生提供反映学习情况的平台,从而提高教学效果和学生的学习效率。在进行各运动项目教学的过程中,教师应根据学生的实际技能,通过学生自我评价、同学互评及教师的最后评价等综合评价方式使学生了解自己的各项目运动技能。这种多元化的评价方式,不仅有助于学生掌握知识技能,而且能使他们的实际操作能力也得到提高。学生对其本人学习进行的评价,有利于学生更清楚学习过程的得失,从而提高他们的自我分析能力,实现体育综合能力的大幅提高。

4. 培养学生终身体育意识

终身体育即一个人终身接受体育教育和体育锻炼的过程,简单地说,就是人们把体育锻炼融入整个生活的过程,这是现代体育教育发展的必然趋势,也是现代体育教学中健康学习的重要理念。终身体育的含义包括两个方面的内容:一是指人从生命开始至结束的一生中学习与参加身体锻炼活动,使体育成为一生中始终不可缺少的重要内容;二是指在终身体育思想的指导下,以体育的体系化、整体化为目标,为人在不同时期、不同生活领域中提供参加体育活动机会的实践过程。根据我国的基本国情和党的教育方针,我国的体育教学要树立"健康第一"的指导思想,从而提升学生的身体素质,增强体能机制。参加体育锻炼,不仅可以陶冶学生的情操,培养良好的情感,同时还可以促进学生身心全面发展以符合当今社会的人才需求,从而实现体育教育的最终目的。

"为人生而教育"是教育的目的和归宿。体育是教育的重要组成部分,加深对体育教育目的和价值的认识,有助于促进体育教师在教学过程中使用更为合适的教学方法。体育课堂教学中,教师的正确指导能提高学生的自主学习能力,因为学生的学习过程不仅是一个接受知识的过程,也是一个发现问题、分析问题、解决问题的过程。在学生的整个学习过程中,教师应重视学法的指导,积极引导并鼓励学生独立或与他人合作进行学习,给学生尽可能多的自主选择、独立思考和实践操作的机会。从这个角度来说,叶圣陶"教是为了达到不需要教"的教育思想启示我们教育工作者,要积极引导学生学习,运用启发式教学模式,调动体育课堂气氛。我们要"授之以渔",而不是"授之以鱼",让学生学会自我学习,并有一定的终身体育意识,从而使其掌握一定的自主学习能力。

(1) 深化对教学过程与本质的认识

"教是为了达到不需要教",注重教学过程,过程突出"自我学习,终身锻炼"意识。体育课是学校体育教育的核心环节,体育教学过程是培养学生"自我学习,终身体育"意识的重要途径。教师在课堂教学中除了进行技术教学外,更要着重培养学生的认知能力,使学生懂得体育锻炼的意义、作用,充分激励学生的学习动机,调动学生的运动兴趣,提高学生锻炼的积极性和自觉性。

(2) 以学生为主体,发挥体育教师的主导作用

在教学过程中,教师的"教"和学生的"学"是密不可分的,是双边活动,只有

充分发挥教师的主导作用和学生的主体性地位,才能达到最佳的效果。从学生的兴趣出发,教学的重心在"学",学生学好了、学会了,教学才算达到目的。学的方法不是被动接受,而是主动获取,只有学生自己主动获得的知识才是深层次的,才是自己所需要的。高中体育教学还应根据学生的个体差异和普遍性特点,科学合理地制定体育教学实践方案,使每一堂体育课乃至每个教学环节,都能成为学生树立终身体育意识的关键环节。并且,在教学中必须要有意识地激发学生的学习兴趣,通过体育兴趣分组、体育游戏等手段积极引导学生主动参与学习,克服过去枯燥乏味的被动学习,让学生在学习中找到乐趣,学会自我学习。

(3) 科学地选取教材内容

教不仅仅是为了教学,更重要的是教会学生学习。教材内容是影响学生兴趣导向的直接因素。高中体育教材内容的选择应注重思想性和科学性,高中体育教师也要在科学的基础上,适当地拓展体育教材内容的深度和广度,争取做到规范性和灵活性的统一,从而促使高中生养成积极参加体育锻炼的习惯。此外,高中体育教师通过丰富的理论知识和实践锻炼提高学生的实践能力,同时也有利于保持高中生参加体育锻炼的长期性和时效性。

随着高中体育课改的实行,高中体育教学也已开始加大对体育基础理论知识的教学,科学全面地向高中生传授体育知识。扩展高中生的体育知识,不仅可以有效地提升高中生的体育素养,同时还有利于更好地培养和树立终身体育意识。在高中体育教学过程中,高中体育教师要善于运用肢体语言来表达教材所要传递的内容,有效地诱发高中生参加体育锻炼的积极性。高中体育教师通过运用丰富的肢体教学,能够增强高中生参与体育锻炼的积极性和学习体育知识的欲望,在健全高中生心智的同时,还可以陶冶高中生的道德情操。因此,高中体育教师应在传统体育教材的基础上进行创新,并根据高中生个体差异和普遍性的特点,科学合理地运用和拓展教材内容,力求突出教材的针对性及指导性。

(4) 营造良好的体育教学氛围

营造良好的体育教学条件和环境是培养高中生积极参加体育锻炼的前提,也是高中体育教师取得优异教学成果的先决条件。在现行的高中体育教学改革中,体育教学手段的科学化、体育教材内容的多元化、有趣的体育竞赛以及丰富的课外活动等,都体现了在素质教育大背景下人性化的教学思想。高中生在校期间,可自主选择不同的体育兴趣小组,这不仅充分体现了人性化教学,也强调了高中生学习体育知识的主动性,极大地提高了高中生参加体育锻炼的积极性。

(5) 重视教学评价，促进学生不断超越自我

在体育教学过程中，教师要重视教学评价，尤其是学生自主学习时的评价。学生产生的新的学习方法是否科学合理，小组间的交流与合作是否真正地发挥了作用，是否真的有效地提高了学习效率，学习中还存在哪些不足等，这些都需要教师给予及时的评价。评价的方法可采用定量评价和定性评价相结合，过程评价与结果评价相并重；评价的内容可以包含学习动机、学习态度、体育知识、运动技能、运动体验、学习能力、进步程度及创新能力、实践能力等。评价要有激励性，才能促进学生在自主学习中不断超越自我。

(6) 家庭教育是一切教育的基础

随着社会的飞速发展，体育教育慢慢地成为家庭教育的一部分。孩子在家庭中的体育教育慢慢地得到家长及社会的重视。高中生"自我学习，终身体育"意识的构建与发展不能完全靠学校体育教学来完成，这是一个长期的过程，家庭教育是不可忽视的一部分。

高中生"自我学习，终身体育"意识的构建与发展是一个长期的、系统的过程，既要注重高中生在校期间的短期锻炼效益，也要追求高中生离开学校后的长远效益。提高高中体育教育的科学化、全面化，是帮助高中生树立"自我学习，终身体育"意识的有效途径，科学全面地开展高中体育活动更是引导高中生参加体育锻炼的重中之重。因此，高中体育教师更应树立榜样、以身作则，身体力行地感染学生，促使学生养成自主参加体育锻炼的习惯，从而使学生养成"终身体育"的意识，最终实现"教是为了达到不需要教"的目的。

总之，学校要培养和发展学生从事体育活动的能力和学习的主动性，让他们在学生时代具备体育方面的一技之长，养成终身进行体育锻炼的习惯和意识，认识到体育的价值，认识到生活中离不开体育，体育会给他们带来无穷的乐趣。所以，学校体育教育是终身体育意识培养的关键，是潜移默化的，它不仅是为学生终生体育打好体质基础，更重要的是培养学生终身体育的意识、习惯和能力。

第六章 教师发展——学校发展的活水源头

办好学校,教师是关键。人是生产力中最先进、最活跃的因素。没有苏州一中教师职业道德的养成和教师专业化的成长,就没有苏州一中信息化、现代化新型学校的创建;没有教师新课程意识与能力的提升,就没有苏州一中从传统教育到现代教育的转型和超越。一流教师,培养一流人才;一批名师,成就一所名校。像叶圣陶那样办学校必须有像叶圣陶那样做老师的教师队伍支撑。务本求是,本立而道生。这是苏州一中百年办学历史的深刻启示,也是教育改革新形势的现实要求。

抓好教师队伍建设,让教师队伍走在时代的前沿,是学校发展的战略需要,是校长始终不渝的办学追求,也是学校发展永不竣工的工程。

第一节 树立教师职业道德

1. 增强教师职业道德认识

教师职业道德是指教师与一切教育工作者在从事教育活动中必须遵守的道德规范和行为准则。它具体体现为教师职业理想、教师职业责任、教师职业态度、教师职业纪律、教师职业技能、教师职业作风和教师职业荣誉等。2008年《中小学教师职业道德规范》明确将教师的职业道德总结为"爱国守法、爱岗敬业、关爱学生、教书育人、为人师表、终身学习"六个方面。它们从职业的角度对教师职业道德进行了规定。

然而,教育不同于其他职业,它是一项饱含价值关怀的事业。叶圣陶认为:教育是我们人生征途中的一盏明灯,它能照见我们的目的地,增进我们前进的勇气。学校教育的对象是活生生的、处于不断发展中的青少年学生,他们正处于长身体、学知识、立德志的重要时期,具有很强的模仿性和可塑性。在日常生活中教师的职业道德体现为"身正为范"。教师是学生在校园中接触到的最直接、最真实的道德榜样。教师的示范作用潜移默化,影响着班风校风的形成。但更重要的是,教师的教育是教育者与被教育者心灵的互动,教师的人格魅力、道德修养直接引领学生的生命成长。叶圣陶早年在草桥中学读书时,袁希洛校长强调体育,引导学生出操、进行军事锻炼,逐渐改善了学生的体质。这难忘的少年记忆,使得叶圣陶一辈子把获得健康的身体作为教育的第一目的。正是在中学时代,老师帮他改名为圣陶,喻义"圣人陶钧成物"。叶圣陶日后也正如其名字所寄托的那样陶冶了一代代青年学生。

教育是一项特殊的职业,传统、现实都赋予了教师更高的职业道德要求。相比其他职业,教师教育要符合以下几个原则:

把教书育人作为基本准则 教书育人,简单地讲就是传授知识,培养人才。叶圣陶说:"党和国家对一个人民教师的职业道德具体要求很多,其中要求教师教书育人是根本的。教师既要教书又要育人,才会使学生真正受益。"作为教育的两大任务,教书和育人两者相互依存,不可偏废。读书是学生在校的基本任务,教书是教师的基本职责。然而,在知识量激增的今天,书本所承载的知识浩如烟海,以生之有涯难以企及知之无涯。究其发展,学校教育主要是在学习知识的过程中获得人生的成长。因而,教书是手段,育人才是目的。叶圣陶说:"进小学中学大学都不是去读书,而是去学教育。受教育的目的不是为了应付考试,是为了做社会的合格成员,国家的合格公民。"因此相比教书,育人更为重要。

怎样育人?就要先对育人有更全面的认识。长期以来,我们在认识上和行动上把智育放在了第一位,高分低能、超负荷作业、未成年人犯罪等社会问题频出。在重教的过程中,教育缺失了育人的环节。缺失的是人在道德、意识、素质、能力、人格、审美等方面应该具备的社会经验或技能。叶圣陶说:"教育工作不限于课堂教学,课堂教学和课外活动一起抓,才能使学生受到更多的实益,打下德、智、体全面发展的基础。"育人不仅是使学生的智力得到发展,更重要的是使学生的德、智、体、美、劳全面和谐发展。学生在成长的过程中可以有特长,但不可以有缺失,要体现学生素质的全面提高。尤其要注重德育为先。良好的思想品德是构筑民主社会的基石。同样,体育培养健康的身体,锻炼的习惯将成为学生一生受用的资本。美育提升学生审美的眼光,是国民素养发展的表现。劳动教育是养成学生自理勤勉品质的手段。育人就是帮助学生成为一个能多方面适应社会、推动社会发展的完整的人。

教师育人要遵循教育规律。首先,要遵循人的身心发展规律,严格按照学生成长的阶段性、顺序性、差异性展开教育工作。为学生设定最近发展区间，不拔苗助长。同时要确定学生学习的主体地位。叶圣陶以儿童学步为喻揭示儿童求知和成长的本质规律。他指出："孩子看见人步行，非常艳羡，于是本着他的足的本能，努力学步，后来竟自己能走了。只有自己能走了，才可以算知道了走的意义，具备了走的知识。其实任何知识的获得，都与孩子学走一样。"所以，他深入批判"把学生看成空瓶子"的传统教育观念和模式，提出了"教为不教"的诊断。其次，必须切实遵循教育自身发展的规律。把间接知识与直接知识相结合，把教学与育人相结合，把知识传授与能力培养相结合，把教师主导与学生主体相结合。再次，要注重因材施教。尊重学生的个性，关注学生的个人成长，为学生发展提供必要的个体指导。

为人师表是教师职业道德的集中体现 叶圣陶认为，教育工作者的全部工作就是为人师表。他告诫教师在日常工作和生活中要时时注意师德修养，把以身作则作为教师终身的座右铭。教师劳动是人与人相互交流的过程，教师无时无刻不在通过自己的思想、学识、行为对学生施加直接的影响。所以，人们把教师称为"人类灵魂的工程师"。我们在教学生活中经常发现，每个班级都带有本班班主任的性格品性。这是教师个体对学生群体的影响。教师个体甚至对学生的一生产生深远影响。草桥中学前校长袁希洛经常向他的弟子们宣传教育救国，叶圣陶由此认定了自己人生志向："此身定当从事于社会教育，以改革我同胞之心。"同样，教师的不良言行也会深深地伤害成长中的学生，造成其一生心灵的创伤。所以，为人师表不仅仅是职业道德要求，更是学生立志成才，塑造健康心灵的必要条件。

如何做到为人师表？最关键的是教师要有道德的自觉性，要有加强师德修养的意识。首先，教师在日常工作和生活中要形成道德的自律。《中小学教师职业道德规范》对为人师表的要求是：坚守高尚情操，知荣明耻，严于律己，以身作则；衣着得体，语言规范，举止文明；关心集体，团结协作，尊重同事，尊重家长；作风正派，廉洁奉公；自觉抑制有偿家教，不利用职务之便谋取私利。规范强调教师外在言行和内在品德的统一，需要教师表里如一，对学生坦诚相待。孔子说："文质彬彬，然后君子。"他认为做人需要内外兼修平衡发展。教师作为学生的师长更要行"不言之教"，为人师表，就是以身作则。要使学生有一种真实明确的人生观，自己就不可不先有一种真实明确的人生观；要帮助学生养成各种良好的习惯，自己就得继续不断地养成这些良好习惯。任何时候都要"有诸己而后求诸人，无诸己而后非诸人"。学校是个小社会，学生除了学习，更要学会与人相处的方法。教师自律也表现在善于处理同事间、师生间、家校间的关系。同事间团结协作,互相学习;师生间平等相待,相互尊重;对家长一视同仁,热心帮助。教师在校园生活中的这些处事为人的风格,用行为为学生树立了示范,潜移默化地影响着学生的日常行为,指导着学生的人生走向。其次,教师在职业上要有爱岗敬业的精神。学生在成长过程中能够深入接触到的第一职业就是教师职业。这不似一般的职业,而是一个充满教师情感的良心活。学生未来职业生涯的第一课就是在学校中学到的。老师的认真上课、批改作业、辅导功课不仅是对学生学业的传授,更是在为学生树立一种职业的操守。再次,教师自身要有学而不厌的精神。学校是学生学习的场所,我们要帮助学生变"要我学"为"我要学",这不仅仅要求教学方法的改变,更需要教师立身的示范。孔子的一生是学习的一生,他要求自己"敏而好学,不耻下问",晚年更是"发奋忘食,乐而忘忧,不知老之将至",为以后的学习者树立了勤学的典范。叶圣陶中学毕业后就开始了教学,由小学教到中学,再教到大学,最终成为教学大家。他虽没有受过高等教育,却靠着勤奋自学成名成家。教师的好学,就是学生学习最真实的榜样。孔子说:"吾十有五而志于学,三十而立,四十而不惑,五十而知天命,六十而耳顺,七十而从心所欲,不逾矩。"优秀的教师用自己的一生追求道德修养的完善。

依法从教是新时代的要求 中国正在营建一个法治的社会,学校教育不仅仅在于普及法律知识,更需要注重对学生法治意识的培养。教师依法从教就是对学生树立尊法、守法意识的示范。依法从教就是教师要严格依据法律、法规履行教书育人的职责。具体内容有二:一是教师的教育教学行为要在法律、法规所允许的范围内进行;二是教师要善于利用法律手段来维护学校、自身和学生的合法权益。

首先,要学习相关的政策、法律和法规。《中华人民共和国教师法》是教师从业时必须学习的法律,规定了教师应当履行的义务和享有的权利;《中华人民共和国未成年人保护法》明确未成年人的权益,用于指导教师的教育教学;《中小学教师职业道德规范》是师德建设的标准,是为人师表的基本准则;《教育部关于进一步加强和改进师德建设的意见》则进一步提升教师职业道德建设的要求。此外,近年来国家教育工作会议上的一系列文件都是对教师职业素养要求的与时俱进的指导。同时,依法从教也要符合地方教育的要求,作为苏州教师,我们还要学习《关于建立并完善中小学教师职业道德建设五项制度的意见》《苏州市中小学师资队伍建设"十二五"规划》,以此为标准成长为具有苏式教育特色的教师。

其次,要贯彻落实教育法律法规和政策。学校教育出现唯分数论的畸形发展,甚至部分学校、教师为追求分数采用讥讽、歧视、侮辱、体罚和变相体罚等非常、非法手段,影响学生的身心成长。与此同时,青少年犯罪频发,青少年犯罪低龄化趋势出现。这使得学校法制教育成为当务之急。孔子说:"其身正,不令则行;其身不正,虽令不行。"教师依法从教,立言立身对学生施加法治的影响。在学生管理过程中剔除师道尊严的意识,以法的精神为标准。既要尊重和维护学生的权利、尊重学生的人格、保护学生的隐私,又要制止有害于学生的行为或者其他侵犯学生合法权益的行为,批评和抑制有害于学生健康成长的现象。同时,在处理家校关系、学校与教师关系及师生关系中,当发生不同价值取向、不同道德标准的矛盾时,教师必须以法律法规为处理标准。在保护学生权利的同时,也要有意识地维护教师自身的基本权利。

人道主义是现代教育的重要特征 人道主义就是指教师在教育过程中以学生为中心,尊重人、关心人、爱护人。中国传统教育提倡"仁者人也",以人为本,有教无类,因材施教。西方近代教育理论的奠基者夸美纽斯充满人文精神,认为"学校是造就人的工场"。"只有受过一种合适的教育之后,人才能成为一个人。"叶圣陶认为,教师首先要"胸中有学生",无论遇到什么事情都坚持"学生第一"。师德修养,就是要对学生怀着一颗真诚的爱心。

第一,尊重学生,建立平等师生关系。现代心理学认为,尊重是人的基本需要,人的健康成长离不开被尊重的积极体验。青少年正处在成长的关键期,自尊心强,激烈的批评、失当的管理都会给他们身心造成挫伤。叶圣陶主张用宽容的心去引导学生,对待学生"不要教训,要劝说;不要灌输,要启发;不要以教育者自居"。要带着欣赏和理解的心态建立平等的师生关系。尊重学生,无论学生的家庭出身、无论学生的成绩好坏、无论学生的行为优劣,一视同仁,以公正之心对待每一位学生。叶圣陶主张对每一位学生都要平等相待,"无论聪明的,愚蠢的,干净的,肮脏的,我都要称他们为'小朋友'","小朋友的成长和进步是我的欢快;小朋友的羸弱和拙钝是我的忧虑",无论怎样不行的材质,总得不放手地加工夫上去。尤其是对学困生、贫困生、单亲学生、残疾学生等学校内的弱势群体更要倾心关怀,细心呵护学生成长中脆弱的心灵。

第二,关心学生,注重学生身心的健康。洛克说:"学生最渴望的是教师的爱。"教师要主动关注学生的点滴变化,引领学生的健康成长。不仅要关注学生的学习,也要关注学生的思想、生活,努力挖掘、仔细发现学生的闪光点,才能找到适合教育的契机,充分发挥调动学生的积极性。叶圣陶大力批判种种片面追求升学率,把德、智、体、美割裂开来的做法,认为教师应该关注学生的全面发展,德育总跟智育和体育联系在一起。教师经常主动与学生交流,体察学生的内心世界,才能打开学生的心门,有的放矢地施展教育,收到良好的教育效果。

信任学生,引导学生自主学习。人文主义学者认为,每个学生都是一个独立的个体,他们拥有思考和奋斗的权利。关爱学生不是包办学生的一切,教师更多地要相信和鼓励学生自我的成长。叶圣陶认为学生对自己动脑筋得到的东西印象格外深刻。自己证实过、经历过的,才会是真的知识。放手让学生去探索,信任学生的判断力,鼓励学生在实践中获得新知。这大概是叶圣陶创办"生生农场"的初衷吧!叶圣陶说,教师要引导学生自己学,自己学一辈子,一直学到老。关爱学生,就是要为学生的一生着想。

2. 构建教师职业道德机制

叶圣陶教育思想的重要内容,是师表师风的示范作用。叶圣陶对教师的品德修养十分重视,认为最低的要求是"一言一行,都没有消极的倾向;一饮一啄,都要有正当的意义",同时也提出"教育工作者的全部工作就是为人师表"的最高标准。笔者任校长以来,积极汲取叶圣陶师德思想的精髓,加深对师德作为教育根本和核心的认识,精心构筑苏州一中教师的师德系统,成绩斐然。

提高教师的师德意识　苏州一中是一所百年老校,敬业爱生具有悠远深厚的传统,学校传承多年的教风就是"厚德、爱生、博学、善教"。新时期以"教师第一"作为学校发展战略,提升学校核心竞争力,提高可持续发展水平。我们提出"抓好每一个细节、带好每一个班级、教好每一位学生、发展好每一位教师"的要求,为教师日常工作提出现实的指导。通过入职教师培训、师徒结对,把建校发展的师德理念传递到青年教师的心中。通过校园网络介绍优秀班主任、优秀教师的事迹,树立优秀教师良好的师德风范和良好的职业形象;建立以知名品牌班主任和名师队伍为核心的名师孵化机制,促进师德师能专业化发展。学校还通过举办一系列师德教育活动,譬如问卷调查——教师职业倦怠调查,主题沙龙——"教师职业幸福""孩子,我拿什么爱你""今天,我们应该如何做老师",专家讲座——如何做一个幸福的教师、"青春心语",职业培训——积极心理学取向下的教师职业等,在与专家教师的讨论中提高教师的师德意识,取得了积极的效果。我们每年还从教师中选出师德先进个人,在苏州一中和其他学校进行师德巡回演讲。让身边的同事讲师德,用平常的事、平常的话语反映他们不平常的精神风貌,让教师们受到真实感人的师德感染,收到了良好的效果。

规范教师的师德要求　叶圣陶在《教师的修养》一文中特别强调教育行政管理对教师管理的重要性。所谓不依规据不成方圆,师德建设是校园精神文明建设的核心,加强制度建设才能引领师德规范,保障学校的可持续发展。为了配合学生行为习惯的养成教育,笔者要求各部门也同步开展"苏州一中教师良好习惯"培养工作。通过全校教职工的广泛讨论,以教代会决定的形式通过了《苏州一中教师应该养成的十大好习惯》。出台了《苏州市第一中学校教师发展纲要》,明确了一中的教学工作的"七认真":"认真备课、认真听课、认真担任班主任、认真写教学反思和听课心得、认真上好教学汇报课、认真钻研教材、认真搞好教科研。"强调贯彻教育规范:在学校工作中倡导"多教育、规收费;常联系、勿责怪;多鼓励、慎批评;树目标、免强迫";在全面家访活动中,明确"四不纪律"即不要特别准备、不吃饭、不收礼、不接送。苏州一中提出"做学生喜欢的教师,办人民满意的学校"的口号,正面宣传,树立教育行风好形象。同时,在全面监督下确立师德评价机制,加强对教师师德的管理。学校建立了教育教学督察组,对全校教师进行定期的督察。通过定期问卷调查的形式由学生来评价任课教师,并通过网络建立了教师个人的查询系统,实时反馈问卷内容,帮助教师认识自身的师德问题。严格惩处师德事件。学校制定了《苏州市一中教学常规管理条例》《教学事故认定及处理的暂行规定》,并通过校长信箱、热线电话等途径随时接受家长的监督,一经查实第一时间处理。在严格的管理中,形成师德的他律。

培养教师的师德情感 教师对学生的关爱,只有出自内心才能拥有巨大的力量。苏州一中抓住日常工作的契机,创造师生共同度过的校园生活,培养师生间的合作与信任的情感,激发教师对学生的关爱。比如,校运动会时,开展师生拔河比赛;迎新联谊时,师生同台演出;等等。开展丰富多彩的班级活动,为师生创造倾吐心声的机会。每年的教师节,年级的许愿墙上贴满了学生对教师的感言;每个班级的墙报上张贴着任课教师对学生的寄语;毕业典礼上学生三年情感的吐露,常常使教师感动得泪流满面。每年的学期末,成批的学生回校看望以前的老师,让教师感受到付出的收获。通过网络,在苏州一中贴吧和社团QQ群中师生进行着热烈的交流。班主任、任课教师每学期都会走进学生的家庭,完成对所有学生的家访,把家校之间联系得更紧。师生距离的拉近,增进了彼此的了解,激发出教师对学生自然的关爱之情,使得对师德的遵循成为教师自觉的行为。

激励教师的师德修养 目标激励:根据苏州一中的教学实际和苏州市师德建设的要求,苏州一中制定了师德建设目标,作为教师师德建设的依据。每学期教师签订《师德承诺书》。榜样激励:树立一中的师德标兵,通过师德报告会,为教师设定敬业爱岗的师德模范。奖惩激励:把师德评价结果作为对教师奖惩的重要依据,评先、奖励、晋资和各种纪律处分都与师德评价挂钩。学校鼓励和

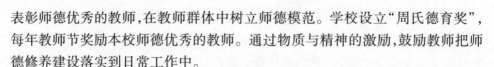

表彰师德优秀的教师,在教师群体中树立师德模范。学校设立"周氏德育奖",每年教师节奖励本校师德优秀的教师。通过物质与精神的激励,鼓励教师把师德修养建设落实到日常工作中。

苏州一中先后荣获"全国中小学德育工作先进集体""全国青少年体育工作先进集体""全国群体工作先进单位""全国现代教育技术实验学校""江苏省文明单位""江苏省未成年人思想道德建设先进集体""苏州市文明单位标兵"等荣誉称号。

第二节　助推教师专业成长

1. 对教师专业成长的认识

教师专业成长,就是指教师成长为优秀教师的过程,主要体现为教师专业化发展。它包括师德素养、教育理念、教学思想、教育行为等成长过程。其核心是教师的实践能力与研究能力。

2012年《国务院关于加强教师队伍建设的意见》中指出,"教师是教育事业发展的基础,是提高教育质量、办好人民满意教育的关键",并提出"到2020年,形成一支师德高尚、业务精湛、结构合理、充满活力的高素质专业化教师队伍"。然而,高素质的教师队伍不是短期内就能形成的,优秀教师的成长历程是一个从量变到质变的动态的长期过程。教育学研究专家傅道春认为,教师的成长和发展包含着专业素养的成长、个体持续的发展和学习研究的结合。他认为教师的成长周期分为积累期、成熟期和创造期。教师在1~3年内由一个教学的新手,通过模仿、学习和积累教育教学经验,逐步站稳三尺讲台,成为一名合格的普通教师。再用4~10年形成过硬的教学实践能力,能够独立地进行学科教学,并形成自己的教育理念,能够独立地带班。再用11~15年形成自身的教育教学风格,具有较强的科研能力,在同业中具有一定的知名度。再用16~20年成长为名师,具有良好的师德风范、丰硕的教育业绩和教学科研成果。在这个动态成长过程中,除了教师自身内在动力的追求外,也离不开外在环境的推动。学校需要创造一个助推教师成长的和谐环境,为教师成长提供平台,提供机制,提供机遇。教师需要认同自身的职业价值,富有责任心,热爱教学,乐于学习,勤于笔耕。在内外共同作用下助推教师的成长。

叶圣陶由普通教师到名师、大师的成长历程,成为教师成长的榜样。叶圣陶从立志从教,不断创新改革教育教法,终身自学,笔耕不辍,关注教育教学,编撰书籍杂志,走入教师群体研讨,提出一系列教育教学的真知灼见。他的一生是教师专业化发展的典范,是教师自我提高升华的范例。

叶圣陶生前就特别关注教师的发展,他指出:"教师不能只等旁人来'觉我',要靠自己觉悟……若是从'自觉'得来的,便灵心澈悟,即知即行。"在当今时代,教师要经常"就当前国家的形势,就受教育者的前途,考虑该怎样'自处'",自觉适应新形势,进一步做到"德才兼备,知能日新,一心为公,实事求是";为学生将来着想,进一步树立上进、探索创新的榜样。学校应鼓励教师终身学习,与时俱进,追求自身素养的提高。叶圣陶认为,教师一要善于学习。世界上的事情是学不完的,无论是谁都要学习一辈子。教师自然也要学习一辈子,一直学到老。不仅向书本学习,更要向社会学习,向群众学习,向有经验的同志学习,还要向自己的学生学习。二要躬行实践。要把所学的东西化为自身的东西(这就是"有诸己"),联系实际,并要运用于实践。三要锻炼思维。语言与思维密切相关,语言表达得好关键在于思维的正确。因此,锻炼思维至关重要。四要触类旁通。要求教师精通一门、旁及其他。即不仅能够精通自己教的那门功课,而且对其他各门功课也都有大致的了解,讲起课来就能触类旁通。五要改革创新。社会在发展,时代在前进。教师要与时俱进,必须知变、求变、善变,有所改革,有所创新。

叶圣陶教育思想也为教师专业发展提供了丰富的理论指导和方向指南。在教师职业道德养成上,叶圣陶强调为人师表,他认为"一个学校的教师都能为人师表,有好的品德,就会影响学生,带动学生,使整个学校形成一个好校风"。认真践行叶圣陶为人师表的思想,就是要把教师专业发展和对教育事业的忠诚当作一生的自觉行动,努力追求"德高为范"的崇高境界。在教师职业技能发展上,叶圣陶强调"教是为了达到不需要教"。他说:"教师当然须教,而尤宜致力于'导',导者,多方设法,使学生能逐渐自求得之,卒底于不待教师教授之谓也。"教师要善教,相机引导,让学生学会自学。同时叶圣陶还特别强调教师教育学生时,要使学生做到"三个真能":"真能懂得事物,真能明白道理,真能实践好行为。""这三个'真能'极为重要。学生果真能了,才是真正受到了教育。"鼓励教师在教育教学上要多思考,寻找改进教育教学的方法。在教师职业理念追求上,叶圣陶强调"教育为人生"。认为教育要着眼于学生的成长和终身发展。告诫教师不要为了眼前利益,片面追求分数,而忽视学生的全面发展。鼓励教师在职业生涯中坚守信念,成长为对学生、民族、国家负责的教师。

2. 助推教师专业成长的机制

营造和谐向上的人文环境 身为校长,笔者深知教师成长离不开校园环境氛围的熏陶。苏州一中办学历史悠久,由正谊书院到草桥中学,人才辈出。学校的办学历史成为教师成长的深厚文化底蕴。近几年来,学校精心打造校园环境,精心打造"书院文化与民国景观"共融的环境文化。以元和县衙基址为中心的叶圣陶纪念馆和吴文化基地,彰显古建园林风格;以正谊广场为中心的回字形教学楼呈现民国特色;俊镛楼、逸夫楼、图书馆和圣陶讲堂构成学校办公、研读、演艺中心,突显书院风范。走进校园,名人字画、警句格言扑面而来,开放式的书架陈列着学校教师和学生的著作或作品,电视静静放映着一中学子欣欣向荣的校园生活。通透的走廊放置着藤椅,碧绿的草坪,苍翠的树木,营造出优美、古朴而又现代的舒适校园环境。为把校园建设成为教师精神的家园,充分发挥教师的特长,学校成立了书法社、十字绣社、韵律操社、昆曲社、集邮社、摄影社及篮球、羽毛球、乒乓球等十个社团,并充分保障教师的社团活动时间,支持社团教师参与校本选修课程的教学。学校圣陶讲堂常年邀请艺术团体、文化团体和著名学者前来演出、研讨和办讲座,提升教师的人文素养,还组织教职工参加"长跑月""阳光体育大课间""职工运动会"等,积极支持教职工参加体育锻炼,提升身体素质。学校还以教代会为核心强化校园民主建设,教代会先后通过了"校务公开制度""教职工特殊情况处理制度""民主评议党政工领导干部制度""教职工培训学习与继续教育制度"以及与教职工合法权益密切相关的"绩效工资方案""岗位设置方案""岗位等级说明书""教职工福利条例"等校内规章制度。学校务实关心教师精神发展需求,以建设叶圣陶教育思想研究所、成立叶圣陶教育思想研究中心为契机,向全体教师赠阅叶圣陶《教育与人生》,要求教师撰写叶圣陶教育思想研究的读书笔记,交流读书心得,学校还每学期编印一期《叶研通讯》和校刊《草桥》,组织学习研讨,开展沙龙活动,在全校兴起实践叶圣陶教育思想的高潮。充分利用寒暑假开展读书活动,以教研组为单位统一购置学科类书籍,提升教师专业素养。优美、宽松、向上的人文环境,愉悦了教师身心,推动了教师的积极成长。

构建教师专业发展的制度 一是制定教师发展"十二五"规划。以加强教师队伍建设为核心,突出教师的主体地位,加快教师队伍的专业发展,改善结构,丰富内涵,全面提高教职工队伍的整体素质,努力建设一支规模适当、结构合理、充满活力、高水平专业化的教师队伍。优化岗位结构,采取得力措施,大力提高教师的学历层次。鼓励青年教师通过多种渠道提高学历层次,鼓励青年教师研修教育硕士,重点资助优秀青年教师继续深造。根据工作需要和可能,支持教师采取脱产学习和在职培养相结合的方式提高学历。成立教师发展中心,对教师专业发展特别是中青年教师的成长发展,统筹安排,系统管理。以骨干教师、种子教师研修班为抓手,加强名优教师培养力度。加强"师徒结对",延长培养时间,明确培养目标,加强考核管理。加强青年教师培训,形成与青年教师相关的基本要求、考核制度及基本功和学科能力竞赛机制。加强教研组建设,牢固确立教研组在学校工作中的基础地位,把教研组建设成为教师专业成长的基地、争先创优的战区和愉快生活的家园。成立名师工作室,形成教学、科研、培训等一体的教师成长共同体,带动教师的整体发展。加大分配制度改革力度。实施岗位聘任和岗位津贴制度,分配制度进一步向班主任、教研组长、骨干教师倾斜。对在教学竞赛中获奖、取得教科研成果及获得市级以上荣誉称号的教师等给予奖励。较大幅度增加教师培训经费。对参加研究生学习、外出教研活动、研修班活动、开发校本课程等给予经费补贴。每年用于教师学习、培训的经费占学校教师工资总额的10%以上。

  二是出台《苏州市第一中学教师发展纲要》。明确提出苏州一中教师的发展目标是:一年站稳讲台,三年初见成效,五年成为骨干,十年成为名师。通过师徒结对、自我研修、团队互助、导师引领等多种方式,为教师发展提供服务,创造条件,搭建平台,给足空间。通过建立教师个人发展电子档案,一方面让教师了解自己的过去和现在,为自身的发展提供压力和反思的机会,从而规划将来发展和努力的方向;另一方面学校也了解教师过去的成绩和现在的想法,为学校发展教师提供对象、目标和计划。建立健全教师激励机制,一方面,学校通过各种途径对不同层面上的优秀教师给予精神上的鼓励和表扬;另一方面,成立教师发展奖励基金,激励教师专业发展。按照《苏州市第一中学教师发展纲要》要求,我们大力开展多种类型、多种层次的教师业务竞赛活动,有力地促进教师刻苦钻研业务,自觉锻炼成材,出现了教师竞相参加各级各类竞赛和各种业务学习研讨活动的可喜局面。搭建教师外出学习交流的平台,有针对性地选派一批骨干教师外出学习,10多位各科老师远赴日本、英国、美国、澳大利亚开展教学交流,有效提升了教师的综合素质。进一步加强与国外学校的交流和合作,为学生和老师体验西方文化提供机会,推动骨干教师队伍迅速壮大,教师整体综合实力大幅提升。

  三是以教科研引领为核心,布局教师专业发展。教师专业发展离不开对教育教学的思考、实践和提升。教科研是教师迅速成长的捷径,是教师自我锤炼、自我超越的手段。苏州一中把"教科研引领教师的发展,使教师真正成为研究型教师"作为"十二五"规划的核心内容,提出"让每一个教师成为研究者"的口号。同时坚持科研与教研相结合,调动备课组、教研组、年级组协同,"以解决实际问题、优化教育教学效果、提升教育教学质量"为目的,开展各类主题的课程研讨活动。以教研员为核心,带动学科教学的深入研究,将日常教育教学行为与教师专业成长相结合,再与课题研究结合起来,实现以教促研,以研促改;以写教学反思和教育叙事为基础,通过课题引领,把省级、市级、校内三级课题结合,带动全体教师参与课题研究;以校刊《草桥》为平台,刊载苏州一中教师的优秀教科研论文,以"圣陶杯"教科研论文评比,带动全校教师教科研的热情。为保障课题研究的顺利进行,学校出台了《苏州市第一中学校教育科研管理条例》(以下简称《条例》)。《条例》强调教科研工作是学校工作的重要组成部分,是学校内涵发展的重要内容,是强校兴校的必由之路。教科研工作关系到教师的成长和发展,关系到教育教学质量的提高,关系到学校综合竞争力的增强,关系到学校的可持续发展和品牌效应的扩大。学校通过《条例》引导教师正确选题,提高课题研究的针对性,落实课题研究过程管理,促进研究实施。《条例》特别规定了课题研究的过程、方式和考核评价,强调课题研究的过程管理,并通过网络利用信息技术对课题进行过程性、跟踪性管理考核。强调课题研究专业引领,提高研究实效。引导骨干教师带领,教研组组队,分学科、有针对性地进行课题研究。《条例》也对课题研究成果、公开发表的论文和出版的论著给予奖励,对成绩突出的教研组给予表彰,对课题研究和论文成果的评奖事项做出具体规定,并且鼓励条件成熟的教师著书立说,争取每年有一本教育教学专著问世。

四是开展各种形式的练兵活动。通过专家引领、骨干示范、同伴互助的校本培训平台,抓全员培训,重骨干示范,充分发挥骨干教师的示范作用,辐射带动全体教师提高教育教学水平,促进广大教师的专业成长。通过骨干教师的示范课、中年教师的公开课、青年教师的汇报课及优质课评选、课题研究展示、教学开放日等丰富多彩的课堂教学活动,为教师提供展示自我的平台,让教师充分展示其教学、科研能力,加快教师的专业成长。

构建学习型教师团队 学校通过教师个体发展,引领教师团队发展,打造一支有学科气质的教师队伍。"教是为了不教"理论是叶圣陶教育思想的核心,通过教师的教,可以使学生达到"疑难自决、是非自辨、斗争自奋、高精自探"的理想境界。多年来,学校以"教是为了达到不需要教"推进课改,对教师提出了挑战,需要教师们具备挥洒自如的气度和丰富深湛的学识。但同时也使学校的办学品位得到升华,教师的专业素质得到提升。

倡导师生读书、爱书、品书,建设书香校园。学校每年提供资金为图书馆增添书籍,为教研组订购专业杂志,为每个教师建设书架。每学期为教师赠书,以读后感的形式,组织"圣陶杯"假期征文评奖,推动教师读书思考。借助苏州市教师发展中心项目"我要读好书""我要听讲座",积极争取教师读书听讲的名额,营建读书向学的氛围。鼓励教师走出校园,形成读书团体,在空闲时荐书、品书。提供资金支持,保障教师写书、出书。

营建教师团队,推动教师整体发展。教研组是学校教育教学的基层,备课组是关乎教学发展的核心。学校严抓教研组备课组建设。制定了教研组备课组工作条例,提出教学研究是教研组备课组工作的本质特征,要求教研组和备课组要注重工作的实效性。实行备课组教研组活动的例会制,加强集体备课,关注课堂教学。组内教师轮流开课研讨,形成月月有课例、周周有活动的常态化教研形式。学校营造浓厚的学术氛围,研究教材,研究学科动向,研究教学方法,研究考试,使教研活动紧紧围绕教学,为课堂一线服务。学校鼓励教研组实行"走出去,请进来",与同类学校进行交流,同题开课,同行切磋;邀请学科专家和学者到组内进行专题研讨,厘清学科问题;学校也支持教研组对外考察,愉悦心情,增长见识。每学年末学校组织"教研组嘉年华"进行教研组间的评比,各组以生动的形式展现一整年教研活动的成果,反思自己教研组、借鉴其他教研组,激励了教师的个体发展,凝聚了教研组团队精神。

名师工作室的建设是学校提升教学质量的关键点,学校成立了语文、英语、数学、化学、物理、生物、科技、地理8个学科共10个名师工作室。学校出台了《组建名师工作室实施意见》,力图以名师带动中青年教师的发展,实行三年一届,五年为目标,带领一大批骨干教师的成长。名师工作室主持人均由江苏省特级教师甚至是教授级教师担任,由骨干教师组成工作室团队,实现教师间捆绑式发展。各工作室围绕实行"教是为了达到不需要教"的理念,开展自主学习研究、命题竞赛研究、学案试点研究,不定期开展"教学沙龙",定期举办骨干教师讲座,邀请省内外专家到校指导,全面助力教师专业成长。学校为名师工作室拨专项经费,实行专款专用,有力助推了一大批教师的教学科研,教师获奖和在核心刊物发表文章的数量迅速增加。

借助教学教研平台,组建特色教师团体。近几年来,随着教育日益受到重视,各种推动教学发展的平台纷纷出现,学校抓住良机,为教师发展提供机遇。借助苏州市青年教师培训计划,学校组建了骨干教师研修班,三年一届,对教师进行了全方位的培训,助推青年教师的快速成长。借助双屏教学的推广,学校组建种子教师团队,该团队通过大学教师的培训,成长为双屏教学、未来教室教学的高手,再由种子教师在教研组内传授教学信息技术,推广双屏教学,激励了

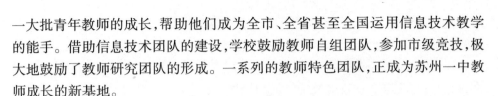

一大批青年教师的成长,帮助他们成为全市、全省甚至全国运用信息技术教学的能手。借助信息技术团队的建设,学校鼓励教师自组团队,参加市级竞技,极大地鼓励了教师研究团队的形成。一系列的教师特色团队,正成为苏州一中教师成长的新基地。

立足校本研修,助力教师专业成长。追求培训的实效是苏州一中校本研修的宗旨。国际教育学倡导教师学习三大定律:越是扎根教师的内在需求越是有效;越是扎根教师的鲜活经验越是有效;越是扎根教师的实践反思越是有效。苏州一中从教师发展的需要出发,组织了一系列叶圣陶教育思想学习研讨会,组织叶研学习沙龙,畅谈教师实践叶圣陶教育教学思想的体会;学校请进名师、名校长、心理学教授指导教师职业规划、教学科研,疏导自身和学生心理问题。针对教师职务的不同,引入班主任培训、教研备课组长培训、新教师培训、中层干部培训等。根据现实工作的需要,帮助教师认清不同职务角色的工作要求。开展"研修式磨课",在真实的课堂中以行反思、以行促思。通过学校开放日及同质学校同课异构、同课同构、同课重构等方式,反复、深入地学习、研究与实践,推动教师在开课过程中依次达到"感悟、生成、顿悟"三个层次,生成一批精品课,并以点带面,使教师取得系列成果,切实提高教育教学能力。建立合作建构中的教科研。在写教育叙事和教学反思基础上,推动教师合作共建教科研共同体,以课题为引领,开展专题系列研究;积极探索在科研基础上的校本开发,形成了一系列具有地方特色和一中特色的校本教材。

构建合理有据的教师评价机制　　现行教师的评价机制往往以成果为标准,特别是以学生成绩为标准。它强化了应试教育的风气,忽视了对学生全面成长的关怀,也使得教师在各项指标的压力下身心疲惫。叶圣陶大声呼吁反对片面追求升学率的做法,要求保护学生的身心健康,希望教师在教学中收获人生的幸福。建立合理有效的教师评价机制,有利于改善应试风气,引导教师走上有利于师生身心健康发展的成长之路。学校一方面制定了多项规章制度,明确规定了教师工作的标准。比如提出青年教师工作的基本要求是:备好每个教案,上好每节课,批好每份作业,参加每次教研活动,每学期出好一份试卷,上好一堂公开课,写好一篇读书笔记,开展一个实验课题,带好一个班级,树立好一个良好的教师形象。同时成立了督导委员会,加强对学校教师的督查工作。通过随堂听课、参与备课和教研活动、开展学生问卷调查等方式,为每一个班级、每一位教师提供一份完整的督查报告,鞭策教师改善态度、改进教学。另一方面也设置了较为宽松的环境,给予教师自由成长的空间。学校在"十二五"规划中明确提出:对于骨干教师和名优教师给予较为宽松的环境,通过其他途径让他们形成自加压力、自我发展的意识。对于督查和家校反馈有问题的教师,在面谈的基础上充分给予改进的时间,帮助他们成长。建立教师查阅系统,将学生问卷调查的结果及时输入电脑查询系统,以备教师自查自纠,反思教育教学行为,推动自身改进。学校以教师成长为目标,设置发展性教师评价体系,充分在过程中考评教师。依据教师职业生涯的阶段特征,结合校内教师队伍的整体建设概况,构建校内分层性的教师评价制度。按职业生涯发展阶段的不同,将教师分为新教师、青年教师、骨干教师、专家型教师等,用区分性的评价标准去评价处于不同发展阶段的教师,适应不同学科的不同需求,促进各学科全面发展,适应不同岗位教师的不同需求,促进各岗位教师积极发展。通过分层评价制度引领个人发展,通过加强教师间的互助合作,支持教师个人充分自由发展。由单一的教师个体评价融入教师团队评价,鼓励教师间的合作共进,鼓励通过领队的引领带动推动教师整体成长。

扎扎实实的教改工作使我们收获了一支有学科气质的教师队伍:学校现有省特级教师 8 人,教授级高级教师 5 人,苏州大市学科带头人 16 人,近 30% 的教师拥有硕士研究生学历或学位。教师出版专著 5 本、校本课程教材 30 种。近 5 年间,我校教师被评为苏州市名教师 3 人,苏州大市学科带头人 9 人,市区学科带头人 29 人,在苏州市学科能力和班主任技能竞赛中获得一等奖 10 多人,受到省、市有关部门表彰近 100 人。近 5 年内,有 2 名老师升任教育局副局长,3 名教师调任其他学校担任校长或副校长,24 名教师校内职务调整,升任高一级领导岗位。

师资队伍建设的成就有力保障了学校教育教学质量的持续攀升,同时也为苏州一中赢得了"校风正、教风淳、学风浓、质量高"的社会美誉度。

第三节 追求教师职业幸福

1. 对教师职业幸福的认识

幸福是由个体体验和界定的一种心理状态。美国学者 Diener 在 1984 年提出:主观幸福感专指评价者根据自定的标准对其生活质量的整体性评估,它是衡量个人生活质量的重要综合性心理指标。刘次林认为:教师职业幸福感就是指教师在教育工作中需要获得满足、自由实现自己的职业理想、发挥自己潜能并伴随着力量增长所获得的持续快乐体验。它不是难以企及的空想,而是可以被发现、被体验和被创造的。

索尼娅·柳博米而斯基有一条关于幸福感的公式：幸福感＝50%遗传＋10%环境＋40%个体行为。由此我们可以得出一个结论，即通过我们的主观意志和行为，有40%的幸福水平可以提升。英国"心理资本与幸福"研究专家费利西亚·于佩尔提出：幸福感包括三个核心元素（即积极的情绪、投入、人生的意义）及六个次要元素，即韧性；自尊；对目标锲而不舍；为取得成功在必要时能调整实现目标的途径（希望）；当身处逆境和被问题困扰时，能够持之以恒，迅速复原并超越（韧性），以取得成功；不满于现状，为了达到更好的目的，不断尝试用更加新颖的方式去有效地解决问题（创造力）。这说明获得职业幸福的秘密，关键在于主观积极努力投入，在投入中收获满足。

然而目前教师职业却面临着重大的挑战，教师长期遭遇社会的、职业的、心理的、组织的、人际的种种压力，对工作满意度低，丧失工作的热情和兴趣，师生间感情冷漠，职业倦怠问题突出。教师在教书育人的过程中无法体会到职业幸福感，其原因一是在于社会对教师职业的期望值过高，教师从教的责任感、光荣感与教师实际的经济地位、职业声望之间存在着巨大的差距；二是教师职业的现实压力过大，既要教育教学，又要教学科研，还要组织活动，再要参加进修培训，造成了教师对职业的抵触和反叛；三是学校内部管理带来的心理超负荷，末位淘汰、职称评定、绩效取酬等人为的压力，给教师造成心理危机。以上这些导致教师无法在主观上努力投入教育教学，获得教师职业的幸福感。

2. 叶圣陶的教师职业幸福观

关注苏州一中校友叶圣陶的一生，为何他能在社会大变革、人生起伏中收获教师职业的幸福感？一是立志，他把从教当作人生的职业理想。中学毕业后，他就开始了"为人生而教育"的实践，教育在他看来不仅是一种谋生的手段，更是一种理想的生活。所以，在初为人师的挫折磨难面前，他仍能全身心地投入到甪直"五高"的教育改革中。他不把自己的职业叫作"教书"，而是"要使学生能做人，会做事，成为健全的公民"。二是挚爱，叶圣陶热爱教学，热爱学生。他的一生都在关注着教育、教学、教师，所以他能从教育教学的根本出发，提出朴实而深刻的观点。三是自我发展的愿景，叶圣陶有着自学的习惯、写作的习惯、反思的习惯，这些都成了他职业发展的动力。四是职业给予的机遇，叶圣陶有着多重的职业身份，他做过教师、编辑、作家及政府领导，职业的变动既是其人生价值升华的体现，也为他接触更多的群体，从多角度思考提供了机遇。学习叶圣陶的教育思想，我们能够更好地体会到他的职业幸福感，也为自身追求职业幸福提供了方向。

3. 教师职业幸福的达成

教师的职业幸福离不开学校环境的影响和教师自我发展的动力。苏州一中通过内外的结合,力图使教师在专业发展过程中,提高自身素养、达成职业理想并形成自我志趣,获得幸福感。

创设良好的工作环境,进行人性化的管理 在学校的管理中摒弃一切非人性的粗暴的方式,在关注学生生命成长过程的同时,也需要关注教师生命体的健康成长。为落实教师职业幸福理想,苏州一中提出:认真践行叶圣陶教育改革思想,借鉴百年校史尤其是草桥时期优良的办学传统,努力创新学校管理制度和管理机制,重建尊重学术、文化立校的学校组织文化和制度文化。厘清改革思路,突破重点难点;创新管理机制,淡化行政色彩;倡导学术民主,实行专家治校;思想自由,包容创新;以师为本,行政服务。把学校建设成为名副其实的学术共同体和教师精神家园,保证教师潜心育人,专心执教;让学校形成"尊重学术、文化立校"的浓郁氛围,用丰沃的学校文化滋养学生精神,引领学生健康成长。用宽松的人文环境,减轻教师的负担,预防职业倦怠。重视教师个性发展,引导教师把个人志趣与教育事业相结合。语文教师蒋涛热爱文学艺术,他把行为艺术运用到朗读中,帮助学生记忆;引领学生用文言为班级老师学生作传;在实践中学习古文。历史教师胡进热爱辩论,他带领学校乐思好辩社,收获苏州第一,并且走出国门,参加亚洲精英杯比赛。生物教师郭士安热爱科技,他带领学生科技小组,做出了一个个精巧的发明,荣获了江苏省和全国科技发明奖。他们在教师的生涯中获得了乐趣,收获了幸福。建立公平公正的评价机制,为教师职务进升提供机遇。学校注重教育教学的实效,绩效和职务晋升倾向于一线教师,近年来一大批青年骨干教师走上了学校中层管理岗位,也为同等学校输送了一批优秀的教育教学的管理者,他们了解教师、了解教学、了解学生,从教学一线来,给学校管理带来务实、生动、清新之风。

树立职业理想,在工作中寻找乐趣 教师对自身工作的认知、理解和信念是教师职业幸福感的精神基础。有学者对教师职业幸福感的调查表明:拥有积极择业动因的教师,总能或经常能体验到幸福,而拥有消极择业动因的教师只能偶尔感受到幸福。孔子曾说过"好之者不如乐之者",热爱教师职业,对这项职业充满理想的教师更能收获幸福。著名特级教师于漪说:"老师教课,不仅仅是教在课堂,课要教在学生的身上,教在学生的心中,成为他们素质的一部分。三尺讲台要撒播做人的良种,让学生记在心里,这是我做老师最大的幸福。"笔

第六章
教师发展——学校发展的活水源头

者一直重视帮助教师树立职业理想,用百年校史的辉煌来感召教师学习前人,开创学校未来;用身边教师的事迹感化教师,认同教师的职业价值;用名师成长的经历激励教师,开拓教师的光明前途。近几年来,苏州一中逐渐成为立志从教者热衷的求职场所。

立足日常工作,指引教师在工作中找寻幸福的源泉。孟子曾说"得天下英才而教之"为人生之乐。教师职业与其他职业的不同之处在于,他的乐趣就在于职业本身。梁启超说过:"教育本就是一件趣味无穷的事,之所以人们认为教育没有趣味,是因为有人摧残了教育的趣味。从学生的方面说,要进行趣味教育,教师就要让学生领会到学习的乐趣,不能摧残学生学习趣味。"叶圣陶也强调要改进教学方法,减轻师生的负担,教师要讲得生动,善于启发诱导,顾及学生的求知欲,领略触类旁通的乐趣。韩愈说:"师者,所以传道受业解惑也。"教师职业是育人的传道,把你的所思所想传递给一个个年轻的头脑。传递者享受着被认同与被尊重的过程;教师通过改进教法、组织活动,帮助学生学习学科知识,授业者享受着学生学业进步、教学相长的过程;教师在学生困惑时,给予指点,为学生指明前进的方向,解惑者享受着赠人玫瑰手有余香的过程。今天,学科教学在经历了知识中心、能力中心这两个发展阶段后,正向着审美中心的方向发展,和人的生命、人的发展紧密地结合在一起。叶圣陶将教育比作农业,教师育人的过程就似农民精心呵护种子的发芽,小苗的成长、结果,辛勤的耕耘,享受的是成长过程的快乐。我校在日常工作中为教师搭建平台,用形式不同的活动和奖励,认同教师的工作,让他们感受到从教的收获。学校制定了教师教学奖励条例,鼓励教师参加和指导学生参加各类竞赛;注重学校的发展过程,重视期中和期末的质量分析,关注教师全体的发展情况,及时表彰先进个体和团体;组织各类活动,如党员活动、青年教师联谊、外出参观考察等,以增强教师团队认同感。通过学校的外部机制和教师的内在动力,切实让教师感受到教育工作的幸福。

作为教师,最幸福的是学生的成功和真情的回报。学生的尊重、理解和感激弥补了教师工作中的种种烦恼。教师常常抱怨自己的付出与收获不成正比,不是每一位教师都能享受到桃李满天下的欣慰。教师的幸福在于自己日常用心。用自己的细心去捕捉学生的点滴进步,体会自身教育付出的回报;用自己的耐心等待学生的成长,收获长期教育积累的成果;用一颗平常心去看待教育,教育最大的成功是培养一批合格的现代公民。苏州一中近几年来从师生之情出发,成立了一中校友联谊会,组织校友的返校活动,建立与教师的师生联谊,用学生的成就来激励教师。学校每年举行的教师节活动和高三毕业典礼上都有一个重要的环节,即在音乐声中师生们互表情怀,学生向教师献花,让师生们共忆求学难忘生涯,体会校园生活的美好、教师生涯的价值。学校把教师当成家庭的成员,组办了教工之家、退休教师协会,每周四校园中活跃着老教师的身影,他们的言行感染着在职的教师,让大家感受到做教师一生的美好。

学会调适,做一个充满情趣的教师 过去人们把教师行业作为"阳光下最光辉的事业",赋予了这个职业太多的荣耀。现实的责任和历史的光荣使得教师们倍感"压力山大"。重压之下的教师如何才能体验到职业带来的幸福感?必须学会调适自己,放松心情。善待自己是人生的智慧,教师除了教书育人外,还应忙里偷闲参与一些有益身心的活动,培养自己的一些爱好,丰富自己的业余生活。笔者任校长以来,鼓励教师涵养身心,每天下午四点以后,校园里活跃着教师打乒乓球、打羽毛球、打篮球的身影。教师在周末走进苏州慢书房,体验茶香、书香。教师经常举办书法展、摄影展、邮展。有教师赏玩古董,有教师热心写诗,有教师参与骑行俱乐部等,他们用丰富的业余生活,营造自己的幸福人生。苏州一中努力创造出一个尊师重教的校园社会风气。管理层充分利用网络组建不同的QQ群,与教师讨论问题,营造一个与教师平等对话的氛围。学校经常组织团队心理辅导,如"我的生涯我做主""幸福班主任""教师快乐成长营"等主题活动,在专业心理导师的引领下,用形式多样的活动,共同探讨教师成长中的问题,加深对自我、对他人和职业的认识。教师在调适自己的同时,也要调适自己与他人的关系,通过和谐的人际关系,让自己心情舒畅。现代心理学认为,人际关系和谐是幸福感的社会支持因素。良好的社会支持才能有较高的主观幸福感、生活满意度与积极情绪。教师要处理好教师之间、师生之间、家校之间的关系。苏州一中通过团队建设,形成教育教学共同体。开展了"快乐分享,和谐团队"活动,教会教师协调人际关系的策略。提出教研组是教师专业成长的基地,积极推动教师个体在团队中合作成长。学校管理中采用教师管理与学生自管相结合的形式,推动师生间换位思考,帮助教师转变管理观念。要求教师全员家访,坚持高一、高二年级的普访,深入学生家庭,贴近学生生活;完善家长委员会制度,鼓励家长进校园,贴近教师的教育教学生活。通过彼此的了解,帮助教师建立和谐的人际关系,推动教师进一步适应校园,适应教师职业。

做好职业规划,在终身学习中升华自己 以前人们用春蚕、蜡烛来形容教师,把教师职业当作一种无私奉献的职业,在成就他人的同时牺牲了自己。今天,人们在认同教师奉献的同时,更多地把教师职业当作发展自我的职业。苏州一中为推动教师的自我发展,引入了教师生涯规划。帮助教师树立职业生涯规划意识,以五年为一阶段树立阶段目标,提出对教师的要求,制订了青年教师培养方案和名师培养计划；开展职业生涯规划讲座，指导教师规划自己的职业生涯。鼓励教师以名师为范，在专业成长上对职业生涯规划进行自我细化。通过外力推动和自我要求，树立教师的职业前景。

马斯洛在人的需求层次学说中提出，最高级的需求为人的自我实现，它能给人带来巨大而持久的幸福和快乐感。教师的自我实现，一是需要不断地自我学习，学习学科专业知识，学习心理教育知识，在实践中改进教育教学方法，提升教书育人的能力，实现专业技能的发展；需要不断地读书，读各类书，让自己成为一个博学多才的人，成为精神丰富的人，为教育教学提供源源不断的活水。二是要向学生学习，缩小代沟。读学生想读的书，了解学生想做的事，实现与学生的共同成长。三是要向生活学习，丰富自己的阅历，从而能够为学生提供人生的指导。在终身学习中修练自己，也更能在教师职业中游刃有余。当然，教师的工作复杂、枯燥，如何让其变得更有意思？苏霍姆林斯基说过："如果你想教师的劳动能给教师带来乐趣，使天天上课不至于变成一种单调、乏味的义务，那你就应当引导每一位教师走上从事研究这条道路上来。"在教育教学中进行研究创造，让自己成为一个"问题的解决者""课程的开发者""变革的成员"，能够不断地反思自己、超越自己，充分发挥自己的创造性，从而体会到从事职业的愉悦感和成就感。苏州一中要求教师写课后反思，开展教育叙事的比赛，鼓励和组织教师参加各类课题的研究。通过网络，由专人负责向教师推送各种自主研修机会，近几年来，自愿参加苏州市级以上研修的人次居全市中小学校的首位。可以说，苏州一中已经形成了终身学习、发展自我的良好氛围。

只有基于对教师职业的深刻理解和执着信念，把工作作为志业，把工作视为人生意义之旨归，把职业与生命融为一体，才会促使教师通过促进学生的发展，使自己的事业和生命得以丰富和扩充，不断提升职业幸福感；也只有用自己的智慧不断地去创造，教师才能在体验职业尊严的过程中获得持续发展的动力，在持续发展中体验人生的快乐和幸福。

在苏州一中任校长的四年里，笔者深刻感受到，人是生产力中最先进、最活跃的因素。办好学校，教师是关键。没有苏州一中教师职业道德的养成，没有苏州一中教师专业化的成长，没有他们的教师职业幸福感的形成，就没有苏州一中信息化、现代化新型学校的创建；没有教师新课程意识与能力的提升，就没有苏州一中从传统教育到现代教育的转型和超越。一流教师，培养一流人才；一批名师，成就一所名校。这是苏州一中百年办学历史的深刻启示，也是教育改革新形势下的现实要求。

教师队伍建设是一个动态的过程，教师专业化成长是一个永不竣工的工程。像叶圣陶那样做老师绝不能只停留在口号上,而应落实到每一天的教育教学工作中去。社会环境在不断变化,教育教学改革不断提出新的要求,今天是先进的,明天也许就是落后的。"正谊明道"是苏州一中的校训,"为和谐发展而教育"是苏州一中的办学理念,也应当是教师队伍建设的原则。

所以,我们要切记,教师队伍建设不是靠一两次教师的培训,掀起几次学习活动高潮就能一蹴而就的,关键是要建立起常态的,以提高专业精神、专业修养、专业技能和职业幸福为主要内涵的教育发展培训机制,打造出学习型学校,只有这样,教师才能永远朝气蓬勃地走在时代的最前列。

三十年桃李芬芳,二十载老班苦乐

（谢洪达老师班主任工作经验交流会）

保持良好心态,将班主任工作进行到底

尊敬的领导,尊敬的老师:

大家下午好!

今天学校举行这样的大会,真的让我很激动:普普通通的一名教师,只是在平凡的岗位上工作了几十年,做了自己应该做的事情,即将光荣退休之际,学校却专门召开今天这样的大会,来表彰和宣传来自第一线的普通班主任老师,我觉得这是对班主任的极大重视和肯定。我要代表所有的班主任,对领导表示衷心的感谢!

激动之余,我内心也有点不安,有点惭愧,工作了几十年,只是长年累月地在做同一件事,即如何影响学生,如何转变学生,如何促进学生的进步,成绩固然是有的,但还谈不上有什么经验,更多的是凭着自己的热情和干劲,用真心换取学生的真情,用自己的身体力行来感动学生而已。所以,今天要占用大家很多的时间,说一些不一定有用的话语,在这里深表歉意。

为了减轻自己不安的感觉,我姑且把今天的会议当作毕业典礼,由我来向在座的领导和老师做一个毕业汇报。其实我的班主任就是德育处的领导,比如陈亦蕾主任,还有我的徒弟吴兆华主任,张晓俊主任,包括范太峰校长也曾当过我的班主任。

请允许我向大家简单汇报一下我的成长历程,特别是班主任的工作经历。

我16岁由学生变成工人,25岁由工人成为职工教师,30岁那年我正式成为人民教师;35岁我开始担任领国家津贴的班主任,那年,我的双胞胎孩子刚刚两岁,过了两年我还兼任江南文学社的专职指导老师,一直干到孩子高二那一年,我49岁,这是我第一个班主任工作阶段,也是我工作最繁重压力最大的艰难时期。而51岁到60岁,这九年是我做班主任的黄金时期。

我记得,2005年新课程开始,语文第一单元是以"青春"为主题,我第一节课是以我朗诵自己创作的一首长诗《献给青春的歌》作为开头的,朗诵中,我充满自己对青春的挚爱和向往之情,深深地打动了正值青春年华的高一学生,赢得了阵阵热烈的掌声。我还曾记得:2011届的高一,遇到了苏州市的第一次阳光长跑活动,55岁的我也焕发了青春,与同学一起长跑,从第一次坚持到最后一次,这是我人生中最长的一次长跑锻炼,也是第一次与同学一起长跑。长跑以后,我感觉到我的精神状态特别好,站在讲台上不觉得累,讲课过程中可以不喝水。我更记得:2014届是我最后一轮做班主任,我当时就对同学说的,我要以最高的热情和最大的干劲来做完这一届班主任,同学们特别理解也非常支持,因此高一那一年是我班主任生涯中最最快乐的时光。接着就带了两届毕业班,2013届的高三(7)班,2014届的高三(6)班。我觉得自己做班主任已经做到了极致,体验了一把什么叫作全能班主任。早上来亲自打开教室门,扮演了值日班长的角色;早读课,作业本全都由我来收,充当了学习委员,解放了小组长,看着同学主动积极地将本子整整齐齐的码放在讲台上,那种感觉真好;中午我必须陪着同学一起休息,教室里安静极了;放学时我又体验了劳动委员的辛劳,时不时地与同学一起做起值日生,最后与值日班长一起关灯关窗关电风扇,看着他关好门才离开教室。我们的教室环境绝对是干净整齐,走进教室有一种舒舒服服的感觉。

几十年班主任工作历程,让我明白了一个道理——工作的热情远远比工作的经验来得重要。工作经验随着时间的推移会慢慢积累的,但工作热情说不定随着岁月的消磨会衰退。特别是班主任工作的热情,要长期保持下来,让自己没有丝毫的倦怠感,确实是不容易的。

我是如何始终保持较高的热情,将班主任工作进行到底的呢?

我觉得良好的心态是关键。所谓态度决定一切,一种健全的心态比一百种智慧更有力量。其实,班主任的工作热情和班主任的幸福感都来自于班主任工作本身,我们可以源源不断地从班主任工作中汲取动力和力量。

1. 班主任工作使我永远年轻

无论我们是20岁、30岁,还是40岁、50岁,我们的学生永远是十几岁,他们永远是最年轻、最时尚的一个群体,要想实现对他们的教育,对他们的影响,必须对他们深入地了解,绝不能用成人的标准去判断他们的对错。所谓"蹲下与学生沟通",不仅仅是弯下我们的躯体,更主要的是要转变我们的观念,学习新的思想,悦纳新的事物,保持一颗年轻的心,活得与学生一样年轻,焕发青春活力。

陶行知说:"首先要多学一下儿童的纯洁和天真,然后才有资格教育儿童。"听一听学生喜欢听的音乐,读一读学生喜欢看的书籍,看一看学生喜欢看的电视,这样我们就会更容易进入学生的精神世界,更容易与学生沟通,更容易理解他们,进而更容易教育他们,所以,不管我们的年龄如何变大,做班主任都应保持一颗纯真的童心。

2011届七班的一位同学一看到我就喊我为"年轻态",十班的同学亲昵地称我为"达叔",可能就是因为我比较理解同学的心,能走进他们的生活,上课的时候能接触到他们所熟悉的生活,并且给他们带来新鲜的事物。这一点,我应该感谢网络,是网络让我看到了一个全新的世界,让我懂得了什么叫时尚,什么叫流行。我更应该感谢多媒体教学,是它让我在同学面前充分展示自己学习永无止境的年轻的心,以及爱尝试、爱钻研的那种充满好奇心的童心。

2. 做班主任使我成长

这里有这样的一个实验:伸出我们的双手,用力握紧,哪只手更有力量?右手。拿起笔,哪只手能灵活自如地写?右手。再想一想,从出生到现在,我们的两只手哪只手更辛苦,付出的更多?当然还是右手。如果有一天,我们遇到不幸,需要做出痛苦的抉择,必须放弃一只手,我们会留下哪只手?我相信还是右手。因为右手比左手付出更多,更有价值,这就是右手定则。

我们做班主任也是同样的道理,我们越辛苦,付出的越多,我们就变得更加能干,付出的过程就是你我整体素质提高的过程和社会竞争力增强的过程。坚持下去,我们就会成为人群中的"右手",就会成为社会缺不了的人才。遇到调皮学生,就把他看作破茧成蝶的过程,把所有的困难生集中起来,会使我们迅速成长,"百毒不侵";学生就好比一个个台阶,能垫高你的能力和智慧。所以我们要牢牢树立做班主任可以使自己做好老师的思想,所有的一切付出,都是为了自己的成长。

2005年至2014年这九年的班主任工作,确实是让我得到了锻炼,得到了成长。真的感谢一中这个名校的平台,我学到了许多,我也收获了许多。在2011届所带的四班,我遇到了一位极强的挑战,一直做得很顺利的我,竟然也有点怕做的念头,我也曾经几次跟校长说,我不做了,放过我吧。那是因为我遇到了一位极其难对付的学生,原则性错误不犯,但每天给你搞一点小动静,给你一点颜色看看。但校长没有松口,我也只能坚持下来。于是我一发现他有什么动静就立刻找他个别谈话,指出他的毛病,纠正他的错误,居然他还是能接受的,而且立马改正。考大学他放了卫星,分数冲到了本一线。这就有了大家都听到过的故事,作为优秀毕业生的他回校演讲,在我面前痛哭流涕地道歉。这件事给了我极大的震动,如果我当时放弃,那位同学也可能放弃,那也不会发生后来那感人的一幕了。我其实应该感谢那位同学,是他让我得到了一次考验,是他提升了我的战斗力,也是他提高了我做班主任的思想境界。这两年我连续担任困难班级——去年的高三(7)班和今年的高三(6)班班主任,遇到难以帮助的学生更多,但我已经有了极大的底气和勇气,基本上已经没有什么能够难住我的事情了。

3. 做班主任给我带来幸福感和神圣感

这个话题我曾经做过发言,但今天还是要重提一下。因为只有幸福感的产生,才能确保自己对班主任工作的热情;而神圣感的建立会使得自己有一种义不容辞、勇往直前的拼劲。

我常常问自己:做班主任幸福吗?为此,我还写了一篇博文《幸福的N种感觉》,让自己回味做班主任的种种幸福感。确信了自己要做一个幸福的人,做一个幸福的班主任,我就要把优秀的学习习惯、积极的人生态度、幸福的价值观播撒在每一位学生的心田,并尽心地呵护它,使其开花结果。

做了一辈子的班主任,将班主任工作进行到底的我,心里明明白白地认识到:世界上居然有这样一种职业,工作之后,不但能得到一份应得的报酬,而且还能得到工作对象的尊敬和爱戴。所以说,我们班主任的工作回报是双份的,一份是物质的,一份是精神的。只要拿出对自己孩子情感的一部分给你的学生,那么你的收获就会超出你的想象,只要对学生付出了一点点关怀,学生便以百倍的关怀来回报我们,当学生把我当成他们一生的朋友,当学生用充满尊敬的目光看着我时,当我与学生同时感染了"甲流"痊愈后回到班里,看到学生泪眼中的牵挂时,我获得了从未有过的幸福感。这一份份师生情成为我一生最大的精神财富。这时候,我的工作不再是一种辛劳,而成了一种享受,一种生命的体验。

在这样一种精神状态中,我们影响同学,影响自己和家人,让别人变得更加美好,让别人的生活更加幸福,我们不知不觉也变得格外的神圣和高尚。我们不是一个人,我们不是孤军奋战,我们必然要与生命中极其重要的人发生联系,而我们教的这些学生就是其中的一分子。

有人说,人的一生,往往决定于在他几岁或十几岁时站在讲台上的那个人。

是的,无论是在繁华的都市,还是在偏远的乡村,我们肩负着同样的使命,使那些年幼的孩子因我们的教育而变得聪明起来,变得强大起来,进而改变他们自己的命运,甚至改变其家庭的命运。改变学生的命运,改变其家庭的命运,进而创造世界美好的未来,教育工作者的神圣就在于此,班主任的神圣就在于此。

即将退休的我,工作了45年,当教师35年,做班主任接近25年,在最近几年,我时常告诫自己,一定要坚持,坚持到底就是胜利,我还暗示自己,不忘初心,要拿出刚当班主任的干劲。今天我即将离开一中——我学习成长的地方,我收获成功的地方,我将把它看作是我人生新的起点。我会继续保持良好的心态,到新的岗位上,我会毫不犹豫地接受当班主任的任务,将班主任工作进行到底。

窗外竹林,让我们的生命更加美妙

优秀青年教师朱平随感

教室在一楼,窗户外面是大片茂密的竹林,紧贴着玻璃,密密挨着。我第一次走进这个教室,就感到上天对我的厚爱,让我拥有如此自然清新的地方。当学校布置美化教室的任务,我甚至自豪地跟同学们讲,我们班不需要像其他班级一样带盆栽,因为我们有最好的盆栽——窗外的竹林。同学们回应得很起劲,我还以为他们和我一样,对鲜嫩的竹子拥有由衷的好感。没过几天,我发现我错了,他们对身处如此得天独厚的空间这件事没有任何触动。男生甚至偷懒直接从后窗倒水出去。当我动情地表达对自然的热爱时,他们只是庆幸自己不需要带盆栽,减去了很多麻烦。

每当他们又往窗外倒水时,我就会提醒学生们:"你们怎么这么残忍,自己不喝的水给竹子喝,有没有素质?!"他们嬉皮笑脸的回应:"老师,你冤枉我们啦,我们是在认真地给竹子浇水。"看他们的表情满不在乎,我就觉得心痛,但一时也没有好办法。心想单纯的用学校的规定来镇压不一定起到好的作用,说不定学生们起了逆反心理,趁我不在更加野蛮地对待竹子,那我们就真的辜负了上天如此温柔的安排。

一天课上讲到苏东坡,突然想到关于竹子的故事,苏东坡被贬到一个地方,在后院大规模地种竹,邻居觉得住不了多长时间为什么要这样兴师动众,苏东坡回答道:"吾不可一日无此君。"在高一时同学们都学过《赤壁赋》,流连忘返于苏东坡为后人精心营造的清风朗月的美妙世界中,很多人在摘抄随笔中也表达过自己对苏东坡的喜爱和崇拜,苏东坡那么爱竹,我们身处竹子的中间,是一件多么幸福的事,如果东坡先生活在今天,来到这间教室,一定会不舍得离开。

没过几天,有一位学生在课前演讲中转述了微博中的一段话:"竹子在前面的四年里只长了三厘米,等到第五年会突然节节生长,直到靠近天空。在漫长的等待中不急不躁,一点一点积聚力量,然后以不可阻挡之势呈现出生命最饱满的状态。"当他讲完这段话,我看到同学们不约而同地注视着窗外的竹林,安静的教室,有风吹过竹林清脆的声音。

温柔地拣去楼上不小心吹下来的塑料纸,关窗的时候,轻轻地撩起试图进到教室来的竹枝,不使冰冷的窗户挤到每一片叶子,不再看到任何一个人往窗外倒水,我不知道我是从什么时候发现这一切的变化,当我在QQ上留言:"雨打竹林,教室后窗边,是我能想象到的最美的风景。"孩子们的一片点赞,让我的心情回到了最初第一次推开教室门,看到迎面而来的葱葱绿意,内心无限平静柔情。

叶圣陶先生曾说过:"学生读课本并非目的,真能懂得事物,真能明白道理,真能实践好行为,才是目的。"

想要拥有美妙的学生,首先应该做一个美妙的老师。作为一位入职三年的年轻老师,我曾因为太过急切地想要提高学生们的成绩而时时碰壁。以为自己是个认真的人,就要求每一个孩子每一个时刻都呈现出认真的状态;以为自己是个温柔的人,所以希望见到的每一个学生都能眼神温柔行为温柔;甚至以爱的名义强求孩子们做不愿意的事——哪怕是学习……这些往往事与愿违,要知道,每一个人都有属于自己的学习的自由啊。孩子们一次又一次的冷漠终于让我恍然大悟:他们是拥有独立思想的人,哪怕我的出发点是好的,哪怕我多么用心多么努力,如果我的方式无意之中伤害了孩子们,那么我所做的一切又有什么意义呢?当我进入新的班级,新的教室,看见令人惊喜的窗外的竹,当一开始孩子们并没有像我那样感念于自然的恩赐,我不再急迫地讲各种道理,因为美好的事物总会有人来欣赏,或早或晚。我所要做的就是静静地等待,寻找最恰当的那一个时刻,遇见生命中的美妙。

愿我和学生们同行,慢慢走慢慢欣赏,不辜负上天的眷顾,热爱身边的自然,倾听每一节竹子成长的声音。

有用于此,恰是幸福

2010年苏州教育十大年度人物、语文教师　蒋　涛

"这句诗的意思是……""未必吧,你有没有联系语境,看看前面一句是这个意思……""你们有没有注意到这首诗的第一个字是……"以这样"不实用"的题材为日常工作内容的,估计也就是语文教师。这样的话题和讨论如果是一阵风,被刮到围墙外,被某个刷微信看段子的"低头族"不小心吃到,估计他的本能反应是抬头,然后拿出一支"冷酸灵"牙膏开始清洗被冷到被酸到的牙齿。

不过,围墙外的行人无法享用的于我们自己而言,未必不是好东西。就像我最喜欢吃的是刚入秋的青皮酸橘子,酸却不腐,酸而清新,等到橘子黄了,甜了,吃的人多了,我倒觉得有些发腻。能够一生以这些"无用之用"为业,恰恰是为师之幸。

放眼当今,除了高精尖之外,专业和职业的关系已经十分淡薄,能"学以致用"而非"半路出家"无疑是一种幸福。教师便是其中的幸存者。就拿语文教师为例,平生所学时不时能淋漓尽致地用在课堂内外,无疑是自我实现所用的幸福;还能有学生和同事这样的知音让独白变成对话,更无疑是一起实现所用的幸福。这些幸福未必谈得上有教育意义,却往往作为有意思的"小确幸"被珍藏于人生记忆。

比如快下课时,走过自修课的教室,先生发现学生都在安静地自修,十分欣慰,等下课铃一响,就现场改编一下《再别康桥》:"悄悄的我走了,正如我悄悄的来。"有学生立即回应:"您挥一挥衣袖,不带走一个学生(去办公室谈话)。"然后先生便将一阵欢笑带回了办公室,把玩不已——这样一个瞬间的师生之洽甚至会带给教师一天的幸福感。

再如先生批期末试卷时,看到自己教了许多遍的题学生依旧答错,不由得会感伤上一句"无可奈何花落去",此时门口出现了几个放暑假回母校探望老师的大学生,而一头埋在试卷里的先生又还有些恍惚,不能马上报出学生姓名,旁边的同事竟会默契而及时地送上一句"似曾相识燕归来"。

在围墙外的行人看来,这样的对话可能只是下了一场"酸雨"。也只有围墙里的师生同事间才会不感到酸腐,却感到清新。因为先生和学生都是酸得青涩的书生,先生不屑学会"社会用语",学生尚未学会"社会用语",这就"相得益彰"了。这是个出了校园就快得来不及读书的时代,能凑齐这么多书生于一隅,展开这样的对话,实属不易,实属有幸。

学"无用之用"以致用是幸福的。当然,这种幸福观首先建立在对不幸福的认识之上。如果作为书生的教师认为"书到用时方恨少"比"钱到用时方恨少"更不幸,那么拥有"教"书的职业、"读"书的时空、"说"书的平台、"谈"书的知己,无疑会觉得幸福。于是,对于栖息在校园围墙内的教师而言,比起社会上其他的围墙,此处的围墙也就有了更加积极的意义——蓄着教师幸福的堤坝。

如是观之,有用于此,恰是幸福。

第四节　建设"叶圣陶教师团队"

像叶圣陶那样做老师,是具有苏州一中特色的话语体系。在苏州一中,"叶圣陶教师团队"有两层特定的含义。一是教师成长共同体,即以学习和实践叶圣陶教育思想、推进学校教育教学改革为共同愿景目标,以建设像叶圣陶那样做老师的、具有鲜明本土特色和时代特征的教师群体与学校文化为行动追求,多元组建、协同发展的教师发展共同体。二是荣誉称号。为表彰我校教师在叶圣陶教育思想的探索和实践中的突出表现与成绩,苏州市教育局特地授予我校教师群体"叶圣陶教师团队"这一荣誉称号。

在以叶圣陶教育思想为核心的办学特色整体建构活动中,苏州一中非常重视学习型组织的建设,不断强化"叶圣陶教师团队"的意识,实施四大战略:

1. 形成管理者与教师之间的信任机制

学校管理层特别是领导层和老师之间的信任机制是教师队伍建设的情感与心理基础。

在任何时代和任何单位,管理者和管理对象之间有了可靠的信任机制,才能上下同心,拧成一股绳,为着共同的目标拼搏。

从本质上讲,管理就是一种服务,"以人为本"是现代管理遵循的最核心理念。优秀的管理者都懂得通过给管理对象提供优质的服务以赢得他们的支持,通过提供高质量的服务,换取高额的回报。

因此,作为学校管理层,特别是领导层,必须树立"以人为本""依靠教师办教育"的科学观念。把对教师的高标准、严要求奠定在对教师的高质量服务基础上,奠定在同教师心与心的真诚沟通和信任基础上,奠定在实实在在的民心工程基础上。不相互抱怨,有事多沟通,决策民主化,管理者与全体教师只有心往一处想,劲才能往一处使,才能形成命运共同体。

2. 大力度实施"名师工程"

"大学之大不在于大楼,而在于大师"。同样的道理,"名校之名非在名门,而在名师"。要把学校办成一流名校,必须靠自己的名师去赢得声誉、扩大影响,这是其一。其二,当今世界,教育改革势不可挡。改革从来就需要领头羊,攻坚克难阶段更需要突击队。这个突击队就是学校各级各类的名特优老师。所以,任何一所学校都应该把实施"名师工程"作为一项战略任务去抓。

"名师工程"既为工程,就是一个系统,而不是临时的应急行为。所以需要进行整体设计,统筹安排。笔者认为至少有以下几个方面工作要做:

(1) 制定各类名师标准。

(2) 制订梯队培养计划。

(3) 制订科学的评比方案。

(4) 制定恰当的奖励制度。

3. 成立"教师发展中心"

当学校把教师队伍建设作为一项战略任务来抓,把名师工程作为推进改革向纵深发展的重要抓手时,学校就应该有一个职能部门来专门谋划这件事情。可以让学校抓德育或教学或人事的校长挂帅,并将负责教师教学管理的教学专门部门、教师业务培训的教科研部门等工作整合起来,形成系统,节约成本,明确责任,提高实效。据了解,凡是比较成功的大型企业,都会有"人才发展中心"或类似的部门,负责招聘、规划、培养等系列工作,为企业的长远发展提供人力、智力支持。

笔者认为,学校可以成立"教师发展中心",其基本任务至少包括以下六个方面:建立全校教师信息库,包括电子和纸质档案;制定与师资队伍建设相关的各种制度、标准、条例,提交学校行政会审议;制订全校教师发展规划及教师培养计划;组织实施各种培训活动;负责校内外联络,为教师发展搭建各种平台;制订各种名特优教师评比方案,并组织落实、负责向学校领导推荐各种需要的人才。

4. 建设高品位教师文化

教师文化是学校的主流文化,它直接影响学校的其他文化品位。大凡名校都必定有自己独特的学校文化,首先是独特的教师文化,这种文化需要全体教师的共同努力来铸就。如果要概括理想中的叶圣陶式教师文化特点,笔者认为至少有以下四个关键词:求真、合作、生本、奉献。

求真即追求真理,敢说真话,愿做真人。

合作即作风民主,学术自由,善于合作,多元和谐。

生本即以学生健康发展为工作的出发点和归宿。

奉献即愿意为学校、团队贡献自己的力量,乐于和同伴、学生分享自己的智慧。

当然,形成学校自己的教师文化特色不是一件简单的事情,不仅需要较长时间的积淀,更需要全体老师形成共识并为之付出不懈的努力。另外,教师文化受学校管理文化的影响很大,没有好的管理文化,教师文化的品位也很难提高。所以,高品位的教师文化需要全校上下共同努力才能形成。

以下将详细介绍苏州一中集团草桥中学校建设"叶圣陶教师团队"的典型经验。

实施优质资源倍增工程。草桥中学校拥有一支在苏州大市范围内首屈一指的优秀教师队伍。叶圣陶教师团队是在学校实施优质资源倍增工程的基础上形成的草桥教育人才的孵化基地,主要由教授、特级教师、名教师、苏州市学科带头人、优秀教育工作者、教坛新秀及教研组长、校级骨干教师、校级学科带头人等组成。根据学校的发展现状和师资特点,叶圣陶教师团队主要分为三个层级:一是"青蓝工程",即叶圣陶教育思想初级研修班;二是"名师高徒",细分为中级研修班、高级研修班两类;三是"名师工作室"和"教研思想研发室"。从"点对点""点对片""点对面"三个层面实现"辐射"和"裂变"。该工程涉及人次达全校专任教师的88%,通过听课、研讨、读书、撰写心得等活动环节,呈现出互帮互学、互助互赢的良好局面。其中,依托"邢奇志工作室"开展"微班会"活动,已成为草桥德育的又一张名片。

注重教师的学习和培训。除了传统的读书、评比活动外,学校创新推出了"叶苇三人行"读书活动,学校每月为教师推荐一篇文章,每次教职工大会前进行10分钟"叶苇三人行"活动,即随机选择三位教师每人进行三分钟演讲,该活动极大地激发了教师的读书意识,提升了教师的学习素养,也为每位教师巧妙地搭建了话语平台。培训方面,学校一方面鼓励教师外出参加各级各类的培训,另一方面每月邀请一名教育专家走进校园传经送宝。通过以上两个方面的努力,教师的专业水平均有了不同程度的提高。

展示教师风采。学校大门口的电子屏上不断宣传草桥教师在各级各类比赛和评比中的获奖信息,专门设立名师墙,展示名师风采;教学楼的墙面上各教研组以"全家福"合影和组风建设亮牌来展示团队的凝聚力等,所有这些正能量的宣传都给师生传递了一种"让优秀成为一种习惯"的信息。

深化班主任队伍建设。为提升全体教师师德水平和管理能力,学校创新班主任例会的形式,将每周的班主任例会开成研讨会,即利用班主任例会进行案例研讨,分析、讨论学生学习和思想品德方面的问题,提出改进思路与措施。为实现全员育人目标,促进青年教师在教育方面的发展,加强班主任梯队建设,学校每学期举行一次副班主任考核活动。

建设特色教研组,形成学科特色。为了着力打造具有躬身实践、勤勉治学、改革创新的鲜明特色和苏南教学流派特质的草桥风格,学校以"一组一品"为抓手,进行教育探索与实践。各教研组通过课题申报、特色提炼、课堂展示等诸多活动使教研组的教学特色日益鲜明,如语文教研组的"活教、活学、活用"、数学教研组的"分层教学,合作学习"、英语教研组的"以听促说,以读促写的行动研究"等,教学上呈现出"学案研究""自主课堂""微课""思维导图""班内分层"等百花齐放的良好局面。各教研组在片区、市区、地区中的影响力越发突出,为学校全面进行课程和课堂改革奠定了坚实的基础。

表6-1 草桥中学校"一组一品"汇总表

序号	教研组	一组一品
1	语文	活教、活学、活用
2	数学	十分钟教研(微教研),分层教学,合作学习
3	英语	"听读"当先,以听促说,以读促写的行动研究
4	物理	教研:一疑一研;教学:实验、探究、悟理
5	化学	分层教学,步步推进;分工协作,整体提高
6	政治	养志趣 近生活 怀人文 行善德
7	历史	注重细节 提升效率
8	地理	在课堂教学中有效开展小组合作学习
9	生物	模型建构在生物学教学中的应用
10	体育	体能、技能、师能全面发展
11	音乐	融吴文化于一体的音乐教学
12	美术	激发学习兴趣,提升美术课堂的幸福感
13	信息	学习技能 培养创新
14	心理	让学生在团体辅导游戏活动中体验生活

通过课题研究,激发团队发展内驱力。从学校管理的角度看,课题研究是促进教师团队专业成长的绝佳契机和发展平台。"在课堂教学中发现问题,在问题中明确课题,用课题研究解决课堂问题"是草桥中学校开展课题研究的基本原则。立足课堂教学,学校围绕"教是为了达到不需要教""为人生而教育"

开拓了一片又一片新的研究领域,并已形成了较为深刻的理论与实践体系。

学校摒弃为课题而课题的功利性研究,倡导每个教研组针对本学科特点开展课题研究,取得了明显成效。学校"'叶圣陶教师团队'建设"课题被江苏省叶圣陶教育思想研究所列为叶圣陶教育思想研究规划重点课题。勤于思考、勇于实践、协同发展、积极创新的草桥人特质在草桥发展的新时期得以彰显。

表6-2 草桥中学校2015年研究课题汇总表

序号	教研组	课题名称
1	语文	基于阅读习惯的初中阅读教学研究
2	数学	小组合作教学模式在数学教学中的应用
3	英语	在英语教学中培养学生跨文化交际能力
4	物理	实验教学案例的开发与研究
5	化学	初中化学中考复习课前5分钟基础性小测验的有效性研究
6	政治	叶微活动之"思品趣味作业"的设计与探究
7	历史	初中历史课堂教学的实践与思考
8	地理	小组合作学习在地理课堂中的应用
9	体育	草桥体育大课间活动的构建研究
10	音乐	音乐艺术教学实践与思考
11	信息	基于智慧校园的信息化管理应用研究
12	美术	激发学习兴趣,提升美术课堂的幸福感

建设"叶圣陶教师团队"是苏州一中深入学习实践叶圣陶教育思想、应对学校转型发展需要、实现学校跨越发展的又一探索。"得失塞翁马,襟怀孺子牛",叶圣陶教师团队会始终怀揣"襟怀孺子牛"的理想,践行"教是为了达到不需要教""为人生而教育"的教育思想,追求像叶圣陶那样做老师的教育梦想。

第七章 课程开发——让成功多一份可能

开齐国家课程、开好地方课程、开发校本课程是实施素质教育的必要条件，也是基本的课程管理。卓越的学校不仅能做好国家课程的二度、三度开发，而且一定能开发出具有个性特色的、丰富多彩的校本课程，给学生更多选择的空间，让学生的个性特长自由发展。校长要有"课程的外延等于生活的外延"这样的大课程观，书香校园、节日文化等都是重要的课程资源，让课程走向生活、走向广阔的社会实践。校长要有国际化视野，开发国际化课程，培养具有国际竞争力的现代中国人。

第一节 把握课程开发的几大着力点

课程是学校最重要的资源，也是学校的核心竞争力。新课程改革把课程分为国家课程、地方课程和校本课程三类，这是教育思想的重大转变，是人才培养模式的重大改革，赋予了校长更大、更多的课程自主权，为学生的个性化、多元化发展提供了政策保障，为教师的创造性工作提供了舞台，为学校的特色发展指明了方向。

但课程也如农民耕种一样，需要根据学生的特点进行个性化教育。几年来，我们立足实际，围绕"教育为人生"的教育目标和"为和谐发展而教育"的办学理念，以课程建设为切入点，深入研究"分层教学""个性化教学"，逐渐构建一套符合开放式教育理念、富有活力、独具特色的校本课程体系——"菜单课程"，即让学生有权利、有能力为自己的未来选择感兴趣和有发展空间的课程。

1. 对国家及地方课程进行二度开发

国家课程实施的主渠道在课堂，提高课堂教学的有效性是对国家课程进行二度开发的必然要求。苏州一中近几年办学质量之所以稳步上升，其根本原因就是在于教师对教材的二度开发能力比较强。在平时的集体备课和教研活动中,教师普遍重视对国家课程的深度挖掘与整合,他们在对教材深刻理解和对教学内容深刻把握的基础上,悄然深化了教学技艺,生成了教学智慧,使得学生、学校因此而受益。

苏州一中在"师生互动·教为不教"课堂教学研究中,每个学科分别针对每册教材、每个单元、每节课都提出了基础目标、拓展目标和发散目标,此举就是对教材的深度研发与拓展。同时苏州一中开发出了配合语文阅读教学的阅读读本,为每个单元的语文都配备了相同主题或体裁的文章,以拓展学生的视野,深化学生对语文的理解。

苏州一中的"三级备课"制度,从个人备课到集体研究再到个人完善,这一完整的体系,则更是加大对国家课程的开发力度之举。

2. 对校园生活与活动课程进行精心规划

立足于国家课程和地方课程,苏州一中一直着力建设有本校特色的课程,学校历史悠久、底蕴深厚,校园文化继承了名城苏州吴文化的积淀,无处不散发着吴文化的魅力。为了弘扬学校文化,为学生创造更加丰富的文化氛围,学校坚持不断深入研究、学习实践叶圣陶教育思想,揭示其当代价值,鼓励学生发展个性和特长,形成了以吴文化为主,以体育、科技等为鲜明的办学特色和办学品牌的课程模式。

(1)以统整综合的方式,规划人人必修的校本课程

苏州一中将百年校史《草桥春秋》、著名校友作品集《文化的雕像》等作为校本读物。语文学科编选叶圣陶文学读本,开设"叶圣陶文学作品选读"课程;政史地学科编选著名校友作品读本,开设"校友作品选读"课程;将《习惯的故事》作为德育的有效延伸和补充;编选吴文化作品读本,开设"吴文化作品选读"课程。其中《习惯的故事》《基于吴文化的化学研究》《蚕桑科学实验》都已初步定为校本教材。

(2)深度开发,实现学校特色课程的设置

对阳光体育课程、吴文化基地艺术课程、绿叶课程、外教网络课程、小语种学习、科技创新"做"中"学"课程、蚕桑科学实验课程等进行深度开发,突出特点,拓宽门类,以优良的设计、优秀的师资、多元的内容,实现学校特色课程的设置,使学生获得"文化、体育、艺术、创新"四种技能的全面培养,促进学生整体素质的提升。2014年苏州一中获苏州市田径运动会市区高职组团体总分第一名、

苏州市中学生运动会市区高职组团体总分第二名,获江苏省第十届中学生羽毛球锦标赛团体第一名、单打第一名、双打第一名,获苏州市中学生健美操比赛啦啦操特等奖。苏州一中的科技创新尤具特色,在全国青少年机器人竞赛机器VEX工程项目挑战赛中荣获江苏省和苏州市双冠军,全国一等奖。苏州一中学生研制的落水轿车干冰灭火器充气气囊逃生装置获2014年江苏省青少年科技创新大赛三等奖。高三年级的李筱玮等同学的"对苏州市平江历史街区沿街古井现状、价值及保护对策研究"获2014年苏州市第二届青少年科技创新大赛"市长奖"。

(3)重点规划社团课程和科学实践类校本课程

强化"草桥"文学社、乐思好辩社、机器人社团等24个学生社团,建立一个符合学校实际的操作系统,使学生社团活动课程化。在课程实施中,制订学期活动计划、填写活动记录、建立社团课程运作机制;跟踪记录每个学员参加社团活动的情况,做好过程性评价,学期末评选优秀学员,完善社团活动评价机制。第七届"精英杯"亚洲中学辩论公开赛上,我校乐思好辩社辩论队荣获亚洲十六强。"草桥文学社"现已成为中国当代文学研究会"全国校园文学社团联盟"核心社团,并得到《文学校园》、中国教育文学网站和中国当代文学研究会会刊《校园文学研究通讯》的专题推介。

(4)打造精品课程,把生涯规划与"领导力"课程结合起来

根据融实践性、趣味性、知识性于一体的原则,规划富有特色的"领导力"提升活动课程,通过集中展示、竞赛、讲座、交流等各种丰富多彩的学生活动,给学生搭建发现其领导才能、展示其领袖风采的广阔平台,强化学生的生涯规划意识。其中,最受学生欢迎的是"圣陶微讲坛"。该讲坛是一个以学生为主讲人的微型主题讲座,通过学生报名、海选,最终每月确定一个主题。

(5)建设吴文化课程基地:实现传统与现代文化的有机结合

苏州一中于2011年4月正式申报省级吴文化教育课程实践基地。于2013年8月正式申报成功。结合学校的百年书院历史,充分挖掘学校现有的吴文化教育资源,利用各学科的优势,将语文、历史、地理、物理、化学、生物等学科紧密联系,将"苏州古城保护"作为课程基地项目,在平时的学科教学中全面渗透吴文化因素,培养学生热爱家乡、热爱祖国的情怀。

苏州一中利用校本课程充分渗透和普及吴文化,开设了昆曲、评弹、桃花坞木刻、苏州民俗、吴地建筑美学、苏州园林等课程。这些课程已成为学校的固定选修课,部分选修课还邀请了国家级工艺美术大师、民俗专家等作为授课老师,

课程内容受到很多学生的喜爱。吴地文化源远流长,具有强大的传承延续能力和富润多元的精神价值。

类似"菜单课程"的项目,很多学校是以第二课堂或者学生社团的形式在开展,但是苏州一中将其完全课程化。与"整齐划一"的校本课程不同的是,苏州一中是学生自主申报、自主选课。

3. 对家庭和社会实践活动进行有效指导

家庭和社会是学生重要的学习空间,是校本课程开发的一个重要组成部分,在家庭和社会中发生的活动,也需要学校与教师的指导,也需要有系统的课程体系。比如说,苏州一中就要求学生每天养成一个好习惯、每周写篇日记、每月为父母做一件事、每学期参加一次社会实践……这些事虽小,但如果能长期坚持,于人于己都是不可多得的优良品质。

学校从课堂、校园生活、家庭与社会实践活动三个空间维度思考校本课程的开发,发现校本课程开发有着无限的空间,有着做不完的事情。苏州是水乡,学校就指导学生开展古井研究;苏州又是刺绣之乡,苏绣闻名天下,我们就聘请非物质文化遗产传承人苏绣大师亲自指导学生开展刺绣的学习和研究;苏州是个古城,学校的历史、地理学科的老师就发挥自身优势,带领学生用双手触摸并探索化石的奥秘、用双脚丈量天涯和海角的距离。在苏州一中,有一个地学社,创建于1986年。这是一个古老而又年轻的社团,说它古老,他比现在每一个学子都要年长,并且因为有着过于丰富的经历而让我们每个成员都显得渺小;说它年轻,因为它总是充满新鲜的血液、好奇的眼神和未知的旅程。地学社是苏州市最优秀的学生社团之一,该社团开设野外实习考察、参观访问地学科研场所、地理实验、天文讲座与天文观测等项目,充分丰富学生的校园生活,为爱好天文地理知识学习、研究的同学提供平台,也为学生参加大学天文、地学夏令营做前期培训,为学生参加相关的国家级大赛做日常辅导。

地学社师生的足迹遍布海内外——在欧洲观测日全食,在美国考察人文地理,在天山脚下、黑龙江畔、云贵高原、黄海之滨,参与实习考察的学生,在地理教研组老师的指导下,以浓厚的学习兴趣和极大的热情,将课堂知识与实地考察紧密结合,既观赏了秀美的山川,又锻炼了实践创新的能力,深受历届学子的喜爱。

这样,每个学生都成了校本课程的开发者,这也丰富了学校的校本课程资源。同学们在相互交流中分享着研究的成果,收获着努力带来的喜悦。

从学生需求出发,是校本课程开发的出发点和归属点,也是校本课程开发的根本性策略。校本课程开发就是为了更好地服务学生,为学生终身发展奠基。

课程开发不单是编教材、写教案,更重要的是让校本课程成为学生自我探究、自我实现的途径。从21世纪初开始,苏州一中在高一年级全面开展小课题研究,通过学生的自主研究,让封闭式的校园生活与多彩的社会生活建立起了广泛的联系,把学生的视野投向了校外,投向了火热的社会生活,投入时代发展的洪流中,培养了学生的创新精神和实践能力。

学校的小课题研究涉及社会安全、环境保护、经济发展等多方面,以班级为单位进行研究或以班级小组形式进行研究。每次活动,教师都要与小组成员共同设计活动目标、确定活动时间、预测活动过程,并对学生活动予以即时指导。每次活动结束还要形成书面的调查报告。

学生们的研究精神和研究成果是令人感动的。当我们真正把时间、空间还给学生的时候,他们回馈给我们的是无穷无尽的精彩。

苏州一中的裴浚慧、李筱玮、陈欣睿三名学生组成古井调研小组,花费了六个多月的时间,选定作为苏州重点打造的历史遗韵特色古街平江路作为课题调研区域范围,进行了细致的调查研究。

他们首先做好第一阶段的准备工作:设计古井保护调查表、商定采访内容、划定行动路线、制定时间表;第二阶段工作分为实地调查、数据统计、水质检测和形成课题报告四个环节。

平江街区面积116.5公顷,20多条街巷。他们就利用双休日,一条一条地跑,看到古井就停下来,发放调查问卷,采访附近居民,察看、测量古井,采集水样。虽然经常一起行动,但他们一开始就各有侧重。裴浚慧主要负责调查问卷的设计、记录和档案建立,陈欣睿侧重井水采样、测量,李筱玮专攻资料查阅、水质化验和撰写调研报告。

六个多月后,他们经过多次讨论和修改,最终形成了《苏州市平江历史街区古井调研报告》。在这份报告中,除了8000多字的文字外,还有四张表格,整个街区17口古井的22个方面的基本情况和数据一目了然。他们用大量翔实的数据,向政府相关部门提出了很多很好的建议。比如希望尽快出台古井保护的专项法规,依法保护、利用和开发古井;划定保护级别,进行分类保护;落实古井管护责任人;要对现存古井的井圈、井壁、井台及周边环境进行修缮,提升古井功能;设置必要的井栏、井盖,增加宣传警示牌,提醒居民、游人爱护古井;有关部门要定期普查古井的保护情况,为每一口古井建立保护档案,让每一口古井得到应有的保护等。

学生们的呼声，已经引起了姑苏区政府的关注。这一调查被列为苏州全市中学生优秀项目，并获得了 2013 年江苏科技创新大赛一等奖，2014 年荣获苏州市青少年科技创新教育的最高荣誉——苏州市第二届青少年科技创新"市长奖"。

学生们在这次课题研究中收获了快乐和满足，也增强了科学探究的精神。他们说："通过自己亲身的实践感觉很好，在这个过程中收获了很多，学习不再被动，不再辛苦，而成为一个积极主动的过程。""与任何一个作业都不同，调查能够锻炼大家的实践和创新能力。虽然刚开始还挺艰辛的，不过如果今后再有这样的调研活动，做起来就会很顺手。"

苏州一中的校本课程资源开发实践，给了笔者很深的触动。笔者认为，一所学校，只要能够秉承"以学生成长为根本，以空间资源为维度，以教师特长为着力点"的原则，去开发校本课程，就一定能够形成完善的校本课程体系。

当然，作为校长，要牢牢把握住校本课程开发的主动权，调动一切资源，为学校创造出丰富多彩的校本课程，为学生创造出多种选择的可能，为教师的特长施展搭建出更广阔的舞台，最终让师生在这片充满灵性的土地上适宜地生长。

附：校本课程案例《碧螺春茶》（2 课时）

中国自古以来就是一个茶文化大国，茶文化底蕴丰厚，源远流长。中国的茶叶按照发酵的程度和加工工艺的不同，可以分为绿茶、白茶、黄茶、乌龙茶、红茶和黑茶六大类。

我们吴文化地区历来是中国茶文化发展的繁荣地区，吴地人民好喝绿茶，所以绿茶品种丰富、质量上乘，例如苏州的洞庭碧螺春、无锡的太湖银毫、宜兴的阳羡雪芽等。而其中最著名的是我们苏州的洞庭碧螺春茶，它被列入中国十大绿茶之列。

资料卡 中国绿茶十大名茶：

中国绿茶十大名茶是西湖龙井、太湖碧螺春、黄山毛峰、六安瓜片、福建铁观音、信阳毛尖、太平猴魁、庐山云雾、四川蒙顶甘露、顾渚紫笋茶。

碧螺春茶文化在中国之所以源远流长，其人文发展的背后一定离不开科学技术的支持和助推。

1. 碧螺春茶品质的决定因素

科学的冲泡工艺、得天独厚的种植环境和独特的炒制工艺决定了碧螺春茶的好品质。

苏州人注重喝茶养生,但要喝到一杯好茶,除了要有质量上乘的茶叶外,科学合理的泡茶工艺也是极其重要的,这就是中国的茶道。洞庭碧螺春的泡茶工艺力求保持碧螺春的茶味、茶香、茶色和营养成分。

读一读 碧螺春茶艺解说词:

洞庭碧螺春是我国历史上的贡茶,是我国的十大名茶之一,现在就请大家欣赏碧螺春茶艺。碧螺春茶的茶艺大致分为10步:

(1) 洗杯——仙子沐浴:今天我们选用玻璃杯来泡茶。"仙子沐浴"即用热水烫洗茶杯,表示对各位的崇敬之心。

(2) 凉茶——玉壶含烟:所谓"凉茶"就是把水烧开到100℃再冷却到80℃的过程。

(3) 注水——雨涨秋池:是指向玻璃杯中注水,水大约注七分满。

(4) 投茶——飞雪沉江:即用茶导将茶盒里的碧螺春依次拨到已注水的玻璃杯中去。

(5) 观色——春染碧水:碧螺春沉入水中后,杯中的热水溶解了茶里的营养物质和色素,茶汤逐渐变为绿色。

(6) 闻香——绿云飘香:氤氲的蒸汽使得茶香四溢。

(7) 品茶——初尝玉液:品第一口茶时,感到色淡、香幽、汤味鲜雅。

(8) 再品——再啜琼浆:品第二口茶时,茶汤更绿、茶香更浓、滋味更醇。

(9) 三品——三品醍醐:品第三口茶时,犹如在品太湖春天的气息。

(10) 回味——神游三山:在品了三口茶之后,品茶人要蓄水再品,体会绝妙的感受。

泡茶品茶过程中，我们发现茶色渐深，茶汤渐醇，茶味渐浓，这是由于茶叶中的一些物质溶于水中，而且一杯茶可以进行多次冲泡，这是一个多次浸取茶叶中营养物质的过程。

知识点 物质检验过程的"浸取"操作：

浸取是指用溶剂分离固体混合物中的可溶组分及残渣的操作，又称固液萃取。

浸取所处理的物料，有天然的或煅烧处理的矿物或生物物质。在化学实验操作中浸取可分为物理浸取、化学浸取等。

物理浸取是单纯的溶质溶解过程，所用的溶剂有水或有机溶剂；化学浸取用于处理煅烧后的物质，常用酸、碱及一些盐类的水溶液，通过化学反应，将某些组分溶出。

碧螺春茶种植在洞庭山地区的山坞里，潮湿温和的环境造就了碧螺春茶优秀的品质。洞庭碧螺春采用独特的林果茶间种模式，使得碧螺春茶气味清香并伴有花果的香气。

碧螺春茶的炒制工艺也非常特别。由于碧螺春属于绿茶中的炒青，制作的原料又都是采用极鲜嫩芽，所以碧螺春茶的炒制有以下四个关键工序：高温杀青、热揉成形、搓团显毫、文火干燥。

资料卡 高温杀青：

高温杀青工艺就是指用高温使锅中的茶叶凋萎的手法。这个过程使茶叶的水分快速蒸发，同时阻断茶叶中的一些主要成分的氧化，从而保持绿茶的成分和特性。

2. **碧螺春茶叶中的主要成分**

茶叶中富含的主要成分有：茶多酚、生物碱、芳香油、蛋白质和氨基酸、糖类、色素等有机成分和钾盐、草酸钙、鞣酸亚铁盐等无机成分。其中茶多酚是茶叶中的一种重要有机成分和营养物质,茶叶中含有的草酸钙和鞣酸亚铁成分难溶于水。

资料卡 茶多酚:

茶多酚是一类多酚化合物的总称。包括儿茶素、黄酮、花青素、酚酸四类化合物,其中儿茶素在茶多酚中的比例最大。

儿茶素具有抗氧化、杀菌、降血压等功效,还有解毒作用。茶叶中儿茶素是决定茶叶色、香、味的主要成分。

下面是常见的儿茶素的分子结构简式:

没食子儿茶素的结构简式　　表儿茶素的结构简式

对于植物中主要成分的检验,主要分为对有机物和对无机物的检验。在检验前,我们必须先把要检验的物质提取出来。这就是化学工艺流程中的预处理。

$$植物成分的提取\begin{cases}有机物:液浸\ 热水\begin{cases}有机溶剂\\冷水\end{cases}\\无机物:灼烧(去除干扰)\rightarrow液浸\begin{cases}水浸\\酸浸\end{cases}\end{cases}$$

【思考题】

根据物质性质的不同,请具体分析一下我们对茶叶中的儿茶素成分和鞣酸亚铁、草酸钙成分进行检验前,应该分别采用怎样的预处理方式?

_____

_____

_____

通过不同的预处理方式,我们可以得到茶叶中的茶多酚浸取液,即浓茶水和难溶无机盐的酸浸液。接下来就能根据物质的性质对其中的主要成分进行检验了。

物质检验方式的选择要遵循以下几个重要原则:操作简便、现象明显、干扰

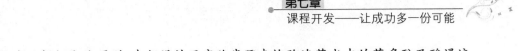

较少。根据上述原则,我们设计了实验步骤来检验浓茶水中的茶多酚及酸浸液中的钙元素和铁元素。

【实验设计1】 浓茶水中茶多酚的检验:

实验操作	实验现象	结论

【实验设计2】 酸浸液中钙元素的检验:

实验操作	实验现象	结论

【实验设计3】 酸浸液中铁元素的检验:

实验操作	实验现象	结论

茶叶中的成分非常复杂,且具有很多对人体有益的元素。自古以来苏州地区都是一个鱼米之乡,地产富饶,人们生活富足,所以闲暇之余的苏州人非常注重养生,人们在饮食中非常注重各种营养成分的合理摄入,喝碧螺春茶养生延年已成为苏州人的爱好也是苏州人的习惯,碧螺春茶文化也成为吴文化中不可或缺的一个关键组成。

【课外思考与实践】

(1)通过阅读教材及查阅资料了解碧螺春茶中哪些成分与养生有密切的关系?

(2)在进行物质成分检验时首先要对物质进行预处理,其原因是什么?具体描述对植物中不同成分进行预处理的方法。

（3）在家中自己尝试用传统方法冲泡一杯碧螺春茶，感受碧螺春茶艺的科学内涵。

以上是关于我校校本课程中《碧螺春茶》的具体过程讲解，经过专业老师深入浅出的介绍，同学们由原来对碧螺春茶表面的一个认识之后，能够更加深刻地了解到碧螺春茶的具体生长过程、跟茶有关的历史文化以及关于泡茶的讲究等基本原理，兴趣也更加浓厚，并且结合已学过的生物、化学、地理等相关知识，对碧螺春进行专业的研究，培养了学生的研究能力，对传播茶文化也起到了助推的作用。因此，《碧螺春茶》作为苏州一中的精品课程，一直广受老师和相关同学们的喜爱。当然，即使是精品课程，这里依然存在提升的空间，如何使学生切实体会了解碧螺春茶？这是我们需要再进一步思考的问题。属于时间、场地等客观因素的限制，我们只是在校内对学生进行知识的介绍，而没有进行实地考察。而田野考察是很多知识获得的重要途径，如果教师能带着学生参观茶田，并亲自种植灌溉，相信学生们会对碧螺春茶有更明确的了解。今后，我们将支持鼓励教师多带学生出外考察，让学生从理论和实践两个方面充分了解相关知识。

第二节　开发利用好传统吴文化资源

苏州一中秉持"为和谐发展而教育"的办学理念，确定以培养"基础扎实，素质全面，身心和谐，习惯良好的现代栋梁之材"为目标，大力实施素质教育，积极推进新课程改革，全面提升学校的教育品格、科学品质、文化品位，在实施新课程改革，加强师资队伍建设、全面提高教育质量方面，取得了显著办学成果，赢得了广泛的社会声誉。叶圣陶说过："教育的价值和目的就是育人为本，以兴国为旨，面向全体国民和每个学生。着眼整体人生和终身受用，培养能够全面发展、具有良好习惯的当代中国人。"吴文化是吴地千百年来积淀的精神文化精髓，即便在现代文明高度发展的今天依然对教育有着深远的影响。

2010年，"苏州市中小学吴文化教育研究与指导中心"在苏州一中挂牌成立，中心担负挖掘吴文化精髓、研究与指导苏州市中小学吴文化教育工作、普及和传承吴文化的重任，在主动对接苏州文化资源，开展吴文化教育，发展校园文化特色方面取得了显著的成绩。中心自成立以来在研究、传播和推广吴文化进校园方面做了很多积极的工作，开展了多次活动。在充分挖掘吴文化资源、开

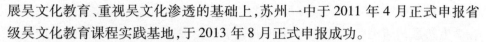

展吴文化教育、重视吴文化渗透的基础上,苏州一中于2011年4月正式申报省级吴文化教育课程实践基地,于2013年8月正式申报成功。

省级吴文化教育课程实践基地的申报成功为苏州一中深入开展吴文化教育创设了更为有利的条件。在近两年的工作中,学校秉承研究、发展、弘扬吴文化的理念,在课程改革、专业教师发展、公开展示、校园文化等各个方面全面渗透、普及吴文化,取得了较为显著的成果。

1. 成为课程改革的实践基地

课程改革是全面提升学生综合素质的必由之路。吴文化底蕴深厚,博大精深,和各现代学科体系联系紧密,血脉相依。学校以师生做中学、学中做的方式,帮助学生掌握、巩固和运用知识,形成、发展和提升能力,拓展、延伸、补充和升华课堂教学内容。

叶圣陶教育思想的文化特质,就在于它的实践性、创新性、民族性和大众性。它从探索和回答中国教育改革的实际问题出发,批判扬弃传统教育思想,精辟、独到地揭示了中国现代教育的文化精神与基本原理;它将其文化精神与基本原理具体贯彻和体现在德育、教学、教师发展、语文教育等实践领域,并总结和提炼丰富的教育改革实践经验,发展、创新了中国现代教育教学理论和实践智慧。苏州一中结合学校的百年历史,充分挖掘学校现有的吴文化教育资源,利用各学科的优势,将语文、历史、地理、物理、化学、生物等学科紧密联系,将"苏州古城保护"作为课程基地项目。苏州古城已有2500多年的历史,水陆并行的"双棋盘"格局在世界上独一无二。继苏州古典园林被列入《世界遗产名录》、昆曲被联合国教科文组织列为"人类口述和非物质遗产代表作"之后。苏州古城包孕丰富的文化积淀,既是千年苏州历史的缩影,也是吴文化的物质载体和重要组成部分,和历史、地理、物理、化学等学科存在多重紧密联系,将"苏州古城保护"作为课程基地项目,不仅可以培养学生热爱家乡、热爱祖国的情怀,而且有利于多个学科的学习、拓展和社会实践活动。学校目前已编订了一本以苏州地方古迹为核心,讲述苏州历史的校本教材。十年来组织学生考察了三山岛、小王山、西山、东山及苏州各类博物馆,收集了不少资料和标本。其中学生社团"干将史学社"已经编辑出版《干将》杂志多期,作为发表学生历史研究作品的平台。

学校还注重在平时的学科教学中全面渗透吴文化因素,培养学生热爱家乡、热爱祖国的情怀。如化学教研组将吴地碧螺春茶文化和化学学科有机结合进行教学。首先通过介绍碧螺春茶特殊的炒制工艺——高温杀青,引出绿茶的重要有机成分"茶多酚"。茶多酚是学生比较陌生的物质,所以通过简单介绍,在学生熟悉其结构后,根据教材呈现的关于植物中所含成分的不同预处理方式的图示,选择合理的方法进行预处理和检验。然后,课堂这个部分设置了大量的学生实验让学生动手进行"浓茶水中茶多酚的检验""茶叶灰酸浸液中钙元素检验的实验""茶叶灰酸浸液中铁元素检验的实验"等,这些实验不但提升了学生对茶叶成分和检验流程的直观感受,更提高了学生的实验操作能力。在教学过程中,通过对茶叶中有机成分和无机成分的分析,提出"物质的结构决定物质的性质,而物质的性质决定物质的预处理和检验方法"的观点,教会学生对不同物质的检验采用不同的方法。整堂课一气呵成,起承转接都流畅合理,在真实的情境和茶香四溢的温润意境中,学生追求真知的激情被充分激发,带有浓浓"苏式"滋味的美妙感觉萦绕四周。

此外,吴文化基地还以姑苏古城的千年历史为基础,开展主题多样的研究性学习活动,指导学生发现身边与吴文化相关的历史、人文元素,做好吴文化的传承和创新,鼓励学生将吴文化发扬光大。学校在高一年级学生中开展了研究性学习,帮助学生学习如何选题和制订计划。学生在中期汇报、结题报告的一系列过程中,既有了情感的体验,又经历了研究的过程,还享受了获得成功的喜悦,更主要的是学会了自主研究的方法。学生不应该把老师的讲授看作学习的终极目的,教师的讲解只是发动学习的端绪,学生必须再加以研求,才能得到可以运用于实际生活的知识和能力。在课程改革过程中,学生深刻领会到了吴文化的魅力,对传统文化产生了浓厚的兴趣,同时也在研究过程中提升了自我学习、自我管理的能力,真正达到"教是为了达到不需要教"的现代教育思想。

2. 成为教师发展的孵化基地

吴文化课程基地覆盖面广阔,开掘面纵深,综合性极强,包含多项校本教材的开发、多种学科的交叉融合和多个项目的开发建构,能有效转变与提升教师的教育思想、教育理念、教学方法和教学效果。吴文化课程基地的建立,有助于快速提升学校教师队伍的建设和发展,孵化出一批吴文化教育专家和课程建设人才。借助苏州市中小学吴文化教育研究与发展中心的专家团队,苏州一中聘请了一大批吴文化传承名人、专家教授和专业人士成为学校的校外专家,为学校的教师开设专题培训,学校教师因此在吴文化教育理念方面得到了大幅提升,很多教师掌握了一定的吴文化课程专业基础。苏州一中教师开设了吴文化的对外展示课程,为吴文化走进课堂做出了示范;开展了"吴文化·中国年"的大型活动,其中有以吴文化为主题的爱心义卖、"唱响吴地文化"师生同台演出;

印制了以吴文化中心基地成果展示为内容的新年年历,主办全市范围内教师吴文化课件评比等一系列以吴文化为主题的活动。开展的"吴文化·中国年"系列活动,内容丰富、形式新颖,学生不再是被动地接受,而是主动地体验,在这个过程中能更好地了解吴文化、挖掘吴文化、欣赏吴文化,进而传播吴文化、弘扬吴文化、创新吴文化。这些活动既激发了学生热爱家乡文化的情怀,感受到"崇文、融合"精神的熏陶,同时又使学生在潜移默化中传承了吴文化,促进了吴文化与现代文化的有机结合。

学校教科研氛围雄厚,在校本教材开发、创新实践活动、吴文化研究等方面形成了一支专家引领、骨干支撑的教师团队。学校课题"新的教育形式下高中校园传承发扬吴文化的研究和实践"已经成为苏州市宣传部、苏州市哲学社会科学界联合会的立项课题并获得经费资助。我校学生的"古井"研究成果获得江苏省科协比赛一等奖并入围全国比赛,研究活动受到古城保护区领导的高度重视。

学校人文特色鲜明,"九五""十五""十一五"期间连续承担叶圣陶教育思想研究相关课题,深入学习和实践叶圣陶教育思想,"教育为人生"的素质教育思想深入人心,正在形成深入肌理、内外融合的鲜明人文特色。吴文化教育课程基地建设具有深厚的思想基础和群众基础。

附:

我的昆曲寻梦之路

苏州市化学学科带头人　马以瑾

2008年苏州市第一中学与苏州昆剧传习所合作,结合苏州地方文化特色,推出"百年昆曲走进百年一中"艺术工程,让我校师生了解昆曲,学习昆曲,展示昆曲。首先是组织专家进行专题讲座,做好昆曲知识普及工作;接着是组织师生观摩昆曲专场演出,亲身体验欣赏昆曲艺术。在了解昆曲的

基础上,学校开设"音乐教师昆曲培训班",请来了昆剧院知名演员和传习所资深学者,每周定时定点给我校音乐老师教授昆曲唱念与表演。多么千载难逢的

整体建构与办学特色
——叶圣陶教育思想在苏州一中的传承与践行

学习机会啊,所以我大胆地跑去校长办公室,请求加入昆曲培训班学习昆曲。校长爽快地答应了,条件是不能影响我的教学工作。那是当然的!这也逼迫我更加高效率地工作,以挤出时间参加音乐老师们的学习活动。

学唱的第一支曲子是《长生殿·惊变》【粉蝶儿】,老师发的是简谱,音乐老师们几分钟就哼唱出来了,我虽然识谱,但根本找不着调。好在我父亲也是个"昆虫",家里收藏了许多昆曲盒带、CD、DVD,我找到这支曲子反复听,将旋律记熟于心,终于摆脱了后进生局面。老师还表扬我唱得有点昆曲味道了。这要归功于记笔记,所谓"好记性不如烂笔头",我习惯将一些老师传授的特殊小腔标注在旁,还有轻重、缓急、气口之类的曲谱上表达不出来的经验记录下来,这样照着曲谱练习的时候,就会留意到。

后来,训练班开始分角色学习唱段与表演,我很幸运地被分到杜丽娘一角,学习那支最著名的《牡丹亭·游园》【皂罗袍】。教我的老师有省昆著名演员朱蔷妹、苏昆一级演员王如丹、传习所老教师秦文煕。这些响当当的角儿来教我这个没有一丁点基础的小"昆虫",真的有点大材小用了。我暗暗下决心,一定要努力学习,不辜负领导、老师对我的信任。但曲雅词美的昆曲对每一处细节都讲究到了极致。所以,软软糯糯的"水磨腔"好听是好听,但是要唱好却是相当不易。就说唱吧,昆曲是最讲究唱功的。习曲首先须按板眼,咬字发音的要求非常严格和规范。每唱一个字,都要注意字头、字腹、字尾,即吐字、归腔和收音。至于各种"气口""声腔",例如"豁腔""带腔""撤腔""橄榄腔"等,名称听起来就绕人。"手眼身法步",五官四肢更难协调,上台去像个牵线木偶人,再加上我是近视眼,眼睛没有神,感觉活脱脱是一出"痴梦"。但老师从没

有埋怨数落我,而是一遍遍耐心重复教,不断地鼓励和表扬我,她们说得最多的话就是:"这么短的时间,能做到这个程度相当不错了。"

2009年,终于迎来了激动人心的培训班汇报演出的时刻。学校请来了昆剧院化妆师为我们化妆,昆剧院服装师为我们熨衣穿戴,报社专业摄影师为我们录像摄影。为我化妆的是曾为梅花奖得主化妆的大师傅小玲,从抹彩到勾脸,再到贴片子、勒网巾、戴假发、裹水纱,最后戴上头面珠花,足足用了一个半小时。装扮好的"杜丽娘"着实让我自己惊艳不已,昆剧院的赵文林等老师说我的扮相像杜近芳(著名京剧表演艺术家),听了这话,我欢喜得快晕了,飞上天了。那天的演出反响强烈,一片赞誉,苏州电视台、《苏州日报》和《姑苏晚报》都做了大幅报道。

2010年苏州市中小学吴文化教育与研究指导中心在我们苏州市第一中学成立并挂牌。在成立仪式上,我非常荣幸又一次彩妆演唱《牡丹亭·游园》【皂罗袍】。这次的心情相比第一次平静了许多。记得一位名演员曾说,她最珍惜的时间就是她每次装扮的时间,因为装扮的过程也就是她从生活中渐渐走进戏曲里的过程。装扮好后,我不是我了,我就是杜丽娘。

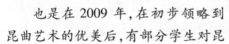

也是在2009年,在初步领略到昆曲艺术的优美后,有部分学生对昆曲产生了浓厚的兴趣,自发成立了苏州一中学生昆曲社团,学校领导得知后给予了大力支持和帮助,专门聘请我和音乐教师杨菊担任常务指导教师,并正式命名为"苏州市第一中学幽兰昆曲社"。之后,虽然一届届学生毕业离校,但"幽兰昆曲社"一直有新的成员不断补充进来,这个社团也曾被评为苏州市十佳青少年社团。

在指导学生的同时,我自己也不断地学习昆曲知识,积累了一些昆曲学习资料与心得,2009年下半年,我在学校开设了《昆曲》选修课,纳入学校的校本课程。昆曲班的学生,他们之所以会选这门课,有的是因为冲着不需要做作业或考试;有的是因为心仪的课程已经报满而随便选的;有的是因老师调剂而被迫分来的,总之,大家大多对昆曲知之甚少,对传统戏曲不

感兴趣。但往往几堂课下来学生就慢慢转变了,开始盼望上昆曲课。最让我高兴的是,第二学期的选修课报名,那些学生一个不落地仍旧选修了昆曲课。我欣喜地看到或听到:有的学生带了U盘要我给她拷贝一些曲子听听;有的学生自己网上下载了昆曲音频视频资料;有的学生去音像店买了《昆曲六百年》等DVD在家一集集看;有的学生周末去昆剧博物馆参观了;有的学生上学放学路上戴的耳机里播放的音乐有了昆曲;有的学生假期的社会实践活动就是为民工子弟学校的新苏州人制作了普及昆曲知识的PPT……能为世界非物质文化遗产的保护与传承出一份力,我感到自豪与欣慰。

为了进一步深入学习昆曲,真正领略昆曲艺术的真谛,我加入了隶属苏州市文联、昆曲"继字辈"演员联谊会的"苏州欣和昆曲社"。在著名昆剧表演艺术家柳继雁、凌继勤及著名笛师石冰老师的指导下,我的唱念与身段都有了很大提高。最让我钦佩的是这些老一辈艺术家,不管身处什么样的环境,他们对昆曲的热爱从未减少一分,矢志不渝地为传承和弘扬昆曲不计报酬默默无闻地奉献着。欣和昆曲社里还有许多对昆曲研究很深入且颇有建树的曲友,有的还是多面手,敲鼓板、吹笛子样样都会,我从他们身上也学到了很多。比如,对于"没有烟火气"的一种解释是:演员为了练唱功,在桌上点一炷香,演员对着香唱,那一缕青烟要笔直上升,不能飘忽,而且不用话筒不用"小蜜蜂",也要让戏院里最后一排的听众听清楚。这样,才叫作没有烟火气。每周六和谐温馨的曲叙活动滋润了我,也滋养着我。2012年9月我和另两位社友荣幸地受邀参加江

苏电视台中秋戏曲晚会的演出,彩唱《牡丹亭·寻梦》【懒画眉】。

昆曲是一种有着巨大魔力的艺术,你越进去,你就越喜欢,越出不来!翻开一张张唱本,你会发现,那里全是唐诗宋词,字字珠玑,韵调优美,含情蕴意,真是赏心乐事。然而它又"逼"着你要不断地去学习,研究格律韵腔,不断地加强自身的文学修养,提高自身的整体素质,因为只有这样,才能更好地展现昆曲的精致和别样!才能更好地指导引领更多的学生去了解昆曲,喜爱昆曲。通过几年的昆曲学习与教学,我发现自己在悄悄地改变,对待工作、对待生活,我多了一份淡定、从容和优雅!

原来人生无处不"姹紫嫣红开遍"……

3. 成为吴文化教育的示范基地

作为苏州中小学吴文化教育研究与指导中心,我们要为实验学校开放场所、提供经验、培训教师、指导发展。吴文化课程基地的建立要为苏州乃至整个吴文化地区中小学开展传统文化教育,提供一个学习、浸润、展示和实践的良好平台,示范基地作用将更加凸显。

苏州一中是苏州市中小学吴文化教育的研究与指导中心。学校注重发扬吴地文化的优良传统,主动对接苏州深厚的文化资源,在校本课程、研究性学习、学生社团和学校活动中大力开展吴文化教育,形成了鲜明的吴文化教育特色。注重专家引领,学校和苏州吴文化研究会建立了广泛而紧密的联系,聘请苏州市吴文化研究会的苏简亚、顾敦荣、吴恩培、张橙华、顾笃簧、王祖德等专家作为学校吴文化教育的顾问。打造校本课堂,学校多年坚持打造"百年昆曲走进百年一中"艺术工程,注重挖掘"百戏之祖"昆曲的审美内涵,发挥昆曲的教育功能,从培训教师学唱昆曲、学教昆曲开始,2009年6月学校成功举办了第四届全国昆曲艺术节的学习传承现场活动,公开课和昆曲演出获得来自海峡两岸近百名昆曲艺术界专家的充分肯定。指导学生成立"幽兰昆剧社"并成功开展活动,被苏州市文明办评为"十佳社团"。2014年4月苏州一中在苏州市委宣传部、市文明办、市教育局、市文广新局的大力支持下,携手苏州市评弹团正式启动"传承吴地优秀文化,传播文明德善之风——苏州市'道德评谈'暨艺术评弹进校园"活动。此次活动就是要将苏州评弹这一地方优秀传统文化资源与道德模范先进事迹相结合,从而转化为生动有效的教育资源。这是传统艺术与社会主义现代文明的有机结合。开展以宣传道德模范、身边好人好事为主题的道德评弹表演,大力弘扬民族精神和时代精神,倡导爱国、敬业、诚信、友善。在全市广大师生中广泛开展世界观、人生观、价值观教育,用"中国最美声音"讲述"姑苏最美道德故事"。

4．成为校园文化的建设基地

吴文化课程基地的建立,能够积极推动传统文化和校园文化的对接,让底蕴深厚的吴文化滋养、丰富和引导校园文化,激励学生积极参与校园文化建设,既主动接受乡土文化滋润和熏陶,耳濡目染,代代相传,培养和增进热爱家乡建设家乡的美好感情,同时也深刻认识文化多样性和时代性,培养包容和开放的文化心态,站在新的历史起点,与时俱进,创造出更为丰盈的符合时代精神的校园文化。

叶圣陶认为办教育跟种庄稼相仿。受教育的人的确跟种子一样,全都是有生命的,能自己发育、自己成长的,只要给他们充分且合适的条件,他们就能成为有用之才。所谓办教育,最主要的就是给受教育者提供充分且合适的条件。但是办教育比种庄稼复杂得多。种庄稼只要满足庄稼生长的需要就可以,办教育还得给受教育者提供陶冶品德、启迪智慧、锻炼能力的种种条件,让他们能动地利用这些条件,在德、智、体各方面逐步发展成长,成为建设社会主义的合格人才。学校通过校本选修形式,开设了评弹、昆曲、泥塑、吴门书画、桃花坞木刻、苏州民俗文化、刺绣、园林、吴地建筑美学等校本课程,部分选修课还邀请了国家级工艺美术大师、民俗专家等作为授课老师,课程内容受到很多学生的喜爱。吴地文化源远流长,具有强大的持续传延能力和富润多元的精神价值。绝大部分吴文化历史资源具有丰赡的教育意义,是研究性学习和校本课程开发珍贵的资源库。苏州一中大力弘扬地域文化,充分挖掘校本资源,现已组织相关教师并邀请吴文化专家参与着手校本教材的开发和编撰工作,努力形成独具特色的校本课程体系。真正做到了让吴文化走进校园、走进课堂,取得了良好的效果。如果将受教育的人比作种子,那么教师就像播种的人,要在学生的心灵世界中耕耘、播种、浇灌,让他们的心灵绽放出真诚善良、美好光明、积极向上的花朵。

5．成为学校特色的呈现基地

吴文化课程基地的建立,立足于百年苏州一中所处的历史背景、地理空间、文化资源和社会环境,坚持发掘与吸收、传承与创新、传统与现代相结合,必将引领学校继续保持独特的办学风格和办学优势,进一步强化和彰显学校吴文化办学特色,使学校全面实施素质教育,促进学生全面发展。

苏州一中是苏州市教育局命名的"苏州市中小学吴文化教育研究与指导中

心",担负研究与指导苏州市中小学吴文化教育工作的重任,多次为兄弟学校及33所吴文化教育基地学校提供活动现场并进行经验交流,在全市范围内发挥了积极的示范和辐射作用,在研究、传播和推广吴文化进校园方面做了很多积极的工作。学校开设吴文化的对外展示课程,开展"吴文化·中国年"活动,"名人名园"话苏州舞台剧表演活动,制作以吴文化为主题的台历盒展板,在教师中进行吴文化课件评比和苏州评弹、昆曲、桃花坞木刻学习的培训活动。通过这些活动使基地学校的师生更好地了解吴文化、挖掘吴文化、欣赏吴文化,进而传播吴文化、弘扬吴文化、创新吴文化。

苏州一中从2009年起开始筹建吴文化展馆,致力于吴文化的展示、弘扬与传承。展馆总面积为1000多平方米。根据古建的特点和学校的需求设立昆曲馆、评弹馆、彩陶泥塑馆、桃花坞木刻苏绣馆、吴门书画馆共五个展馆。工程建设共分为三期,现一、二期昆曲馆、评弹馆、苏绣馆、泥塑馆、吴文书画馆已完工,并均已投入使用。三期建设也即将完工。前期工程已投入600余万元。展馆从设计到内容及布置均邀请了地方乃至全国的相关专家参与。展馆的建筑结构和外形上就凸显吴地建筑特色,内容包含了与吴文化有关的文字、图片、实物、视频、模型等,全方位展示吴地灿烂文明的结晶。吴文化展馆的设计注重理论与实际的结合,以吴文化的发展为线索,涵盖了政治历史、文化教育、科技创新、经济发展诸多内容,是一项全面反映吴地文化的立体工程。展馆的全面竣工落成,将成为苏州市区一个综合展示吴地物质文明、精神文明的标志,成为中小学生参观、学习吴文化的重要实践基地。

苏州一中还正在积极筹建信息技术平台"吴文化博览园——吴文化网上课程基地",集推介、导引、展示、教育等功能于一体,以吴文化类别或者以学科研究为模块搭建,模块内容包括课程基地的概况展示、学生研究学习成果及珍贵的文献资料展示等,让网上课程基地成为学校吴文化课程基地的重要信息技术平台,成为吴文化课程基地的重要导引、补充与延伸。同时,培养学生适应信息时代需要的信息素养,提高信息加工、集成和运用能力。

吴地文化是苏州千百年来的文化根基,也是教育领域宝贵的资源,作为浸润吴地文化的百年名校,苏州一中将不断秉承叶圣陶教育理念,充分发挥文化的浸润、感染、熏陶和激励作用,让吴文化在当今社会大放光彩,让吴文化教育为素质教育注入一股新风。

第三节　学生社团助推课程开发

中学社团建设对学生全面发展与健康成长发挥着重要作用,这已经成为教育界的共识。目前,国内中学社团建设实践活动尚处于探索阶段,仍未形成与中学生身心发展特点相适应的成熟模式。多年来,专家学者对高校学生社团的关注明显多于中学,对实践经验的介绍明显多于理论分析。而就目前中学阶段开展学生社团的情况而言,也存在一定的问题,大大制约了社团活动的有效性。如目标宗旨不明确、管理制度不完善、运行机制不畅通、学生参与水平低、教师指导不力、场地器材经费匮乏、评价机制不完善等,严重困扰着我国中学阶段学生社团的发展,致使中学阶段学生社团的总体水平并不高,离学生社团的"育人"目标,还有一定的差距。

苏州一中依托深厚的文化积淀、叶圣陶"为学生终生发展奠基"的育人理念及全方位、多层次的心理健康教育体系,将以叶圣陶教育思想为核心办学特色的整体建构研究和实践探索相结合,建立了以自我教育、自我管理、自我发展为目标的中学社团发展体系,立足自主、规范和创新,探索出一条全新的社团实践模式,不仅适应了学校改革和发展的需要,也符合学生的身心发展特点。

2012 年,苏州一中成立由校党委、校德育处和校团委组成的中学生领导力开发中心,具体指导学生社团的工作。几年来,苏州一中学生根据兴趣爱好,成立了乐思好辩社、草桥文学社、干将史学社、陶苑地学社、雪樱万华动漫社、沧海月明古韵社、街舞社等 25 个学生社团。25 个学生社团均是高中学生在自愿的前提下以相同或相近的兴趣、爱好为基础,在校团委等相关机构的监督下,以自我教育、自我管理、自我发展为目的组成的非正式组织,具有参与广泛、内容丰富、形式多样等特点,是苏州一中校园文化建设的重要组成部分。其中,机器人社团被评为苏州市"阳光社团""苏州市未成年人十佳科技团队"等荣誉称号,乐思好辩社被苏州市教育局评为精品社团。

学生社团是依据兴趣爱好组成的松散的组织,苏州一中是怎样发挥学生社团的作用,尊重学生个性、发展学生特长,以使校园文化建设更加丰富和谐的呢?

1. 明确社团的目标及宗旨

社团是学生活动的重要场所,因而社团的目标及宗旨都是为了更好地实现学生的主体地位,保障学生自主性的发展,为学生的需求创造实践的平台。就像团委和少先队一样,社团应成为学生的自治组织,同时也是保障和促进学生发展的组织。

要实现社团的目标与宗旨,就必须在社团推行之前,广泛地征集学生对社团活动的愿望与需求,进行分类整理,从而避免因教师按照自己的想法推行社团活动却不受学生欢迎的问题,并避免把社团建成学校的课外辅导班。

社团活动以学生为主体,并不意味着排斥教师在其中的作用。社团应选择相应的社团指导老师,协助学生完善社团活动的计划,进行可行性分析,并提供各方面的资源与协调,从而激发学生自主组织与管理的积极性。教师还要协助学生分析社团建设过程中的经验与教训,以便在未来把社团建设得更加成熟与完善。在社团活动过程中,教师不应深度介入,应主要由学生根据社团活动章程开展活动,教师仅仅作为顾问加以指导。应积极鼓励高年级和低年级学生共同参与社团,以"传帮带"的形式,来促进社团活动的开展。

2. 健全社团的保障机制

规范社团管理是充分发挥中学社团教育作用的前提条件和必要保证。社团要创造良好的生存发展空间,就要完善各种规章制度,使社团工作有据可循,有章可依。在组建社团之初,可以带领学生学习大学或者其他中学社团建设的经验,从而制定出完善的社团活动章程和组织管理办法。

要理顺社团的隶属关系　在当前的学校工作中,主要把社团纳入学生会或团委的管理范畴之内。把社团纳入学生会的管理,其优点是可以提高学生的自主性,体现学生的主体地位,减弱教师或学校对社团活动的影响,其缺点是可能会带来管理方面的无序;而把学生社团纳入团委管理的优点在于可以很好地协调各方面的关系,保障社团活动实施的顺畅,缺点在于学校、教师、领导等对社团活动的影响较强,学生的主动性会受到一定的抑制。

要严格保障社团活动的程序、时间、空间和资源　一些重大活动的申报和开展、社团干部的选举产生等都应该有一定的民主化程序。社团活动的时间、空间等一旦确定尽量不要随意更改。定期召开社团负责人会议和社团集团会议,保障每一位学生的参与权。社团负责人应积极与校方沟通社团活动中所需要的人力、物力资源,保障社团活动顺利开展。

健全体制,规范社团管理　要实现对社团的有序管理,必须建立和健全激励与考核机制。健全的规章制度,科学有效的运行机制是解决社团组织松散、活动无序的根本。

刚刚落幕的苏州一中第十五次团学会全票通过了《苏州市一中学生社团章程》。规定学生社团活动应该遵循既要民主又要集中、既要活跃又要秩序的原则，从而保证学生社团的健康发展。这也为管理社团提供了制度保证。

根据《苏州市一中学生社团章程》，一中校团委要求各社团工作制度和工作流程要养成"活动前有计划，活动中有落实，活动后有总结"的良好工作习惯，从而促使社团中的每个成员都明确自己在社团中的地位并积极投身到社团建设中来，出谋划策、献计献力，为社团的成长与发展做出自己的贡献。同时，校团委也加大了对现有社团的考核力度，坚决关闭一些已经失去活力、缺少文化底蕴的学生社团。而对发展健康、积极有活力的社团，提供充裕的资金等方面的扶持。前不久，苏州一中的乐思好辩社代表中国赴马来西亚参加中学生辩论赛，所需资金由学校全额提供。这样，通过严格考核，实现了学生社团的优胜劣汰，促进学校教学资源的合理配置。

3. 加强对社团内容的评估与管理

社团内容是社团活动的核心，社团活动虽以学生为主体，但同时也应坚持正确的政治方向与育人目标。学校的教育理念应为社团文化建设提供方向性的引导，这是社团文化形成与发展的重要因素。社团成员创造了独特的社团文化，反之，它又对社团成员产生影响，教育社团成员，塑造人格。社团活动是对学校课堂教育有效的延伸和补充，是影响学生成长的重要因素，缺乏良好社团文化的社团不能发挥其育人作用。

社团活动只有在形式丰富、内容充满创造性、活动效果显著的时候，才能发挥其育人作用，但是，由于各种原因，很多中学生社团无法设计、组织有深度的活动，许多社团流于形式，活动内容没有活力，缺乏创新，有些社团即便坚持开展常规社团活动，却没有好的效果。例如一些科技类学生社团，没有真正动手创造和制作，或走进自然进行实地考察。又如一些文学社团，一学期只开展一两次文学讲座，社员既不读书也不写作，更谈不上交流。再如某校的足球社，活动形式单一，一个学期就组织几场交流赛。如此建设社团，使得社团成员逐渐流失，久而久之形成恶性循环，甚至社团被注销。

因而，学校应加强对社团内容的指导、评估与管理，建议调动各学科教师参与的积极性，为每个社团选配1~2名指导教师，指导教师由各社团自行聘请，学校备案，并发给指导教师一定的津贴，通过学长带学弟、学妹的形式来锻炼学生自我发展的能力，促使社团走上良性发展的道路。

走出校园，促使社团社会化　苏州一中校团委积极创造条件，让社团有更多机会走出校园,以开放性、丰富性、多样性的社会活动激发学生的学习兴趣和求知欲望,实现课本知识与社会实践相结合。如在每年的寒暑假,苏州一中校团委都要求学生社团进行社会实践,要求每一位社团成员必须参加每年不低于50小时的社会实践活动,并规定了相关的活动细则,社团成员参加完活动后要记录下活动过程和活动体会。广泛的社会接触,促使学生在鲜活的社会生活中获得知识,其人格的光辉得以闪耀;能够使学生在社会实践中了解社会需求,在社会服务中体现人生价值,帮助他们树立正确的人生观和价值观。比如,干将史学社成员在考察了苏州的古井后,提交了苏州古井保护方案,得到苏州政府相关部门的高度认可。

加强指导,走精品化道路 加强对社团的引导,把学校发展精神的时代内容贯彻和落实到社团的活动中,赋予社团新的发展方向。打造精品社团,追求特色的发展道路,是搞好社团建设的重要环节。除了苏州市"阳光社团"——机器人社团、苏州市教育局级的精品社团——乐思好辩社之外,苏州一中团委还评出了沧海月明古韵社、干将史学社、街舞社、动漫社、草桥文学社等为学校精品社团,有力地推动了其他社团的上进,共同推进学生社团建设与和谐校园文化建设。

由于采取了上述得力措施,苏州一中学生社团的发展非常健康,并取得了喜人的成绩。2014年7月16日,乐思好辩社参加苏州市未成年人文明礼仪风采比赛辩论赛,获得"最佳风采奖"荣誉;2014年12月,乐思好辩社首次参加精英杯亚洲中学辩论公开赛便取得16强的成绩(共64支参赛队伍);2015年6月10日,乐思好辩社获得苏州市高中生辩论赛总冠军。

与新秀乐思好辩社相比,机器人社团起步更早、起点更高。2003年机器人社团便成立了,经过多年的研究探索,硕果丰厚,机器人研究已成为我校科技创新教育的特色项目。机器人社团自成立以来参加各类竞赛取得了骄人的成绩,获国家级奖12项,省级奖20项,4次参加国际比赛。今年,社团成员获得苏州市科技创新大赛冠军,江苏省冠军,全国二等奖;社团曾荣获苏州市精神文明建设指导委员会办公室、市教育局的"2005—2006年度苏州市未成年人十佳科技团队"、第三届"苏州市未成年人十佳科技团队"、苏州市第八届"阳光社团"等荣誉称号;其机器人项目也曾荣获江苏省教育厅、江苏省科学技术协会的优秀科技实践活动项目。

4. 完善社团活动的评价机制

良好的评价激励机制能够调动学生参与的热情,使学生富有工作积极性;

提高社团的运行效率,使得社团充满生机和活力。一个富有生命力的社团又会最大限度地吸引社员继续参与,从而让社团发展进入良性循环。因此,拥有先进的评价机制是建立一个优秀社团的必要条件。

建议成立由教师和学生社团负责人组成的社团管理委员会,对社团活动进行指导、管理与评价;建立社团考核奖惩制度,社团应制定明确的工作目标,每学年进行注册考核,评选校园"十佳"社团成员,张榜表彰,社团负责人可以参加优秀学生干部的评比,在各种评比奖励中优先考虑社团负责人;对学生社团组织者进行培训,适度开展社团之间的团体活动和团体竞赛,对优秀的社团、社团组织者及相关个人、指导教师进行表彰;借鉴大学社团发展的模式,积极推动中学社团与大学社团的接轨,推动中学社团与大学社团之间的交流活动。

应试教育大背景下的学生学习大多以外在学习动机为主,学习动机的内化情况不容乐观,这导致学生学习兴趣降低,求知欲和进取心也受到不同程度的影响。此外,学习任务难度的加大也可能导致他们对学习任务的恐惧,其胜任需要很难被满足,自主感和归属感更是无从谈起。社团是学生们根据各自的兴趣爱好共同组建的,拥有一定的自主权,在社团中与志同道合的朋友们相处能体会到更多的归属感,而自主性和胜任感是因为社团任务与兴趣相关联,对成功的感受呈良性上升态势。动机内化的同时,自尊感和自我效能感也相对提高,学生在处理外部压力和接纳被动任务时更愿意采用积极的处理方式。中学生社团是学生自由驰骋的领地,在这里,他们可以获得知识,获得成长;在这里,他们可以形成一种健康的心理状态;在这里,他们可以拥有一套稳固的社会支持系统;在这里,他们可以获得一份人生的历练与成长。我们有理由相信,学生社团必然会成为未来学校发展不可或缺的组成部分,它的作用必将更大程度地得以彰显。

附：

苏州一中学生社团章程

（苏州一中第十五次团学会全票通过）

第一章 总 则

第一条 为贯彻落实学校"学生第一"的工作目标，深入实践叶圣陶"为学生终生发展奠基"的育人理念，培养"基础扎实，素质全面，身心和谐，习惯良好"的现代栋梁之材，特制定本章程。

第二条 学生社团必须坚持四项基本原则，遵守国家法律和学校有关规定，贯彻国家教育方针。同时，学生社团活动应遵循既要民主又要集中、既要活跃又要秩序的原则，保证学生社团的健康发展。

第三条 学校成立由校党委、校德育处和校团委组成的中学生领导力开发中心（以下简称"中心"），具体指导社团的工作，领导各社团开展活动。各学生社团必须接受团委的管理和指导，社团内部的一切规章、条例和决定不得同本章程相抵触。

第四条 学生社团的成员应为我校在读高中学生，社团的指导教师或顾问原则上由社团自行聘请校内外合适人选担任，但须经中心批准，并报团委备案。

第二章 社团的成立

第五条 学生社团应由三名以上（含三名）同学发起成立，设立社团成立筹备组并确定负责人，完成起草社团章程草案等准备工作。社团章程草案应包括社团名称、宗旨、目标、组织机构设置、社员招募办法及其他应说明的事项。

第六条 学生社团筹备组主要负责人必须在每学期开学之初的规定时间内（原则上应在社团招新大会前），向中心递交社团成立申请材料，即社团章程（草案）。

第七条 中心在收到社团成立申请材料一周内按照标准对申请材料进行审核，并在第二周内给予答复。对于未达标的申请，由中心给出修改建议并允许其再次提出申请。

第八条 中心将通过初审的社团章程草案送交团委复审，经协商讨论并得到批准后，应在招新大会前及时告知该社团筹备组负责人，并通过校园网或其他新媒体向全校宣布该社团正式成立。

第三章 社团的招新和组织机构

第九条 学生社团正式成立之后,应积极准备参加每年秋季开学由团委统一组织的社团招新大会。任何社团不得私自招收成员,也不得招收不符合规定的新成员。每位学生必须慎重选择社团,不得登记加入超过两个社团。社团正式开始活动之后,原则上不得再提出转社要求。

第十条 学生社团必须具有完备的组织机构和规章制度。原则上,应由学生担任主要负责人,设社长1名,副社长至少2名,可下设若干部门。社团负责人从本社团成员中民主选举产生,经中心确认有效。

第四章 社团的财务

第十一条 学生社团的日常活动经费,原则上自行筹集。团委指导社团工作,不负责社团经费的收支,但有权对社团账目进行监管,并报中心备案。团委对具有一定水准和良好影响的社团活动,应积极给予经济上的支持。

第十二条 学生社团如确实需要向非社团成员收取费用时,应提前向中心申请,经中心向社团成员调查后方可允许适当收费。社团必须有完整的账目记录,定期接受中心的财务监督。

第五章 社团的管理和活动

第十三条 正式成立的社团从登记注册之日起,每学期开学第一个月内均要向团委登记注册,并递交新学期工作计划,随后在中心的指导下,按照计划定期开展活动。

第十四条 社团活动奉行公开原则,活动前应及时告知社团指导教师,然后向中心进行请示,获得通过后方可进行。活动后,社团负责人应对本次活动进行及时的报道(活动后一周以内),经中心审核后应通过新媒体第一时间报道。

第十五条 社团活动时,如需要使用指定场地外的其他场地,必须提前至少一周向中心报备,向中心提出场地、资金等项目的申请。所有申请均由团委转交中心并得到同意后,才能开展活动。

第十六条 学生社团活动借用任何场地,都应该保持场地清洁卫生、物品摆放有序,并由社团社长承担责任。若由于社团管理不善,造成场地卫生整洁、仪器设备受到破坏,中心有权收回该社团对场地的使用权,由此产生的责任由社团负责。

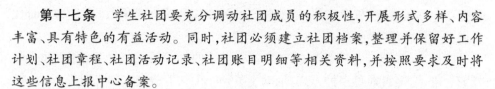

第十七条　学生社团要充分调动社团成员的积极性,开展形式多样、内容丰富、具有特色的有益活动。同时,社团必须建立社团档案,整理并保留好工作计划、社团章程、社团活动记录、社团账目明细等相关资料,并按照要求及时将这些信息上报中心备案。

第十八条　团委和中心会对社团活动进行适当考核,如出现社团管理不善等情况,造成社团活动不能正常开展,团委将和社团主要负责人进行沟通,决定社团存废。

第六章　社团的解散

第十九条　社团全体成员应当齐心协力,积极开展社团活动,共同努力推动社团向前发展。如有特殊原因,在全体成员同意的前提下,社长可向团委提出解散申请。

第二十条　如果出现以下情况之一的,团委有权责令该社团直接解散。
1. 参与社团活动的人员连续三次不足三名;
2. 开展的活动事先没有告知或请示,并且造成不良影响;
3. 整改之后,仍未进行正常活动,机构涣散;
4. 严重违反校纪、校规等情况的学生社团。

第七章　社团活动的评价和记录

第二十一条　中心应根据学校工作选择恰当时间举行社团成果汇报会,并结合社团平时工作进行考核,对表现优秀的社团或个人应给予物质或精神上的奖励。

苏州市第一中学校
2015年7月8日

第四节　国际理解课程

大数据时代、云计算、物联网等,对教育体制提出了新的挑战。教育资源已经不再是一个区域、一个国家、一个地区所有。人才培养的全球性互动及文化交流的广义性发展,使教育国际化成为教育改革的必然选择。

面向国际的教育,才能培养国际人才。如果说经济全球化带给我们崭新的视角和思维方式,那么,教育国际化必将导致我们教育思想和教学方式的国际化变革。立足本土,放眼世界,培养具有国际意识和国际竞争力的人才,是时代发展对于教育的呼唤。

四年来,在以叶圣陶教育思想为核心学校的办学特色整体建构中,作为学校的管理者,笔者通过多种方式,推动了苏州一中向着教育国际化迈进。

1. 强化与国际友好学校的沟通与交流

苏州一中与英国、斯洛文尼亚、德国、澳大利亚、美国等国家的中学建立了兄弟学校的关系。几乎每年学校都组织部分师生到这些国家的兄弟学校进行实地、互访式交流与学习。访问期间,我们的师生彼此入住对方学校的师生家庭、体验各自的文化,走进对方学校的课堂,体验对方学校的课程设置、教学理念、教学方式、评价机制和管理模式。这些师生在增长见识、获得成长的同时,也将先进的教育理念带回了学校,这一切都在悄悄地改变着一批教师的教育思想和教育方式。2013—2015年,我校组织师生和位于美国费城的 West Easter High School、波特兰的 Cleveland High School 和北卡罗来纳州的 Providence Day School 进行了互访和交流。特别是2015年上半年,我们和美国 Providence Day School 的师生,通过因特网,就国际上的热点问题诸如环保、联合国千年发展计划中的改善妇女健康和减少孩子的死亡率、抗争艾滋病、疟疾和其他疾病、改善全球水资源及卫生状况等问题设立论坛进行探讨与交流;之后对方学校组织师生对我校进行了访问,他们深入我校师生家庭、体验课堂教学、参与课外活动,就教育教学及世界热点问题组织两校师生进行面对面的交流与探讨。这个项目在当时引发了很大的轰动,但是这种轰动是从社会效应来说的。对于学生和老师来说,这种轰动更多的是从心灵深处升腾起的。学生们在交流中,消解了因国际差别而带来的畏惧和生疏感,增强了学习外语的信心,更增强了我校学生作为世界公民的意识和他们放眼世界、解决世界问题的使命感;而教师感触最深的是,原来在热热闹闹中,学生也能把知识掌握得很好。他们开始更深层次地反思自己的教学课堂,更加注重以学生为本,从而推进了我校"培养具有创新精神和实践能力、具有国际视野、适应未来发展需要的新一代公民"的办学目标的实现。

2. 探索我校学生升学新途径

近年来,苏州一中获得推荐优秀学生就读新加坡著名高中的资格,有多名学生获得全额奖学金就读于南洋理工大学、新加坡国立大学等世界名校。2013届的何超逸,2014届的潘姜东、刘宇轩同学经过苏州一中及苏州市教育局的推荐，通过了新加坡学校组织的考试，均获得了就读新加坡名校的全额奖学金。2014届的代颖同学、2016届的钮思源同学通过我校及苏州市教育局的推荐和选拔，均获得了世界联合书院的奖学金，攻读世界联合书院的IB课程，并将凭借这些课程的优异成绩就读世界一流高校。苏州一中还与美国的印第安纳大学普渡大学联合校区、密西根州立大学、波特兰大学、法国的波尔多大学、日本的工学院大学、加拿大的肯特学校等国外高校进行合作，为一批有志去海外留学的学生提供了升学新途径。这些国外高校经过对苏州一中一段时间的实地考察和申请材料的审核，将苏州一中批准为合作的海外高中，并为我校的优秀学生提供了丰厚的奖学金，为苏州一中有志留学海外的学生提供了优质的资源与平台。比如，苏州一中2010届的张伟杰同学获得了印第安纳大学普度大学联合校区的折合人民币40多万的奖学金，2012届的吴刘蕾同学获得了折合人民币20多万的奖学金。这些学生在这所大学都成了优秀学生，张伟杰同学更是成了该校留学生中的佼佼者，登上了该校荣誉榜，成为该校海外留学生的形象代言人。苏州一中同日本工学院大学的合作也受到了学生的追捧。经过为期近四年的考察，该校将苏州一中认定为他们的合作伙伴。工学院大学为日本最大、最著名的私立大学之一，以掌握科学技术、将保护有限的资源、减少能源的浪费、保护地球环境和生物的生命、保障人类的安全、构建福利社会和建设"持续型社会"视为目标，并以工程学、建筑学闻名于世。2015年，该校首次来苏州一中招生，并为我校学生提供了丰厚的奖学金，这样，我校有志于学习工程建筑学的学生又多了一种升学途径。我校缪玥同学凭借出色的法语和在校的优异成绩被法国波尔多大学录取，并获得了全额奖学金。每年，这些同学都会回母校看看，我们欣喜地看到我们培养的学生成了优秀的世界公民，在世界的各个角落大放异彩。

3. 承办国际高端项目

经过激烈的角逐和竞争，苏州一中成为美国国务院在中国为数不多的承办NSLI-Y海外青少年汉语项目的学校之一，从2013年起，连续三年获得了该项目的承办资格。每一年暑期，苏州一中学生接纳来自美国各州的20名全美最优秀的高中生。这些美国学生入住我校学生家庭，亲自体验我们的生活与学习，特别是领略我国博大精深的中华文化。苏州一中很多教师参与了汉语课程和中国文化的教学，为帮助美国学生了解中国、了解苏州做出了巨大贡献。除了汉语课程外，我们开设的太极拳、武术、书法、国画、桃花坞木刻、中国茶艺、中国民族音乐、烹饪、乒乓球、中国四大名著等课程都受到了美国师生的热烈欢迎，我们的每一位授课老师都深受美国师生的喜爱。苏州一中的项目管理团队及管理人员的敬业精神和工作能力也得到了美国国务院的高度认可,苏州一中还获得了该项目在中国的"项目优秀承办学校"的殊荣。通过该项目,苏州一中师生有了很大的收获,在项目中学习和了解了美国文化和教育,同时也学到了美国先进的教学方法,特别是我们的寄宿家庭从中获益匪浅。寄宿家庭的学生与家长不仅见识了美国学生跟中国学生一样的勤奋和努力,而且从美国学生身上感受到了美国的教育给人的发展带来的积极影响,因为美国学生在成为一个具有健康体魄和全球意识、富有同情心、具有创造性的人方面有很多值得我们学习的地方。他们中的很多同学都表示今后将从事中美友好合作方面的工作,并有可能成为中美两国的外交家。我们很高兴能为培养这些世界型的人才做出了贡献。此项目同时增强了我校师生与美国师生的友谊,每一次项目结束时美国师生和我校师生特别是寄宿家庭间恋恋不舍地挥泪告别成了我校特有的一道风景。

4. 开设国际直通班,强化优才课程

成立于2004年的苏州国际预科学校,11年来累计向海外名校输出近800名优秀学子,其中65%以上进入了世界排名前200位的著名大学。2011年苏州一中开设双语出国直通班,在完成国内毕业要求课程的基础上增加一些英美高中课程,强化英语学习。在此基础上,2015年学校开设了国际高中课程,学生在经过三年的学习后,参加国内会考科目和美国核心课程的考核,毕业时将同时获得国内高中毕业证书和合作的美国高中毕业文凭,可直接被英、美、澳等海外著名大学定向提前录取,成绩优异的学生将冲击全美排名前30的名校。

之所以能取得这样的成绩,与苏州一中的专业师资配备及科学的教务教学管理是分不开的。师资方面,国际高中的国内教学团队由苏州一中的骨干老师担任。国际高中的外教都具有深厚的学术背景、较高的学历和多年丰富的教学经验,其中语言社会类的全部外教均为国际语言类考试专家。所有外教均持有DELTA、CELTA、TESOL等证书。除了拥有雄厚的师资力量外,学校对学生的管理也很严格。除了专门有教师负责班级管理外,还有教师及时与家长进行沟通。专业的素质课程教师还将负责Stand Out全球大课堂素质课程及学生会的监管,学生宿舍管理员也将负责学生宿舍的管理。这样就形成了完备的管理体系,使得学生能在一个安心和安全的环境中学习和生活。

以下几位是我校国际直通班的优秀学生代表:

毛至人同学,2013届毕业生。在校期间GPA得分为3.9,后成功被美国东

北大学录取并获得 20000 美元的高额奖学金,成为美国东北大学当年度在中国仅有的 4 名奖学金获得者之一。毛至人同学爱哲学,爱思考。原本初中对历史不感兴趣的毛至人,上了国际直通班的美国研究课后,就对它一见钟情。严格来说,在苏州一中国际直通班,没有所谓的固定的行政班,学生实行"走班制",每个人的课表都可能不同,但共同的兴趣会让他们走在一起。比如,上美国历史课,学生会在同一个班里,根据某个历史事件,分饰多角进行演练,新鲜而有趣。美国名校在中国每所学校的本科生录取最多不超过三四十人。在苏州一中国际直通班,学生们却从不把彼此看成是对手。毛至人、陈烨同学同时申请了东北大学,他们互相参考,指出对方的不足,给出建议来完善。天行健,君子以自强不息,浩浩然则必成大器也。

张志昊同学,2014 年毕业生。来自上海,为了完成从小出国的理想而来到苏州。他说是苏州一中良好的学术氛围,认真负责的老师,优秀的学生吸引了他特地从上海来到苏州一中国际直通班求学。在苏州一中,他完成了巨大的蜕变——从一个作业不能按时完成的懒学生到一个认真学习、积极配合老师教学的优等生。他擅长的科目是理科,尤其是数学,在学校 Mohammad 老师细致耐心的教导下,春季学期甚至获得了 A 的好成绩。通过刻苦和勤奋地学习,不擅长的科目也在渐渐提升直到最后不拖总成绩后腿。最终完成了从秋季学期到春季学期的"大逆转"——不仅成功拿到佛蒙特大学的录取通知书,还获得了佛蒙特大学的高额奖学金。

张志昊是个热爱运动的学生,体育课时操场和体育馆必然会有他的身影,高尔夫、乒乓、羽毛球、游泳都是他喜爱的运动,他还曾获得高尔夫青少年比赛第三的好成绩。

美国大学并非苏州国际预科学校学生们的唯一选择。2015 年,许多学生收到了英国、澳大利亚等世界各地名校的录取通知书。个性各异,研究方向也不同,要被各国名校录取,诀窍在哪?作为校长,笔者认为,毛至人等同学拥有四项共同的特质:优异的初中学业基础、强大的时间管理能力、独立自主的学习能力和丰富的课外生活。比如,当年他们参加中考,分数均超过苏州排名一、二的学校的分数线,其实如果他们在国内参加高考,成绩也不会差,他们有自己独立的想法,从初中开始就奠定了未来要走的路,知道自己努力的方向。

苏州一中直通班的学生普遍比较有主见,知道如何去调节学习和业余爱好的关系,任何时候都没有放弃自己的兴趣,坚持自己的选择,也没有被学业压垮,这正是国外名校比较注重的一大特质。成绩只是国外名校的敲门砖,更重要的是学生自身的分量,如学生个人的视野和情怀,是否具有领导才能或团队精神等。如个人专长,不管是主流还是非主流的,只要是自己热爱并长期坚持投入的一个领域或多个领域,国外名校都比较看重。

回顾苏州一中近五年来的国际化办学经验,从"海外全移植课程"教学,到今天的"融合式国际课程",这倾注了一中教育工作者的心血。原始的教学模式因为只强调英语,忽略学科基础及学生综合素养,学生入口较低,导致学生鲜有海外名校,特别是顶尖学校的录取。过渡式的课程强调原汁原味,注重学生各项综合能力,但是在国内运行时因受师资、学生水平、教学资源限制,学生在学习的时候较为吃力,要想保持跟海外高中生一致的学科开设更是难上加难。目前到了融合性国际课程阶段,这也是苏州一中国际直通班响应国家教育国际化的号召,用国际视野来把握和发展我们在国内的教育。

整个世界正变成一个地球村,每个国家的发展都离不开国际交流与合作,同样,一所学校的国际化将决定这所学校发展的高度与宽度,是学校提升办学品味的有效途径,今后我们将更努力地工作,探索更有效的学校国际化策略,进一步提升苏州一中的国际化水平。

第八章　文化立校——水乳交融的浸润伟力

校园文化源于社会文化,是社会文化分化出来的一种亚文化。从广义上讲,校园文化是指学校存在方式的总和,即学校的整体文化,包括物质文化、制度文化和精神文化,其中精神文化是核心。从狭义上讲,校园文化是指以校园为活动中心来培养全面发展的合格人才,丰富和活跃校园生活而组织的一系列思想政治、文化教育、社会实践等活动。

学校文化领导就是借助文化的力量,提高管理的效能与效益,提升育人的质量与水平,提高文化的品质。精神文化的内核是情感、态度、理念、愿景与价值观,显现在师生的行为方式中,无处不在,无时不有。文化领导的方式是以文化人,用先进的办学理念与正确的价值观引领师生,用民主、公平、公正的价值管理机制激励师生,用共同的愿景与情感汇聚力量,让学校永远充满生机和活力。

学校领导的本质是文化领导,学校管理的最高境界是文化管理,道是无形却有形,无为而无不为。作为校长必须有文化自觉,在学校文化传承与创新中实现文化领导与建设的统一,培育时代新人。

第一节　百年传统建校文化

苏州一中溯源至1805年沧浪亭北侧可园的正谊书院,历经了两个世纪的岁月沧桑。1902年改名为"苏州府中学堂",1907年创办的"苏州公立第一中学堂"、"省立第二中学"等都是其前身。名家掌校、名师执教、名人辈出是苏州一中百年办学史上最为显著的特点。曾在这里担任教职的,有清末民初著名爱国志士、教育家、文学家金松岑,民主革命先驱袁希洛,爱国大律师陆鸿仪,南社社员时称"江南三大儒"之一的胡石予,南社社员著名画家陈迦庵,著名语言学家吕叔湘,著名哲学家匡亚明,中国共产党早期领袖、著名经济学家张闻天等名人大家。千年紫藤下走出了清状元吴钟骏、叶楚伧、叶圣陶、顾颉刚、王伯祥、吴湖帆、汪懋祖、颜文樑、顾廷龙、郑逸梅、胡绳、袁伟民、韩雪等各界英杰,冯康、冯端、钱令希、钱人元、沙庆林、赵铠等23位中国科学院、中国工程院院士。

二百多载风雨历程,二百多载钟灵毓秀,学校秉承校训"正谊明道",依托绵延厚重的文化积淀,延传苏州崇文睿智、开放包容的教育品性和文化精神,滋养一代代一中学子的心灵和情怀。成就了很多的教育经典,积淀了深厚的文化底蕴。

1. 教育要继承和超越传统

很多百年老校在发展过程中受到多变社会环境的影响,在继承与发扬优秀教学思想和价值过程中,难免出现遗漏和断层的情况。一任校长一个思路,不同时期不同思想的现象随处可见。苏州一中的学校文化和教育思想却得到了薪火代代相传,具有历史性和传承性。办学理念和教育文脉一直延续至今,校训"正谊明道",办学理念"为和谐发展而教",以培养基础扎实、素质全面、身心和谐、习惯良好的现代栋梁之材为目标,在发展过程中逐渐形成独特的文化特征和教育价值,形成了稳重而有学养,大气而不张扬的教育品性。

超越需要基础,继承是为了超越。经过长期研究发现,苏州一中的办学思想继承了校友叶圣陶的教育思想的精髓。"教育就是培养良好的习惯""教是为了达到不需要教""教育要为人的一生发展奠基""教育工作者的全部工作就是为人师表"等教育观点至今熠熠生辉。改革开放以来,苏州一中广大师生不断深入学习和践行叶圣陶先生的教育思想,形成了比较鲜明的办学特色。在学习和践行叶圣陶教育思想的过程中,学校积淀了丰盈的办学精神和内在气质,学生自主能力得到长足的发展,教学思想进一步提升,"像叶圣陶那样做老师"、"习惯之星"评比表彰、"教为不教"研讨交流等主题教育活动持续开展。在保留优良传统的同时,又满足了当前时代发展的要求。实践叶圣陶"教育为人生"的德育思想,构建"以生为本、个性发展"的学生能力发展体系、实践叶圣陶"为人师表"和"终身学习"的教师发展思想,构建"以师为本、幸福从教"的教师专业发展体系研究、践行叶圣陶"知变,善变,有所改革,有所创新"的教育改革思想,借鉴百年优秀办学传统,构建"尊重学术、文化立校"学校管理机制。

"名师立校"的意识始终得到坚持。状元吴颐、吴廷琛,榜眼冯桂芬曾经担任掌院,蔡俊镛、袁希洛、汪家玉等曾任校长,吕叔湘、匡亚明、张闻天、金松岑、程仰苏、孙伯南、胡石予、颜文樑、程小青等曾在这里任教。"名师出高徒"在这里得到验证。在新时代的办学中,历任校长坚持以培养名师为己任,把"教师第一"作为发展战略,苏州一中始终占领着人才高地。以师能、师德建设为基础,强化培训培养,这里成了名师的摇篮。学校目前有江苏省特级教师八位,教授级高级教师五位,研究生比例达到40%,中高级教师超过90%。

2. 教育改革要循序渐进

办学传统是一所学校绵延不绝的血脉。它的精髓植根于学校的每一个角落,潜移默化地影响着学校的发展走向。尊重历史,尊重先贤的创造,站在前辈的肩膀上,我们才会视野更加开阔,步履更加坚实,精神更加豪迈。百年来,苏州一中的教育改革是循序渐进的,始终着眼于从学校丰厚的文化积淀中汲取营养,深入挖掘办学传统中的精华,发扬光大,薪火相传。1907年,蔡俊镛考察日本中学教育返国后,精研理学,不尚空谈,注重躬行实践,主张要办好学堂,应多吸取西方先进的教育体制,切实按现代教育体制与教育方法办学,这些先进的思想成为创办苏州第一中学的教育理论基础。蔡俊镛决定把苏州一中办成一所"相磋道德,寻泽学术,敬业乐群,敦品励学"的新式教育学校。主张"国化(民族化)是取洋之长以补国之短,移植必服水土,乃能生根"。因此,苏州一中在很大程度上是中国普通基础教育发展进程史的缩影。前人留给后人的精神财富,已经融入学校的血脉,成为学校文化发展的基石,使得各种学派、新见、信息、知识等在苏州一中得到很好的传播和交流。

新中国成立以来,秉承务实创新的传统,借鉴百年办学的经验,在新时代发展洪流中,苏州一中努力创新学校管理制度和管理机制,重建尊重学术、文化立校的学校组织文化和制度文化。先后进行了"两权分离"改革试点、"联合办学"改革试点,将苏州一中的管理文化在不同土壤中进行推广和实验。创设督导委员会作为学术权威,开展日常教育检查、阶段性主题检查、教师发展推荐意见确定等,实现学校的随时自我纠错和调整。创立年级学生自主管理委员会等,把依赖性教育转化为自主教育试点等实验。尤其是近三年来,随着苏州市中小学吴文化教育研究与指导中心落户苏州一中,学校现已成功申报成为江苏省吴文化教育与实践课程基地;随着叶圣陶教育思想展馆揭幕和江苏省"叶圣陶教育思想研究所"挂牌,苏州一中率先建立了学校所有教师与学生的素质教育活动基地,大力提倡求真、求实的实验精神,不断提高教学水平和质量。教育改革不仅需要智慧和勇气,更需要坚持良好的态度和精神。除了1907年办学伊始的改革是革命性的,接下来的教育改革都是循序渐进的,所有这些改革都不是空穴来风,不是生搬硬套,而是水到渠成,顺势而为。无论形式上怎么变化,无论学校是公办、民办还是民办公助,教育的本质没有变,根基没有动。

"民主开放"的办学思想在苏州一中始终得到坚持。苏州一中的办学起点就是"洋为中用",首任校长蔡俊镛是留日归国学生,在百年历史中始终没有忘记世界眼光和民主办学,正是"民主开放"使苏州一中始终保持着海纳百川的精神。袁希洛校长是知名民主人士,曾经代表各省民众向孙中山授"临时大总统"印。汪懋祖校长是苏州一中学生,后留学美国,是著名教育家杜威的学生。张冀牖校长为开明民主人士,为改变中国妇女命运,变卖家产创办"乐益女中",以新思想办学,支持抗日和公益活动,苏州第一个党支部就在此诞生,培养了不少思想进步的学生和老师。正是"民主开放"使苏州一中始终保持全面发展的素质教育思想,在德智体美劳五育并举的基础上,鼓励学生特长发展,培养出了叶圣陶、顾颉刚、吴湖帆、袁伟民、顾廷龙等文化名人和李竞雄、冯康、冯端等23位两院院士。正是"民主开放"使苏州一中始终保持着发展的活力和旺盛的生命力。正是这一思想使我们改革不停步,始终适应社会发展和变革。逐步形成了以机器人和发明创新等为代表的科技教育特色;以羽毛球、游泳等为代表的体育教育特色;以昆曲、评弹等吴文化艺术为代表的艺术教育特色;以国际预科为代表的出国留学和双语教育特色。

3. 教学不断走向文化自觉

根据百年老校发展的经验,学校文化不是自发形成的,而是通过自觉行为长期塑造成长起来的。而文化自觉是一种文化的反思与追问,是一种文化意识的唤醒。苏州一中的发展既得益于几千年崇文尚教的文化传统,也得益于两百年来社会贤达和教育精英出任和执掌学校,还得益于培养和聘请大批名师执教,更得益于苏州一中近几年来以叶圣陶教育思想为核心的办学特色的不断彰显。苏州一中历经百年而不衰的不仅是经典的校园、不仅是高水平高质量的社会声誉,更是她自身发展中积淀下来的叶圣陶教育思想和文化个性,使她成为苏州人公认的名校。借用老师们的话说:"老学校的教育传统是刻骨铭心的,老学校'老'在氛围、'老'在风格、'老'在底蕴,老学校永远珍藏在老百姓的心中。"

随着城市迅速发展,生源结构调整,苏州一中在面临着严峻挑战的同时,充分展示她的以"教是为了达到不需要教""像叶圣陶那样做老师"的文化个性和教育精神,不断进行务实创新,循序渐进,兼容开放,保持独特的教育灵感,尊重并倡导学术的民主,让校园充满书卷气、书院气、书生气。"以叶圣陶教育思想为核心的学校办学特色整体建构研究"是苏州一中独立承担的江苏省"十二五"教育规划重点资助课题,一个世纪后的今天,叶圣陶的教育思想在他的母校得到了传承弘扬,成为当今苏州一中发展的推动力。也正是在这样的不断积淀中,苏州一中以叶圣陶教育思想为核心的办学特色不断彰显。使苏州一中在百年发展过程中永葆生机和活力。

苏州一中的校史是一部活的教育史,不断培养学生尊重历史、关爱自然及和谐发展的精神。学校在发展过程中,与吴文化相结合,同时植根于中国传统的"天人合一"的沃土之中,从而形成独特的苏州文化有机整体,呈现出"学校—园林—文物—建筑"极具特色的体系和蔚为壮观的格局,实现了建筑与自然、校园与园林、生态与文化的和谐统一。与此同时,在铭记历史的过程中,不断对传统进行扬弃,根据学校发展的需要,以学生为本,满足教师需要,不断取其精华,去其糟粕,对传统的理念进行创新,博采众长,为后人留下宝贵的精神财富,为其他中学的发展提供必要的借鉴。

第二节 文化整合,培育自己的办学特色

文化立校是形成由内而外、融入肌理办学特色的必由之路。文化是一所学校最为重要、最有力量的软实力。彰显办学特色就是为了更好地积聚学校的文化和精神力量。每所学校都有自己的文化传统,都有贯通学校历史、支撑学校健康发展的文化血脉。它是学校文化特定时空的积淀,是学校品牌赖以形成的基础。构建学校特色,必须着力于发掘学校的文化传统,在传承学校文化传统的基础上培育自己的办学特色,打造响亮的学校品牌。

文化立校也是学校提升办学理念和办学品质的逻辑需要。教育的最高价值在于培养全面发展的人,这种全面发展的人就是完整人格的人或曰健全人格的人。正是基于文化的教育学特性,从教育理念上看,办学特色的凝练必须形成自己的学校文化,包括价值文化、环境文化、课程文化、管理文化、制度文化等,在校内形成健康生态的良好文化系统,文化立校亦即文化育人。文化立人不是忽视知识教育的重要性,而是在知识教育中渗透价值的意义;不是单一地追求知识质量即教学的分数,而是同时关注知识背后的文化背景与价值理性,这是教育回归"人"的重大教育变革。文化育人视教育为文化的过程,重视文化的整合和化成。也就是说,与单纯的知识教育不同,文化育人不是仅仅将目光集中于学生的文化成绩,而是通过文化的整合健全人格,唤醒生命的创造力。文化育人视教育为文化熏陶的过程,重视文化的整体性、系统性和融合性。文化育人追求的是受教育者人人成功、个个发展。而这一切,都是和苏州一中坚

持以叶圣陶教育思想引领学校办学方向、整合学校管理文化、凝聚学校发展共识、凸显学校办学特色的总体思路高度一致的。近年来,笔者在学校文化整合方面主要从以下几方面着手:

1. 价值文化

苏州一中是苏州历史上第一所实行新式教育的公办学堂。早期20年的办学业绩是苏州现代教育史上最为辉煌的一页。叶圣陶是我校首届校友,是百年校史上众多校友的优秀代表。叶圣陶教育思想萌发于叶圣陶在苏州一中就读时期。叶圣陶是苏州一中百年办学传统的文化符号,同时其教育思想本身也积淀着我校早期办学思想、办学智慧和办学文化的重要元素与因子。因此,深入学习并践行叶圣陶教育思想,用叶圣陶"为人生"的教育思想规范和引领我们的办学行为,让叶圣陶教育思想融入肌理,化作精神,丰富内涵,深度融为学校的内在气质和品位,就成为苏州一中弘扬百年办学传统和彰显学校文化特色的最佳路径选择。在全校深入持久地开展学习实践叶圣陶教育思想,以此引领学校发展是我们最为重要的价值选择。

叶圣陶教育思想是著名教育家叶圣陶在20世纪我国社会变迁和教育改革尤其是基础教育改革历程中形成的具有中国特色的现代教育思想,它既植根于中国传统文化的深厚土壤,又颇具现代教育理念,是具有鲜明民族风格和中国特色的活的教育学,对教师的专业发展和成长具有其他教育理论所不能替代的独特作用。在当前社会急剧转型、教育观念异彩纷呈的新形势下,以深入学习、研究和实践叶圣陶教育思想为抓手,对于统一思想、形成共识,找准学校发展的着力点,具有重要的理论价值和实践意义。

(1) 认真践行叶圣陶德育思想,加深对教育目的和价值的认识

叶圣陶德育思想最重要的内容是对教育本质的深刻认识,即"为人生"而教育。中小学教育的价值在于为孩子的一生发展奠基。教育要着眼于学生的人生,着眼于学生的成长和终身发展;要培养学生的良好习惯,做社会的合格成员和国家的合格公民;要通过有效的德育实践,为学生的一生发展奠思想之基,心理之基,品质之基,人格之基,夯实德育基础,为学生今后的人生起飞构筑一条高质量的"跑道"。教师只有牢固树立"教育为人生""教育就是培养良好习惯"的教育思想,才会在实际工作中真正帮助学生养成各个方面的良好习惯,让学生受益终身。教育必须关注人,关注人的和谐发展和健康成长。学校的根本任务是育人,人是学校一切工作的出发点和旨归。中小学是人生成长的重要阶

段。中小学教育的意义在于为学生的一生奠基,奠定道德、文化、身体、心理等方面的扎实基础,为学生将来成就事业、取得人生的成功打下扎实的基础。这一思想已逐渐成为苏州一中教师的共识,并且自觉主动地贯穿于教育教学工作的始终。

(2) 认真践行叶圣陶教学思想,加深对教育过程和本质的认识

叶圣陶教学思想的核心内容阐明了现代教学的过程和本质,即"教是为了达到不需要教"。教学的过程和本质在于引导学生自己学习探究,发挥主体作用,学会自学本领,适应学习化社会,养成探究和创新意识。学习实践叶圣陶"教是为了达到不需要教"的教学思想,可以有效提升教师教育素养,有力推进课堂教学模式改革,深化有效教学,真正做到发挥学生主体作用,以学定教,以学论教,以学评教,教学合一。教师教学思想建设是教师专业发展的重要组成部分。叶圣陶"教是为了达到不需要教"的教学思想阐明了现代教学的过程和本质。这一思想不是一般的教学方法和策略,而是教学的基本原则和哲学基础,蕴含和体现了热忱真挚的学生观。他坚持倡导建立民主、平等、和谐、亲切的师生关系,主张师生"互为朋友""情同手足""融为一体""教学相长",体现了以人为本的教育理想。

(3) 认真践行叶圣陶为人师表思想,加深对师德作为教育根本和核心的认识

叶圣陶教育思想的重要内容是发挥师表师风的示范作用。叶圣陶对教师的品德修养十分重视,提出"教育工作者的全部工作就是为人师表",提倡"当教师的人,应当讲究修养。我的信条:师德、师容、师才"。他始终强调,"一个学校的教师都能为人师表,有好的品德,就会影响学生,带动学生,使整个学校形成一个好校风"。认真践行叶圣陶为人师表思想,就是要把教师专业发展和对教育事业的忠诚当作一生的自觉行动,努力追求"学高为师,德高为范"的崇高境界;就是要坚持名师立校,名师强校,把教师队伍作为办学的根本和学校的核心竞争力。而教师队伍建设的关键又在师德的修养,身教重于言传,言传依附于身教。苏州一中是一所百年老校,敬业爱生具有悠远深厚的传统,学校传承多年的教风就是"厚德、爱生、博学、善教"。学校先后进行的系列师德教育活动有:问卷调查——教师职业倦怠调查;主题沙龙——"教师职业幸福""孩子,我拿什么爱你""今天,我们应该如何做老师";专家讲座——如何做一个幸福的教师、"青春心语";职业培训——积极心理学取向下的教师职业等。为了配合学生行为习惯的养成教育,我们也同步开展了"苏州一中教师良好习惯"培养

工作。

2. 环境文化

环境文化是学校特色的重要表征。有特色的学校必须有相应的"有灵魂之校舍"。苏州一中历史上曾为江苏省立第二中学,是民国时期江南名校。学校也有相当丰富的民国遗存。为此,我们的校园环境文化建设主旨便是:丰富民国元素,强化草桥特色。首先是整合校园文化遗存。我们将叶圣陶塑像、廿周年校庆纪念碑、正谊书院碑、省立二中碑等文化遗存,总体设计、统筹布局,使分布于合宜的位置,既妥善保护,又与校园建筑相得益彰,成为校园环境的有机组成。其次是以著名校友为校园建筑命名。我们本着权威性、代表性、学术性,以历史人物为主的原则,遴选出冯桂芬、叶圣陶、顾颉刚等若干影响深远的著名校友,以他们的名字命名校园建筑和道路,让校园每一个角落都散发着学校文化的独特魅力。再次,建立著名校友藏书室:结合图书馆改造,广泛调动校友资源,为一批著名校友设立藏书室,充分凸显学校人文特色。

在苏州一中从溯源、创建到发展的历程中,学校校址内存有数处具有苏州古典园林风格的庭院、宅邸及古树名木。在正谊书院、苏州府中学堂、吴县县立初级中学、吴县县立中学、苏州市市立中学办学期间,其校址就在槛曲回廊、庭宇清旷的古典园林可园之侧;在苏州市第二中学、苏州市教师进修学校(两校合并入苏州一中)办学期间,其校址为"清元和县县署"旧址,其庭院内,有一株稀世古藤,已历经千年;而迁建与金太史巷的苏州市第二中学(后称苏州市第二高级中学,后与苏州市第一中学合并)二院,则是清苏州知府吴云的故居。除"可园"现在苏州大学南校区内之外,"清元和县县署"、被誉为"中华第一藤"的稀世古藤、"吴云故居",均得到苏州一中校方的良好保护,成为校园的名胜之所,也成为体现苏州一中悠久校园文化的标志性风景。

养护千年古藤 进入苏州一中校门,走过绿荫蔽日的"陶苑",经过镌有叶圣陶、顾颉刚等一中早期毕业生名字的"建校廿周纪念塔",走进嵌有"紫藤苑"匾额的原"清元和县县署"庭院,跨过月洞门,步入一天井,便可兀然见到那盘曲如虬伏地而起的古藤了。

但见那藤躯上盘满褐色孢状结节,如巨龙鳞片,似武士铠甲。仅从藤躯之古朴苍劲之状,便可知那藤的悠久年岁。数年前,苏州的园林专家便断言,此藤已有近千年的寿龄。据一中校史资料,也述有:"校东院有紫藤一株,植于宋代,迄今已有八百余年。藤后原有厅堂一所,名'寿藤轩',现已拆去。"因此,一中人称此藤为"吴中第一藤"。而在2007年夏,苏州园林专家在对苏州古树古木进行普查时,经对比考证,苏州一中的紫藤干茎达72.3厘米,既大于原称全国之最的上海市闵行"古藤园"的紫藤(干茎为52.5厘米),又大于2005年发现的位于湖北省保康县马良镇曾家垭村的全国新"紫藤王"(干茎为57厘米),当属"中华第一藤"。

细观这株号称"中华第一藤"的古藤,其形其状确实名副其实。但见此藤伏地而起,盘旋而上,形如蛟龙出水,又如巨蟒腾空。更奇的是,在主藤根部,又分伸出一株粗可盈尺的支藤,与主藤同时跃出地面,交缠而上,如父子相依,如雌雄相偎,而盘旋至一人高处,倏忽展为九枝支藤,腾跃盘旋,而一攀爬入架,便演绎成满架巍云,绚烂旖旎,极为壮观,堪称世所罕见。

维修"清元和县县署"庭院 20世纪80年代末,苏州一中领导自筹资金对"清元和县县署"古建筑进行初步修缮。2001年春,学校斥资30余万元对"清元和县县署"古建筑进行全面整修,使整个庭院呈现具有江南古建筑式的官衙后院的独特风貌。学校把维修一新的庭院定名为"紫藤苑",作为学校艺术教育中心。"紫藤苑"内设有绘画室、书法室、曲艺室、摄影室、草桥文学社、干将史学社等。2007年,学校又斥资对"紫藤苑"进行深化园林式建筑风貌的整修。

重建"建校廿周纪念塔" 苏州一中创建于1907年,创建以后,校方将每年的正月十五日作为校庆纪念日。1927年,由原苏州公立第一中学堂、吴县县立第一中学首届、二届毕业生捐资建造"建校廿周纪念塔"。塔身正方体,四面嵌塔碑,两侧塔碑镌刻捐资者姓名,中有叶绍钧(叶圣陶)、顾诵坤(顾颉刚)、王钟麒(王伯祥)等。塔冠先为石质飞甍崇脊,后以汉白玉祥云华表柱为顶。至"文革"期间,纪念塔作为"四旧"被推倒。

1987年,学校领导决定趁校庆80周年庆之际,重建"建校廿周纪念塔"。校方专请早期校友、掌故作家郑逸梅"重建草桥中学廿周纪念塔记"。全文为:"草桥中学纪念塔,建于民国十六年,即公元一九二七年。屹立鼎丞图书馆前。历经板荡,而塔基幸免于厄。迨一九六六年,浩劫来临,遂被毁于梼昧之手,致使风潇雨晦,残迹颓然。不毋令人起荆棘铜驼之叹。兹值百废俱兴,发扬教育,又适欣逢创校八十周年纪念,爰集资庀材,重建是塔。煌煌奕奕,恢复旧观。对此能不缅怀铎化之维艰,树型之不易,菁莪棫朴,遗泽犹存,而学子莘莘,藉以追躅溯徽,龟勉策励,日后为国家增光,为社会造福,端发喤引,其庶几乎。是为记。""重建草桥中学廿周纪念塔记"一文,由早期校友、书法家顾廷龙执笔正楷为书,于1987年刻石后镶嵌于纪念塔后侧。

叶圣陶塑像 2003年,为更好地纪念早期校友、著名教育家叶圣陶,弘扬叶圣陶教育思想,在学校中轴线上耸立起汉白玉材质的叶圣陶全身塑像。2015

年,学校整体改造之后,雕像移至更中心位置。叶圣陶全身塑像由花岗石基座和汉白玉雕像主体形成。统高为4.5米,由女雕塑家朱文茜塑造。基座正前的隶书"一代师表",为江苏省立第二中学时期校友、时年92岁的书画家吴石渔老先生书写。叶圣陶全身塑像为座像,由整块巨型汉白玉雕琢而成。塑造出晚年的叶圣陶安坐藤椅,手扶拐杖,含笑俯首,似正与全校师生交谈的形象。

3. 课程文化

校本课程是国家课程的重要补充,也是充分挖掘地方文化资源、形成学校课程特色的重要渠道。我们将百年校史《草桥春秋》、著名校友作品集《文化的雕像》等作为校本课程。我们结合吴文化课程基地建设,大力推进地方课程、校本课程建设,让地方文化、乡土文化真正走进课堂,使其成为促进学生精神生长和记住乡愁的重要资源。语文学科编选叶圣陶文学读本,开设"叶圣陶文学作品选读"课程;政史地学科编选著名校友作品读本,开设"校友作品选读"课程;编选吴文化作品读本,开设"吴文化作品选读"课程。

课程是学校开展教育活动、实现教育目标的最重要的载体。学校把国家课程及部分校本课程作为基础性课程。根据《基础教育课程改革纲要》和《江苏省普通高中课程改革实施方案(试行)》,基于叶圣陶"教育为人生""课程要帮助学生确定切合人生的人生观"的教育思想,学校严格执行国家课程计划,保证国家课程开足开齐、均衡设置、比例适当,切实保障学生每周两节体育课和每天一小时的活动。在此基础上,学校以统整综合的方式,规划人人必修的校本课程《好习惯·好人生》作为德育的有效延伸和补充,让学生在习惯养成的德育实践活动中,陶冶道德情操,通过自我、同伴、老师和家长的评价,不断校正,形成良好习惯。《叶圣陶文学作品选读》以叶圣陶教育思想展馆馆藏图书为基础,精选内容,指导学生阅读文学作品,拓宽知识面,提高语文素养。《基于吴文化的化学研究》《蚕桑科学实验》以吴文化特色为依托,以学生素质提高为目的,开展吴文化校本课程建设,为传统的吴文化注入新的生命力和时代感,积淀苏式文化,努力达到"人人都懂吴文化、人人会说吴文化、人人愿学吴文化,普遍有基础,表演有水平"的目标。

学校根据培养目标、办学特色及文化特色,充分考虑学生的成长历程和自我发展需求,为学生发展提供个性化、多样化的选择性校本课程。学校要对吴文化艺术基地课程、绿叶课程、外教网络课程、小语种学习、科技创新"做"中学、蚕桑科学实验进行深度开发,突出特点,拓宽门类,以优良的设计、优秀的师资、多元的内容,实现学校立体课程的设置,全面培养学生的"文化、艺术、创新"三种技能,促进学生整体素质的提升。

学校在立足于学生本位的基础上,以培养学生自主与创新精神、研究和实践能力、合作与发展意识为目的,重视规划满足多样化学习选择和满足个性化的学习需求的综合性实践活动课程。重点规划社团课程和科学实践类校本课程,强化草桥文学社、乐思好辩社、机器人社团,力求社团活动课程化,建立一个符合学校实际的操作系统。学校根据学生社团活动的特点及现有的教育资源,构建社团课程内容。在课程实施中,制订学期活动计划、填写活动记录,建立社团课程运作机制;跟踪记录每个学员参加社团活动的情况,做好过程性评价,学期末评选优秀学员,完善社团活动评价机制。学校把生涯规划与新课程推进结合起来,根据实践性、趣味性、知识性于一体的原则,规划富有特色的"领导力"提升活动课程,通过集中展示、竞赛、讲座、交流及各种丰富多彩的学生活动,给学生搭建发现其领导才能、展示其领袖风采的广阔平台,强化学生的生涯规划意识。

积极心理学教育课程关注学生的心理特征和心理结构,将其作为生涯规划的重要组成部分,使德育的内容更趋于多元化。安全教育课程以构建平安校园、保证学生的人身安全为要旨,内容包括社会安全教育、公共卫生安全教育、意外伤害安全教育、网络信息安全教育、自然灾害安全教育和校园安全教育。

4. 管理文化

管理文化是学校文化建设的重要内容。苏州一中借鉴百年校史尤其是学校早期优良办学传统,努力创新学校管理制度和管理机制,重建尊重学术、文化立校的学校组织文化和制度文化。加强制度建设。完善评价机制,全面理解质量;创造宽松环境,给力教师发展;倡导合作,淡化竞争。逐步形成制度决定一切的管理文化。强化教研组地位。营造良好的教研文化。增强教师对所教学科专业和学校的认同感、归属感、责任感。每年调整家长委员会。加强家校联系,发挥家长作用。每年竞选成立学生自主管理委员会。提倡自我管理,锻炼学生才干。成立督导委员会。尊重学术文化,加强指导专业。成立校务委员会。民主办学,广开言路,重要行政事务由校务委员会决策。以提高专业精神、专业修养、专业技能和职业幸福为主要内涵的教师队伍建设渐入佳境。

5. 精神文化

学校精神文化是指学校师生员工群体的思想意识、舆论风气、心理素质、人生态度、价值取向和精神风貌。它是校园文化的核心和灵魂,是校园文化的最高层面。其包含的内容十分丰富,主要有:办学的价值观、思想理念、目标、宗旨、方略和特色;学校精神;校训;校风、教风、学风;等等。其中,办学的价值观、思想理念、目标、宗旨、方略和特色,体现了学校的办学原则、目的、意义和鲜明个性,是学校全体一致赞同的关于学校存在意义的终极判断,也是对社会的宣言书,它既要体现办学者高瞻远瞩的战略眼光,又要体现具体运作中的战术可操作性。学校精神是学校在长期的教育实践中,为谋求发展而精心培育并与学校的个性相结合而形成的一种学校主导意识,它体现了学校群体成员的共同理想和价值取向,是学校精神文化的灵魂。校训是学校精神的集中体现,是对全校师生进行训育、激励的信条和法典,具有至高的权威性。校风、教风、学风是学校精神文化的中心内容,是社会考察评价学校的基本着眼点。

苏州一中校园精神"自强不息,追求卓越"具体体现在校风、教风、学风和学校办学理念上。

一是校风建设。校风建设实际上就是校园精神的塑造,校风作为构成教育环境的独特的因素,体现着一个学校的精神风貌。在校风体现形式上,校风主要表现在校训、校歌、校徽和校旗上。

二是教风建设。教风是教师在教育实践活动中形成的教育教学的特点、作风和风格,是教师道德品质、文化知识水平、教育理论、技能等素质的综合表现。要抓好校风建设首先必须抓好教风建设(包括工作作风建设)。苏州一中的教风是"厚德,爱生,博学,善教"。厚德,其义为师德为先,告诉教师应尊重学生人格、公平对待学生、以身示范引领;爱生,其义为以学生为本,告诉教师要以学生为主体,激发学生兴趣、促进习惯养成、组织多彩活动;博学、善教,其义为师能为重,告诉教师要教给学生方法、注重科学训练、提高课堂实效,目的是让学生真正成为学习的主人,做到"教是为了达到不需要教"。叶圣陶曾说:"教育工作者的全部工作就是为人师表。"我们努力弘扬"厚德,爱生,博学,善教",就是倡导像叶圣陶那样做老师,要尊重教育规律和学生身心发展规律,为每个学生提供适合的教育,关心每个学生,让每个学生主动、生动地发展。

三是学风建设。学风是指学生集体在学习过程中表现出来的治学态度和方法,是学生在长期学习过程中形成的学习行为习惯的表现。我校的学风是"勤学,善思,求真,创新"。着眼于创设一种相对稳定、温馨的学习氛围,培养学生的自学能力和创新思维习惯,引导学生会学习、会生活、会健体,提高审美情趣,形成完整的独立人格,促进学生的全面发展。

四是坚持"为和谐发展而教育"的办学理念。和谐发展教育是一种全新的教育理念,它包含三个层面的含义:即注重学校发展、教师发展、学生发展同步和谐发展;注重德智体美协调,教、学、做合一的和谐发展;注重规模、结构、效益优化系统的和谐发展。具有八大属性:即前瞻性、科学性、区域性、均衡性、合理性、效益性、完美性、生成性。"为和谐发展而教育"的办学理念就是不让一个学生掉队,让每个学生成功,始终把促进学生健康、和谐、全面发展作为全部工作的出发点和根本归宿,致力于让每个学生都清醒认识并充分发掘自己的潜能,致力于让每个学生在苏州一中奠定一生做人、学习、发展的基础,这种"以生为本"的理念就是学校倡导的"像叶圣陶始那样办教育"的真谛。

教育事业是一份平凡事业,苏州一中的每一位教师都在用自己的言行诠释着的内涵。学校的精神文化弥漫在校园的一草一木中、师生的一言一行中。它如灯塔,但只有智者才能见到它的光芒;它如宝藏,但只有孜孜以求者才能采掘。它诠释的是一种追求,表达的是一种信念。精神文化是一所学校的生命和灵魂,对学生身心发展和人格健全起着巨大的潜移默化的影响,是增强学校核心竞争力的前提和保障。一流的学校做文化,一流的学校文化哺育一流的学校,他们的共同点就是有着强大的凝聚力、向心力、活力和创造性。假如学校没有凝聚力和向心力这根生命线,这所学校将流于平庸,优秀学校的"生命"将终止。世界上没有完美的个人,只有不断追求完美的团体。以精神文化提升学校的核心竞争力,任重道远。"雄关漫道真如铁,而今迈步从头越。"苏州一中人就是这样,永不会满足现有水平,不断给自己加压,通过不断努力实现人生价值。

6. 制度文化

制度文化的本质是法治精神。学校管理者必须依法治校。是否有一套完备的制度文化是一所学校成熟与否的标志。一所好的学校,校长只是学校制度的执行者,同时,校长的办学思想和办学理念也应该不断融化、积淀、生成在学校制度文化中。校长应该在学校制度文化建设中鲜明地打上自己的思想印记,同时,校长也应该是学校制度文化的坚定执行者和忠诚守护人。近几年来,苏州一中不断完善教职工代表制度,完善民主治校制度。学校教代会先后审议通过了《教职员工代表大会条例(试行)》《教代会代表、工会委员、女工委员、经审委员产生办法(试行)》等校内制度的文件,并在第八届、第九届教代会换届选举时,不断予以充实、健全、完善。业已形成涵盖选举培训、提案征处、审议表决、联系沟通、巡查监督、反馈整改、材料归档等工作机制。从七届四次教代会开始,实施对校内重大的、关系教职工切身合法权益的事项,我们均通过全体教代会代表以无记名投票表决的方式审议通过,这比教育部第32号令《学校教职工代表大会规定》的颁布早了三年。

整体建构与办学特色
——叶圣陶教育思想在苏州一中的传承与践行

加强党组织建设。进一步加强党政工团在以叶圣陶教育思想为核心的学校办学特色整体建构工作中的作用。充分发挥党组织在学校以叶圣陶教育思想为核心的学校办学特色整体建构中的政治核心和战斗堡垒作用，确保党的教育方针的贯彻落实与学校以叶圣陶教育思想为核心的学校办学特色整体建构有机结合，扎实推进素质教育。

发挥校长引领作用。校长是一所学校的灵魂，在学校中的影响举足轻重。校长要把学校以叶圣陶教育思想为核心的学校办学特色整体建构摆在战略位置，用叶圣陶教育思想引领学校的发展。在学校以叶圣陶教育思想为核心的学校办学特色整体建构中，校长要高瞻远瞩，在规划、引领、构建和调控等方面有所作为，全身心地调动整合学校各个部门、每一个人的力量，促进学校以叶圣陶教育思想为核心的学校办学特色整体建构的文化体系健康和持续发展。

加强共同体建设。学校的以叶圣陶教育思想为核心的学校办学特色整体建构共同体是一个复合主体，由学校的所有成员组成。学校要将合作共享的理念引入以叶圣陶教育思想为核心的学校办学特色整体建构共同体之中，营造一种民主、开放的文化氛围，调动所有参与者的自主性、积极性和创造性，建设道德共同体、学习共同体和发展共同体，推动以叶圣陶教育思想为核心的学校办学特色整体建构。

成立学校以叶圣陶教育思想为核心的学校办学特色整体建构建设领导小组，整体规划与全面推进学校以叶圣陶教育思想为核心的学校办学特色整体建构建设，建立与完善各项管理机制，民主监督机制，全面保障学校以叶圣陶教育思想为核心的学校办学特色整体建构建设的有效实施与推进。

7. 书院文化

苏州一中是苏州第一所新式学校，但又和著名的正谊书院有着一脉相承的联系。正谊书院在近代教育史上赫赫有名，冯桂芬主持正谊书院3年，培养了众多人才，较为著名的有吴大澂、叶昌炽、陆润庠、王颂蔚、管礼耕、柳商贤、潘锡爵、袁宝璜等苏州才子。正谊书院是两江总督铁保、江苏巡抚汪志伊在清嘉庆十年（1805）以白云精舍及可园为基址创建，取名"正谊"，意在"培养士气，端正人心"。铁保在《正谊书院记》里说：建造正谊书院的原因在于"虑士风之不古"，故"以培养士气，正人心"，"使多士束身名教，争自濯磨，从此文治蒸蒸日上，士风古而民风与之俱古"。道光十二年，御赐"正谊明道"四字匾额。咸丰十年为兵灾所毁。同治十年（1871），巡抚张之万在原址重修后迁回。光绪二十七年（1901），清政府下诏将各省城书院改为大学堂，各府书院改为中学堂，各州县书院改为小学堂,并多设蒙养学堂。一时间,传统书院纷纷改成各级新式学堂,古老的中国书院走向了近代化。

历史上的正谊书院以倡导西学、注重革新而成为很有影响的著名学府,第十四任讲席即是"中体西用"思想的积极倡导者、被资产阶级改良派奉为先导的冯桂芬。1902年正谊书院改为苏州府中学堂,1912年苏州府中学堂并入苏州一中。为了接续正谊书院的办学传统,用书院文化精神疗救当下虚浮气躁的办学行为,我们在紫藤苑创办旨在滋养师生精神元气的"圣陶书院"。"圣陶书院"分教师部和学生部。教师部着眼教师专业发展,用"名师工作室""名家文化讲堂""读书沙龙""课堂研讨"等不断提升教师的职业素养和职业境界。学生部整合我校多年形成的特色项目,着眼学生兴趣爱好和特长,以综合实践活动、选修课程、学生社团、导师制辅导等途径帮助学生在科技、体育、艺术、文学、外语、辩论等多方面实现多元发展与特色发展,在省内外产生了积极而广泛的影响。

办学传统是一所学校绵延不绝的血脉。学校文化弥散在学校的每一个角落,潜移默化地影响着学校的发展走向。任职一中校长四年来,笔者带领学校领导团队努力从学校丰厚的文化积淀中汲取营养,深入挖掘办学传统中的精华,发扬光大,薪火相传,我们的每一项工作都在传承百年名校的办学传统,力求从文化传统中寻求智慧;我们的所有努力也在于积淀学校的办学文化,让我们的办学内涵更加丰盈,让我们的办学特色更加鲜明。

第三节　文化建设的结晶——叶圣陶教育思想研究所

1. 成立背景

叶圣陶是从苏州走出去的著名教育家;叶圣陶教育思想具有很高的时代价值和学术价值;苏州是叶圣陶教育思想教育学习实践的基地;叶圣陶教育思想研究所是深入学习研究发展其思想的基地,是推动苏州教育学有优教的动力。

叶圣陶是苏州一中校友,其思想源于苏州一中早期办学思想,并得到了提炼和发展。为了更好地弘扬优秀办学传统,苏州一中对叶圣陶思想进行着长期的研究,有着很好的基础。2006年承担江苏省"十一五"教育规划课题"叶圣陶教育思想与教师专业发展研究",但从一开始,就突破课题研究框架,由学校教代会郑重做出决议,在全校教职工中开展认真学习、研究和实践叶圣陶教育思想活动。在"十一五"课题顺利结题之后,顺势而为,纵深突破,成功申报江苏省"十二五"教育规划重点资助课题"以叶圣陶教育思想为核心的学校办学特色整体建构研究"和"十二五"重点课题"21世纪叶圣陶语文教育思想的传承与创新研究",全面实践叶圣陶教育思想、大力彰显"以叶圣陶教育思想为核心"的苏州一中办学特色,有效促进了学校办学理念的提升与办学内涵的丰富。叶圣陶教育思想研究所的成立,是学习研究实践叶圣陶教育思想的成果,是进一步深入研究其思想的推动,是学校特色发展的需要。

2. 叶圣陶教育思想研究所成立

2013年4月27日,苏州市教育局发文同意叶圣陶教育思想研究所成立。

2013年5月3日,叶圣陶教育思想研究所揭牌,同时开通网站。

2013年11月,江苏省教育厅发文确定叶圣陶教育思想研究所为首批"教育科研特色项目研究所"之一。同时,苏州市教育局发文明确了叶圣陶教育思想研究所的运行机制。

- 目标与宗旨

紧密结合基础教育现实和发展趋势,努力从叶圣陶教育思想中汲取能指引基础教育发展方向的理论资源,寻找叶圣陶教育思想与当下教育发展的结合点与生长点;紧密结合学校的办学实践,努力从叶圣陶教育思想中汲取能凸显学校办学特色和发展路径的实践资源,寻找叶圣陶教育思想与当下学校发展的结合点与生长点;紧密结合教育实践,努力从叶圣陶教育思想中汲取教师发展的理念,寻找叶圣陶教育思想促进教师发展的结合点与着力点。

- 功能定位

普及和提高相结合,以提高为主;研究和推广相结合,以研究为主。

- 组织与架构

叶圣陶教育思想研究所设在苏州一中,对接叶圣陶研究会,接受苏州市教育局领导。研究人员实行专兼职相结合,研究经费以自筹为主。所务委员会由苏州市教育局办公室、人事处、基教处、政宣处、计财处、教科院、教师发展中心以及任苏民、杨斌组成。下设三个部门:秘书处、研究室、宣教室。

- 任务与管理

研究所负责组织叶圣陶教育思想学习、宣传、研究与实践工作,并努力扩大辐射,增加影响,成为叶圣陶教育思想研究和宣传基地。研究工作实行理论和实际相结合,紧密结合教育和学校工作实际,确定研究内容。实行专家和群众相结合,研究人员以苏州一中教师兼职为主,可实行教师轮流进所制度,不断培养壮大研究骨干队伍;同时聘请若干国内外专家为顾问或特约研究员,引领研究工作向纵深发展。在办好目前《叶研通讯》基础上,筹办杂志,组织论坛,建立研究平台和阵地,加强宣传,扩大效应。条件成熟时,申报成立全国叶圣陶教育思想研究所。

- 网站运行

2013年5月3日,叶圣陶教育思想研究所揭牌,同时开通网站。网站共分为:走进叶圣陶、原著选读、规则课题、教改实验、学术动态、成果交流、语文教育、叶研组织、通知公告九个内容,成为叶圣陶教育思想宣传和研究的前沿阵地。

3. 主要工作

我们提出纲领性的三句话,把"一体两翼"作为叶圣陶教育思想研究所的工作主题。

"一体"是"像叶圣陶那样办教育——引领苏州素质教育"。

"两翼"是"像叶圣陶那样做老师——引领苏州教师发展;教是为了达到不需要教育——引领苏州教学改革。"两年来年叶圣陶研究所的工作取得了突破性进展。

- 学习研究大力推动

自从顾月华所长号召全市青年教师"像叶圣陶那样做老师"之后,叶圣陶教育思想成了全市教育发展的新动力,叶圣陶教育思想得到越来越多教师的重视,草桥中学还成立了叶圣陶教师团队。在已经举行的一共18期"苏州市教育局:对话青年教师"活动中,无一例外都涉及叶圣陶教育思想。

苏州一中每学期一次积极开展"学习叶圣陶,点亮教育梦想"寒暑假读书征文、"纪念叶圣陶诞辰120周年"主题读书报告会、"师生互动·教为不教"教学主题研讨会和"像叶圣陶那样做老师"主题沙龙。一批高质量论文公开发表于《人民教育》《叶圣陶年刊》等刊物上。2014年始在全市发动了《叶圣陶教育思想与当代课程教学改革》主题征文活动,共收到征文400多篇,最终评出一等奖20篇,二等奖105篇,三等奖188篇。

发动与推进叶圣陶教育思想课题研究,新申报200多项课题获批"十二五"省市级科研课题,最后确认36项为首批省级叶研专项课题。

- **教改实验实践推动**

研究所把工作重心放在基层,广泛深入开展"像叶圣陶那样做老师"活动,努力把叶圣陶教育思想转化为全校乃至全市教师的自觉行为。组织指导苏州市"教是为了不教"教改实验深化发展。2014年组织首批(54所)"教是为了不教"教改实验学校第一轮实验优秀成果评选,共评出一等奖18项,二等奖35项,推荐示范学校8所;召开区域推进现场会五次;研制《苏州市"教是为了不教"教改实验工作条例》,组织申报第二轮实验学校,举办一系列"教是为了不教"教改实验培训研究和观摩研讨活动,加强对重点联合学校的具体指导与帮助,推动教改实验,提高科学化水平和教育实效,为叶圣陶教育思想研究奠定了坚实的实践基础,注入了创新的活力。

同年10月28日,叶圣陶教育思想研究所、苏州市叶圣陶研究会联袂举办"叶圣陶教育思想课堂教学实践研讨会",取得良好效果。

11月苏州一中与吴江中学、苏大附中举行主题为"智慧联动 教为不教"的教学公开展示活动。12月与西交大苏州附中、新区一中举行主题为"打造美妙课堂"的教学展示活动,并组织了18期教育局长对话青年教师活动,美妙课堂打造的理念中到处都是叶圣陶教育思想的影响。

2015年9月,苏州未来教师培养项目——圣陶实验班在苏州一中正式开班。这是江苏省叶圣陶教育思想研究所、华中师范大学、苏州市第一中学的联合办学项目,旨在为培养未来数字教师人才奠基,突出探索数字化卓越教师成长新途径,着力培养人格健全、理念现代、基础扎实、数字见长,兼具师范素质和信息素养的现代化人才。

- **拓展理论研究视野**

研究所对叶圣陶教育思想进行全方位研究,从教育本质观、教学哲学观、素质教育观、学生主体观、全面发展观、教师素养观、语文性质观等多方面,对叶圣陶教育思想进行深入探讨。《叶圣陶"为人生"教育思想概论》《叶圣陶与当代中国教师发展》等质量较高的论文公开发表;选编出版《如果我当教师》《教育照亮未来:民国教育八大家经典文选》《什么是我们的母语:民国三大家论语文教育》等著作;编印《叶圣陶教育研究论文新编》;再印专著《叶圣陶教育改革思想研究》;苏州一中《草桥教育研究——叶研专集》汇编分期印发;将叶圣陶和同代教育家进行横向比较,拓展研究面并向纵深研究推进,凸显叶圣陶教育思想的文化底蕴和当代价值。

第八章
文化立校——水乳交融的浸润伟力

- 骨干教师引领叶研

研究所聘请一批在全国有影响的叶圣陶教育思想研究专家担任学术顾问；研制《叶圣陶教育思想研究所兼职研究员工作条件》，选聘兼职研究员，经苏州市教育局批准，共有25位名师和教科研人员受聘，促进了叶圣陶教育思想研究骨干队伍建设。同时，在全市范围内遴选首批优秀青年骨干教师80名组建高级研修班。一年来已集中学习6次，于2015年6月结业。同时成立叶圣陶教育思想名师班（60人）并已开班上课。通过研读原著、专家引领、实践研修等途径，切实加强叶研后备队伍建设。

- 扩大叶研社会影响

建立"叶圣陶教育思想展馆"，展馆占地面积500平方米，以近千幅（本）珍贵资料图片、著作和一万余字的阐释文字，集中展示叶圣陶教育思想的形成过程、文化背景、理论建树、研究成果及实践活动，从历史和逻辑两个维度，全面揭示叶圣陶教育思想（包括语文教育观）的丰富内涵和深刻价值。自开馆以来，已吸引省内外上百批次教育同行前来参观考察，产生了良好的社会效应。

建立叶圣陶教育思想网站，办好《叶研通讯》，建立宣传平台。苏州市政府还向中国教师发展基金会捐赠1000万元，面向全国优秀师范生设立"叶圣陶奖学金"，鼓励全国师范生学习叶圣陶，实践叶圣陶，做叶圣陶教育思想的积极践行者。叶圣陶教育思想研究所的工作不仅推进了苏州一中的特色建设，叶圣陶教育思想研究所以其自身的努力不断赢得社会的认可，也为苏州市的教育改革和教师发展做出了贡献。

2014年4月，在中国教育学会"素质教育在江苏——苏州现场"全国会议上进行了立体主题宣传，视频《姑苏英华》、评弹《圣陶行》、课本剧《圣陶班的故事》、舞蹈《生生农场》，叶圣陶教育思想成为苏州教育的一张名片。

附：

《圣陶行》评弹开篇唱词

山拥黛，水含娇，
水乡美景最妖娆。
江东才子多才俊，
从来文教美名标。
叶圣陶丰碑千寻高，

丰碑千寻高。

(他)字秉臣,心自高,
改字圣陶志气豪。
功建草桥春风里,
潜心甪直育人付辛劳。
剑磨十年在苏州,
一举鹏飞冲九霄。
七十年来斑两鬓,
道德文章操守高。
光前裕后妙才调,
旷代宗师叶圣陶,
宗师叶圣陶。

意在现代承传统,
百年树人育新苗。
把教育必须为人生当信条。
留下微言大义如甘露,
微言大义如甘露,如甘露;

养成好习惯,
终生不动摇,
自学贵引导,
引导去创造,
农业喻教育,
耕耘勤灌溉,
改革重实践,
风范万事标。

远山青,水迢迢,
人民的骄子叶圣陶,
勇猛精进气冲霄,
喜看桃李天下尽舜尧,尽舜尧,尽舜尧。

第八章
文化立校——水乳交融的浸润伟力

办学传统是一所学校绵延不绝的血脉。学校文化弥散在学校的每一个角落,潜移默化地影响着学校的发展走向。近年来,我们努力从学校丰厚的文化积淀中汲取营养,深入挖掘办学传统中的精华,发扬光大,薪火相传,我们的每一项工作都在传承百年名校的办学传统,力求从文化传统中寻求智慧;我们的所有努力也在积淀学校的办学文化,让我们的办学内涵更加丰盈,让我们的办学特色更加鲜明。

参考文献

【参考著作】

陈景磐.孔子的教育思想[M].武汉:湖北人民出版社,1957.

段文阁,赵昆.教师职业道德[M].济南:山东人民出版社,2012.

黄仁贤.中国教育史[M].福州:福建人民出版社,2003.

毛礼锐,瞿菊农,邵鹤亭.中国古代教育史[M].北京:人民教育出版社,1997.

钱焕琦.教师职业道德[M].上海:华东师范大学出版社,2007.

孙培青.中国教育史[M].上海:华东师范大学出版社,2009.

杨斌.教师职业幸福的秘密[M].上海:华东师范大学出版社,2012.

张元贵.发展性教师评价体系的实践探索[M].北京:社会科学文献出版社科院,2012.

周予同.中国现代教育史[M].福州:福建教育出版社,2007.

朱永新.中国当代教育思想史[M].北京:中国人民大学出版社,2011.

【参考论文】

陈霞.高职院校特色发展战略的整体建构[J].苏州教育学院学报,2010,27(4).

甘海霞.关于"课课链接,整体建构"数学课堂的构建研究[J].学周刊,2013(11).

李岩,王友明.论高校整体育人体系的四维建构[J].沈阳建筑大学学报,2009,11(1).

任苏民.叶圣陶教育思想与当代中国教师发展[J].中国教育报,2012(11).

王国强.传承与创新:大学文化的整体建构[J].江苏高教,2012(6).

杨继全.基于整体建构的教学策略探究[J].长春理工大学学报,2012,7(10).

周春良.叶圣陶教育思想与教师专业发展研究[J].江苏教育研究,2011(6).

郑来纪,黄秋云.整体建构积极的学校文化——美国学校的品格教育实践[J].齐齐哈尔师范高等专科学校学报,2011,6.

钟启录.教师研修的挑战[J].基础教育论坛,2014(1).

曾庆璋.学校德育心理环境的整体建构[J].深圳大学学报,2006,23(4).

张晓东.论特殊公共生活——学校生活的整体建构[J].教育探索,2010(12).

周永梅.用"整体建构"教学法提升初中政治课堂教学效率[J].试题与研究:教学论坛,2013(26).

后 记

写完书稿,如释重负!

这些文字,首先是写给自己的。把自己任校长的工作经历、所思、所感,一一付诸文字,给自己和学校的工作做一个反思,做一个总结,对自己的心灵是一份慰藉。

其次是写给我所任职的苏州市第一中学及全体同事们的。感谢他们的辛勤工作,感谢他们给予我的关心和支持。书中所记录的苏州一中教育教学改革的历程与成果,反映的是全体教职工的精神风貌,也给学校今后的改革与发展提供了一份历史资料。

第三是写给漫漫教育长路上的同行者们的。在这本书中,我对自己在学校领导与主持江苏省"十二五"重点资助课题"以叶圣陶教育思想为核心的办学特色整体建构研究"过程中的思考,做了系统的记录,对每一次实践,进行了理性的分析。书中所涉及的每一个方面、每一个难题,可能正在或会在将来困扰我的同行们,对此,我都做了抛砖引玉式的解读,希望能够给他们一些绵薄的帮助。这也是我撰写本书的重要目的。

第四是写给关心苏州一中发展和我本人工作的各级领导及专家们的。四年来,这所学校的每一点发展和我个人的每一步成长,都是在各级领导的关心支持下,在有关专家的悉心指导下取得的,虽然本书没有能够把他们对学校工作的关心、支持和指导都一一地记载下来,但他们的深情,我将永远由衷地感激。

"工作第一、读书第二、写作第三"是我的工作与学习方式。我始终把工作置于第一位,为了把工作做好,必须进行大量的阅读;有了工作和学习的体悟,才诉诸文字。因为有了工作实践,有了实践的体悟,才有了这本书。

我很欣赏一位领导曾这样形容单位负责人对所在单位的了解程度,他说"我所知道的只有15%,我知道我不知道的占30%,我不知道我不知道的有55%",这确实有道理。尽管我忠实地记录了我的工作历程和感悟,但我所了解的情况也只是"我所知道的15%"的那一部分,加之本人学识浅薄,书中疏漏、偏颇乃至错误之处在所难免,敬请读者、专家和同事们批评指正!

本书的撰写和出版，得到了项春雷校长、范太峰副校长、巴瑶副校长、殷勇副书记、施黎明校长助理等许多同事的帮助，他们或提供资料，或校订文字，或提出中肯意见。尤其要感谢前任校长的积累，特别是周春良校长和华意刚校长确定以"学习研究实践叶圣陶教育思想"作为苏州一中办学特色的努力目标，并为此做出的努力。在此基础上，我们选定了此题申报江苏省"十二五"课题。正是由于有了20多年的积累，我们才成立了叶圣陶教育思想展馆和叶圣陶教育思想研究所。

衷心感谢以顾月华局长为首的苏州市教育局领导，将"像叶圣陶那样做老师"作为苏州教育界对教师的号召，叶圣陶思想得到了越来越多苏州同行的重视和追随。我们的研究适逢其时，得到了大力推动。

衷心感谢《光明日报》《基础教育参考》等记者对我校实践叶圣陶教育思想的深入采访和提炼总结，让我们进一步明确努力的方向。

衷心感谢全体教职工对此次研究的深入认识和主动参与，形成了全校共同研究的可喜局面。

特别要提及的是，本书还得到了全国叶圣陶研究会领导、叶圣陶家人、江苏省教科院蔡守龙副主任、苏州市教科院朱文学书记和朱开群教授的关心，他们对本书的出版付出了智慧与汗水。

在此，我要向上述所有人员深鞠一躬。

今天，这本书终于要"出生"了，我就像在等待着孩子第一声啼哭的父亲那样，屏住了呼吸却充满着欣喜。

2015年8月20日